知性儒家：儒學儒教的知識之路

潘朝陽　著

臺灣學生書局印行

序　文

　　從清末到民國，由於國家積弱而喪失信心，中國知識菁英多以為中國傳統文化和心靈，缺乏或沒有知性認知能力，進而無科學體系，宜從西方引進科學，這是清末「中興自強運動」以至民國「五四新文化運動」之後，中國菁英階級、知識分子的主流看法，此種觀念到「全盤西化論」者，最為偏激，甚至認同、維護、支持傳統中國文化思想價值的「文化傳統主義」或「文化保守主義」乃至「人文道德理想主義」等學派，在此巨潮推移下，亦多持此種觀點。

　　長期以來，應該是受到佛家、宋明儒家的影響以及近現代西方的玄思與思辯之形而上學之衝擊，現代儒家重要學者，常認為儒家以「道德底心性論」為首出，而自覺或不自覺地輕忽、壓抑了儒家本有的「知性理性」在本心思維能力上的平等性和重要性，乃至於更有主張中國傳統缺少甚或沒有由「知性理性」而創生的科學體系，亦有甚至認為必須依據「希臘典範」才算是哲學和科學的標準與內容，在此偏窄的執念下，李約瑟龐大的中國科學與技術文明史的宏偉巨著的內容，甚至被某些重要儒學家視為只算是歷史中國的傳統技藝，而不是科學。

　　再者，現代新儒家在理解、思維中國儒家古典時，亦因為或隱或顯受西方哲學路向的影響，而喜歡高論形上之道體和內證之

心性，因此，傳統的重視總體性表達和踐履的儒家，在現代，往往窄化、玄化而為西方希臘式的哲學性儒學學者。他們重視的是儒家的「本心之自己在其自己」的「境界感」，愛談那種「虛靈」、「不昧」，喜歡辯論所謂「天命」、「天理」，一往上趨而嚴重遺落下學之功以及實踐之得。從另一個角度來說，就是特別突出「本心德性底明覺頓悟說」，而忽視了「本心知性底認知邏輯論」。因此，現代新儒家的論著中，非常缺乏「知性理性」以及知識、科學的地位和內容，若依張橫渠的用語，就是首出了「德性之知」，卻輕視或貶抑了「見聞之知」。

當代大儒徐復觀先生在其〈向孔子思想性格的回歸——為紀念民國六十八年孔子誕辰而作〉一文中（此文收在《徐復觀最後雜文集》，時報出版公司，1984），提出宜回歸孔子思想的本質，在此文中，徐先生指出現代儒學者喜從西方形而上學的思路來框架儒家本質，是背離孔子的由具體事物之認知和實踐才能上達於天理天道的基本性格，而不是只依一個心性之內在想像而儘是一往抽象玄懸掛空的形上境界而不返的虛擬狀況中奔騁空理建構哲學。徐先生說：

> 不能由《論語》中推演出以「一陰一陽之謂道」來講孔子仁義之道的脈絡。《易傳》中大概引有三十條左右的「子曰」，除了一條在疑似之間外，都不曾沾上「陰陽」觀念，〔……〕從宋儒周敦頤的〈太極圖說〉起到熊師十力的《新唯識論》止，凡是以陰陽的間架所講的一套形而上學，有學術史的意義，但與孔子思想的性格是無關的。〔……〕《中庸》的思想脈絡，是由上向下落的脈絡，是

由「天命之謂性」，落在「修道之謂教」的上面，所以上篇是在「忠恕」，在「庸言」「庸行」上立足，而不是在「天命」上立足；下篇是在「博學、審問、慎思、明辨、篤行」上立足，是在「人一能之己百之」上立足，而不是在「維天之命，於穆不已」上立足。〔……〕中國文化的特色，是從天道、天命一步一步的下落，落在具體的人的生命、行為之上。〔……〕

講中國哲學的先生們，〔……〕如熊師十力，以及唐君毅先生，卻是反其道而行，要從具體生命行為，層層向上推，推到形而上的天命天道處立足，以為不如此，便立足不穩。沒有想到，形而上的東西，一套一套的有如走馬燈，在思想史上，從來沒有穩過。熊、唐兩先生〔……〕因為把中國文化發展的方向弄顛倒了，對孔子畢竟隔了一層。〔……〕這都是受了希臘系統哲學的影響。

徐復觀先生從思想史進路來上溯孔子思想原義，指出上古儒家觀念，原本沒有從宋儒以降而到譬如熊十力、唐君毅等當代新儒家（其實，亦包括牟宗三、方東美先生）的寡頭或懸高的此種形上學之道體性思維和建構。宋儒如周敦頤的「太極哲學」，是受到漢儒摻入了陰陽五行家之後的「陰陽論」之形而上思維型儒家哲學的呈現，而當代新儒家的哲學型大儒，如熊、唐、牟、方等先生，則是由於生逢「五四新文化運動」之後，受到西方思想優入東土，希臘系統哲學的意識形態的影響。

　　徐先生評判上述古今大儒，認為就中國傳統儒家價值觀而言，他們是顛倒或倒置了孔子之道的本末與上下。他明白強調了

如上面引文中提到的孔子本義的儒家，是在「忠恕」之實踐和「庸言」、「庸行」的表現處立足，是在「博學、審問、慎思、明辨、篤行」的博覽學習以及其確實運用中立足，也是在「人一能之而己百之、人十能之而己千之」的實質用功處立足。總而言之，儒家不在其心中進行空泛高懸、往而不返的哲理體系，並以「言說」之方式來建構「道德心性形上論」，而是在繁賾紛雜的事物和事務的知性思維及其知識系統來踐成、達到仁與智的人文結構和內容。

　　徐復觀先生在同一文章，再論述一段重要的孔子的思想本義，他說：

　　　　從《論語》全段文字看，孔子對於天，只是由傳統而來的漠然而帶有感情性質的意味。當他說：「天何言哉？四時行焉，百物生焉」（〈陽貨〉）的時候，他都從經驗、現象中去把握天。以他的「無徵不信」的性格，除了對天有一番虔敬之心外，不可能進一步肯定「道之大原出於天」。

對天的虔敬之心，是人之本心的「默會證悟」，心自己自然虔敬於天。但西漢大儒董仲舒的所謂「道之大原出於天」之敘說，則已是一種天之哲學的設想、構思和建理。這是屬於形而上本體論、宇宙論以及由之而衍生的心性論之哲學理論。是高玄懸遠的抽象觀想，而不能據為具體之典要而可依之來立足。

　　徐先生的意思是認為孔子代表的先秦原始儒家，是以「知性理性」從具體的世界和生活經驗中學習一切現象而獲得的實體

性、實證性知識，才是關鍵。他說：

> 道的客觀性、外在性，主要是指的人類行為經驗的累積，
> 「子所雅言，詩書執禮」（〈述而〉）的詩書禮，都是古
> 代行為經驗積累的結晶；這才是孔子所說的「道」的真正
> 來源。他的修《詩書》、訂《禮樂》，晚年學《易》，由
> 衛返魯後作《春秋》，皆由此可以得到堅確的解釋。

孔子最重要的學術與文化工作，就是整理、敘述、詮釋、創作經
典，而這些孔子重視的「經典」，乃是中國古代的總體文明體系
和結構，其內容是中國古人的智慧、道德以及知識。就其文本和
內在而言，是中國古人心性發出來的知性成就的總體知識系統，
是具體的生活世界的文本典籍的呈現，不是腦中或心底之玄虛空
言。此即徐先生所指出的孔子參贊整修的《詩》、《書》、
《禮》，「都是古代行為經驗積累的結晶」，在此意義上，
「道」需具現而有客觀、外在的性質，而不是人主觀內在的玄想
之空理，換言之，「道」必須具有架構外延性的知識論述。

　　同一篇文中，徐先生再引太史公之言，曰：

> 司馬遷《史記・自序》：「子曰，我欲載之空言，不如見
> 之於行事之深切著明也。」這是從孔子之言說明孔子作
> 《春秋》的用心。〈自序〉中又分明發揮《易》、
> 《禮》、《書》、《詩》、《樂》在行為中的重大意義
> 後，更強調「萬物之聚散，皆在《春秋》」，「《春秋》
> 者，禮義之大宗」。禮義之大宗即是「道」。司馬遷認為

> 《春秋》所表現的行為經驗，較之《易》、《書》、
> 《詩》、《禮》、《樂》，更為具體，便更為「深切著
> 明」。「空言」，是理論的、抽象的概念，「見之於行
> 事」，是在行事中發現它所含蘊的意義及其因果關係；
> 「載之空言」，是希臘系統哲學家的思想表達方式；「見
> 之於行事」，是孔子思想的主要表達方式。孔子所志的
> 「道」，是從行為經驗中探索提煉而來，則學「道」的
> 人，自必要求在行為中落實貫通下去。

此段論述主旨在於反對「空言」，而主張必須在行事之深切著明
處，依實踐行為的經驗來驗證「道」。此種具體踐成顯現的
「道」，載於孔子的《六經》，它是「知性理性」的積極性、正
面性、客觀性的具體示現和建構知識之路。所以，徐復觀先生又
說：

> 孔子之所謂「道」，必須有堅確地知識來支持，所以《論
> 語》中非常重視知識。〔……〕孔子之所謂「道」，包含
> 有藝能在內，他重視藝能生活、行為中的意義，所以他特
> 別提出「游於藝」，藝是藝能，游是熟練的形容。

此處正面提出「知性理性」之意義的《論語》，以免世人誤以為
《論語》如同宗教性的佛經、聖經，只是啟發世人在心性中懺
悔、體悟本有的心之本體，而與知識無關。《論語》同時是德性
的，也是知性的經典；孔子的仁心，是「道德義」和「知識義」
雙彰並建。徐先生進一步敘論了藝能的孔子之道的性質，即道必

「游於藝」，而所謂「藝能」擴而大之，則是科學和科技，是從「知性理性」開展出來，其中，也包括了本心對於世界存有的美之判斷、直觀和學習。而這個領域，不是內在於心腦中的純粹形上之本體論、心性論、道德論的哲理之虛構。

徐先生闡釋的《論語》的本質，實即孔孟荀儒家的基本性格，從《論語》出發而觀諸《六經》乃至重要史冊，其知性義的明晰、重要，莫不如此。再者，傳統儒家除了通經史與子之外，亦有詩文創作，匯合而為「集」，所以，在中國傳統詩賦詞文的創作中，多數不是有如今之「現代主義」的作品之喃喃自話或如夢幻之囈語，而是寫實的寓人事物的客觀之義於主觀性中的知性和美感而為一的文體。

筆者近年有感於現代儒家關心、研究、闡揚之學術之路，多為援引希臘典範以入中國儒家義理，而將儒家哲學家化；將儒理哲理化，在形而上之理境中高談本心義、德性義，但是輕忽或貶視了儒家本來重視的「知性理性」的具體實學、實功、實務的論述，然而此領域在傳統的中國大儒、文士、學者的生命、生活和事功踐履中，才是主脈，同時他們不忽略、不遺忘本心德性的境界，但德性本身卻不是憑恃口耳七寸在觀念遊戲中發為言說、文字，而是依據依托於實學、實功、實務中呈顯證明。此條中國大儒、文士、學者的大路，與道、佛不同，亦絕不同於西方希臘典範下的哲學家。從孔子始，經孟荀而漢儒乃至於宋明清儒家，其堂堂正路不能離開《論語》、《孟子》、《荀子》以及《大學》、《中庸》開創展示的從「格致→誠正→修齊→治國→平天下」的「內聖外王」的軌轍，而此「內聖」，必須在「外王」中呈現；「外王」則必須有「內聖」擔保。「內聖」不是孤明內照

的玄境，而「外王」則不是斷頭無源的現實功利。在此堂堂正路上，必要條件是「內聖」，但需有充分條件，那就是「外王」；「外王」之施行踐履，不在於默念聖境，而是依托知識建構出來的客觀結構和建築，才能充分地真確地實現。

　　筆者依此觀點和信念，近年來撰述累積了相關論文共七篇，集為此書，先論中國儒家的知性思維以及知識系統和科學體系的積極義，再論兩大心學家象山、陽明的「知性理性」之本有及其開展，再者舉近代中韓兩大儒清朝之魏源與李朝之丁茶山為例以論述依據「知性理性」而開出的實學古學之義的儒學，再次，則論研讀經史的必重知性思維之進路，復次，則闡釋中國儒家仁政之學理的不能不依知識，最後，特舉清人在臺灣的方志和遊記來彰明地方儒官與文士之治學纂史以及文學創作，亦依知性的認知來闡明大地之上的人文與自然之形形色色。此書既成，爰命名曰：《知性儒家：儒學儒教的知識之路》。

　　　　　　　　　　　潘朝陽　序於　臺北・天何言齋
　　　　　　　　　　　民國 109 年（2020）庚子冬月

知性儒家：儒學儒教的知識之路

目　次

壹　儒家的知性與科學

一、關於儒家的「知性心」（「知性理性」）

　　先秦儒家本來不強分本心為「德性」和「知性」兩門，本心生「德性之知」，亦同時生「知性之知」；兩者皆為「理性」，前者是「德性理性」，後者為「知性理性」。在儒家，「德性心」，實即孟子所言的「四端」的「端」，它是天之所命，不教而能，內照自明，這就是「德性理性」；同時，此本心又必外延而徵向事物，使事物成為其對象，依本心的「知性理性」，而得事物之理則和規律，而就此理則和規律，為萬事萬物「立法」，此即知識（見聞之知），此亦即科學。在古儒來說，「良知」或「本心」或「天命」，既是「德性的」也是「知性的」；「德性」是人之本心自我明覺的啟動，一旦向外發用照射，附著於外界起認知功能的，就是它的「知性」，本來一體而非二物。

　　由於宋明儒的心性論受到佛門禪宗影響，偏向「心之在其自己」的自我肯定和自我自足的功夫和境界詮釋，喜說「虛靈明覺」、「虛靈感應」、「良知見在」、「當下即是」等。而且又因為受到宋明儒家的這個特出之面向的影響，近現代儒學研究者多以為中國儒家偏向「德性心」而相對甚至相當輕忽「知性心」。世儒多以「內在性的德性主義」視朱子的「天理性理」和

陽明的「良知本心」，認為理學心學均主張「德性心底心性論」，順此而下，似乎中國儒家的心性觀欠缺「知性理性」，或者，「知性理性」是第二序的，是次層級的，是消極而被動的，需由「德性理性」將它拖帶起來，它才會活著而運作。

　　當代新儒家（或稱現代新儒家、港臺新儒家）的牟宗三先生（1909-1995）甚至創造了一個新名相、新語辭，謂為「良知自我坎陷，開出知性主體」，來強調或彰著本心以「德性為主」而帶出次一序或次一層的「知性為從」的此種儒家心性論架構之設準。意謂「良知」須先「陷落、隱匿、退後」，這樣，「知性主體」才會在生命中或思想中「開出」，由此，才可能建立知識而因此科學方得以發展。在此種論述裏，顯然，「良知」或「本心」，它只是「德性底心」，只是「德性內在主義」之下的心。「知性」則非「良知」，而是另一個「主體」，它是心之作用層的顯象，而不是本質性的心之自己。在這裏，「良知」和「知性主體」或者「德性心」和「知性心」成為兩概對峙的心之存有，可以有關連，但不必然有關連，而且「良知」有優先性，必須恆定，「知性主體」則只有附從性、不必然恆定，可有可無。

　　此種觀點，其實是「一心開二門」的取徑，即一心開出「心真如門」和「心生滅門」，「心」是一個，但「門」是兩個，於是可視心有「真如心」和「生滅心」，熊十力在《新唯識論》中用「本心」和「習心」稱之。[1]在佛家，前者是肯定義而後者是否定義的，或是，前者具積極定常性而後者只具消極無常性。在

---

[1]　熊十力先生（1885-1968）的本心習心觀是「一心開二門」的間架思維，其相關論述，見於先生的著作，如《新唯識論》、《讀經示要》、《十力語要》以及晚年的著作《乾坤衍》、《體用論》、《明心篇》等。

佛家，一切法（現象）是因緣聚散的存有，萬法隨緣而生生滅滅，故無自性，所以修證上應該遮撥而不可執持，「真如」是佛性，才是根源，是「心之在其自己」，這才是心性修為和證悟的終極境界。後世儒家顯然受到佛家影響，所以儒家之心性觀，不免亦以「德性心」為終極恆常之本根，而輕忽或遮撥了「知性心」的積極正面之作用義。牟先生採取了佛家「一心開二門」的間架來陳明他對於本心作用之兩門義，但是他不同於佛家的傳統觀點，而是給予「心生滅門」一個新意義，即「生滅心」可視為「知性心」，通過這個心門，而開出「見聞之知」，亦即「知識」或是「科學」。

　　然而，牟宗三先生受到宋明儒的影響，他也認為儒家忽略、不重視「知性心」，在牟先生的認知中，儒家是典型的「道德理想主義」，首出「道德」。但是，牟先生又認為傳統中國儒家疏忽客觀知性之挺立，中國沒有開出科學，所以，在他的思想體系中，他就努力地要替「知性」建立其「主體性」，由此可以為現代中國儒學以及儒者開展出客觀獨立性的知識與科學系統，因為在牟先生看來，傳統儒家雖然沒有像佛家之視心物只是緣起緣滅的生滅現象而無自性，然而，儒家卻未正視「知性」亦有其「主體性」，那是因為儒家的良知（在牟先生看「良知」就是「德性主體」）籠罩性太大、太強而使「知性」受到壓抑而被迫隱匿，因此，「良知」須「自我坎陷」一下，而這樣，「知性」才可「主體地開出來」，這才是建立發展知識和科學之路。[2]

---

[2]　以上所述關於牟宗三先生的基本觀點，散見於先生的著作中，見《牟宗三全集》（臺北：聯經出版事業公司，2003）。

　　然而，傳統儒家並不如此相同於佛家分隔本心為兩層。吾人宜返回中國經典的本位來理解認識儒家的心性觀及其作用義。儒家的本心，同時具備「德性」與「知性」；一心同時發用德與知，或古語來說，即「仁智同體而雙彰」，不必進行「坎陷」之後才能帶出「知性」之發用。孔子說他「十五志於學」，說「學而時習之」，這個「學習」，不是只學習「道德」而不學習「知識」，因為孔子學習的以及教導學生的，就是後世稱之為《六經》的中國古代的「王官學」，[3]它是古代中國人的文明、歷史、文學、思想、道德、政事的綜合性總體，故一旦學習就即是「德之學」亦即「知之學」。心之發用，「即德性即知性」；「即知性即德性」。而且儒家的本質，從先秦直至現代，應該都重視「知性」的認知以及知識的建立，就儒家的人生成就而言，聖賢是他的「德位」，他在人間世的各種事業、功業、貢獻、成就，譬如作為教育家、政治家、思想家、經濟家、科學家、醫護家乃至於只是職份中的一介凡民而盡一分普通的工作，如土木工人或蒔田老農等，均須在其「知性底實學實務」中才能踐成，如果沒有實踐「知性底實學實務」，則豈有「聖賢德位」？

二、經典中的知性及其科學義蘊與儒家形態的科學家

　　除了在本心的清明潔淨虛靈處來自肯自明之外，更應該依據

3　關於「王官學」，請參閱錢穆：《兩漢經學今古文平議》（臺北：東大圖書公司，2003）。

「知性」之取向來看待儒家古典，而「知性」的運作和發用，其成乎「外延性」的客觀架構體系，就是知識和科學。並不是每一位當代新儒家都認定中國傳統儒家沒有或缺少「知性理性」的思維和認知，因而就宣稱中國傳統沒有科學。[4]儒家的本心論當然有「知性理性」；傳統中國本來就有豐富深刻的「知識系統」以及「科學體系」，但是後世的發展卻又顯然逐漸喪失或落後。中國科學史學者蔡仁堅先生感嘆：「中國曾有過足與任何文明匹敵的科學，而卻在關鍵的時候落後人家甚遠。」[5]而何以如此？蔡先生點出其歷史真相，他說：

> 古代中國的社會，並不是孕育科學的良好環境，甚至朝廷有「以奇器、奇技惑人者，罪死」的苛律。在這種封建思想的箝制下，科學家的境遇便有幸與不幸。宮廷所需的部分醫藥專家、建築技師、曆算家備受禮遇，而民間的工藝家、機械家、土木工程家等藝匠，便不受重視，在百工平

---

[4]　當代新儒家的牟宗三先生、唐君毅先生認為中國傳統儒家沒有發展出科學，是因為他們沒有像希臘形式的「數理邏輯」的純粹知性理性，一般以為的中國傳統的科學，如李約瑟關於中國科學的鉅著，牟唐兩先生均認為只是「實用性的技術」，稱不上是「純粹數理」的「科學」。此種論述，失之偏窄，明顯是以「現代性」概觀人類「全史」。其實「科學」就是「知識」的「體系化」，一講到「知識」，它必是外延的、客觀的、架構的，它來自文獻研究、田野研究、實驗研究以及數理思維和演算。如熊十力、徐復觀兩位大儒的中國科學觀，就與牟、唐兩先生的觀點有所不同。關於當代新儒家的科學觀之整體面貌和內容，有待專文鋪陳。

[5]　蔡仁堅：〈為中國科學家立傳〉，《古代中國的科學家》（臺北：景象出版社，1976），頁18。

民中自生自滅，〔……〕因此我國歷史上，任何一個朝代，都沒有一套發展科學學術的政策。[6]

據此，中國人並非欠缺「知性理性」，並不是不能發展知識和科學，而是傳統統治階級的抉擇性的支持或壓制以及挑選性的重視或輕忽。歷代朝廷本身並無類似歐洲皇家一般設有譬如「大不列顛皇家科學院」、「法蘭西皇家科學院」來弘揚、鼓勵、發展專業知識的科學體系。然而，此段引述的蔡氏之文卻也彰著了醫藥專家、建築技師、曆算家、工藝家、機械家、土木工程家，這些專家，用現代語言，就是上述的各種科技專業之士，他們熟習、操作的專業，當然是科學，它需透過相當精細嚴謹的「知性理性」之發用才產生而且傳承。若說傳統中國人欠缺知性和科學，當然不正確，只能說傳統中國的朝廷之君臣，注重的是道德的政治倫理，如「君使臣以禮、臣事君以忠」的道德規範，而那些關連到事物和事務的具體之理解、運作、發展、延續及其有效，則「付諸有司」（曾子所謂「籩豆有司存」）。最著名的例子，是孔子和樊遲的對話。《論語》載：

樊遲請學稼，子曰：「吾不如老農」；請學圃，曰：「吾不如老圃」。樊遲出，子曰：「小人哉！樊須也！上好禮，則民不敢不敬；上好義，則民莫敢不服；上好信，則民不敢不用情。夫如是，則四方之民襁負其子而至矣，焉

6　同上注，頁 15。

用稼？」⁷

實則孔子與樊遲的師徒對話，顯示的是兩層的「德」和「知」之習得，一是孔子尊重肯定農耕的專業，稼與圃都是農耕的專業技術，它須有自然生態、環境生態以及作物工藝的認識、理解，是一種傳承既久的科學，其中是「知性理性」的推動和發展。我們不能以為農耕不需知性之知識和技能的發明、累積與更新；另一則是提醒君子（君王、卿大夫、士等治理階級）的禮、義、信，固然屬於君子的修養必有的禮儀規範，有其出於「德性心」的重要性，屬於道德倫理，但貴族的這些禮範，卻一樣必須專業學習，它的條理規則，必須依據「知性理性」之釐清、究明，才能掌握、嫻熟，且能在政事上予以實踐，這是統治層對於國家人民的治理術的知識，它是知性的，也是科學的，而這兩層的專業的學習和熟練，均須有一種相同的心，那就是莊重、嚴謹、認真、凝志的態度，就此態度言，即是「德性理性」，但就其操作層而言，是依事物之理而習得，此種依事就物之學習就是「知性理性」。無論君臣貴族或老農老圃，其心既重德性亦重知性。

　　然則，是不是儒者本身有輕忽「知性理性」而忽略知識和科學的重要性？換言之，儒士是否只在乎德性的內在修證卻不在乎外王事業須有知性的外延實學？其實不然，蔡仁堅先生說：

　　　　儘管環境是這麼不利，但「格致」之學仍然奇葩迭起。代
　　　數學家朱世傑、礦冶學家宋應星、藥學家李時珍、醫學家

---

⁷　《論語・子路》。

> 張仲景、〔……〕精通各科的沈括〔……〕，這些成千上
> 萬的古代中國科學家中的佼佼者，和同時代的歐西科學家
> 相比較，只有過之而無不及。這種優勢一直到歐洲工業革
> 命以後才改觀。[8]

這些古代中國的科學家雖然不是《儒林傳》、《道學傳》、《文苑傳》的人物，亦即不是被認為的典範型之儒者甚或大儒，但他們必須熟習文章、經籍，換言之，他們亦是在傳統的中國儒家經典教育中成長的，只是因緣際會以及其「知性理性」之特別敏銳和深具志趣而成就了科學。

此種既是儒士又是科學家的人物其實甚多，我們可以蔡先生文中提到的宋應星和沈括為例來加以彰明。

宋應星（1587-1666），籍貫明代江西，其曾祖父宋景，明正德、嘉靖時累官至吏、工二部尚書，祖父是縣學廪膳生員，父是庠生，可說三代儒者。宋應星幼讀經史，年紀稍長，肆力研讀《十三經傳》，關、閩、濂、洛等理學之書，無不熟習，而且精通周、秦、漢、唐之古文以及《史記》、《漢書》、《戰國策》和諸子等。宋氏曾任袁州府分宜縣教諭、福建汀州府推官、亳州知府以及滁和道南瑞兵巡道等官職。[9]

據此來看，宋應星是典型的儒家家世出身的儒士和儒官，就明代儒家傳統言，希聖先賢方是儒者志業，但宋應星的重大貢獻，卻不在官場、不在道德功業，而是在科學，他畢生最了不起

8　蔡仁堅，同前揭文。

9　〔明〕宋應星《天工開物》，周游譯注。周游撰：〈前言〉（臺北：新視野，2019），頁2-3。

的著作是《天工開物》，學者推介此書「是一部總結中國明末以前的農業、手工業技術成就的百科全書，也是世界上第一部關於農業和手工業生產的綜合性著作，它對中國古代的各項技術進行了系統的總結，構成了一個完整的科學技術體系，書中提及的眾多理論和工藝技術，都遙遙領先於當時的西方。二十世紀以來，《天工開物》繼續受到重視，成為研究中國歷史及傳統科學文化所必須參考的讀物」[10]可以這樣說，即，宋應星是一位科學家的儒士儒官，他是儒家，同時也是科學家。

沈括（1032-1096），籍貫北宋杭州。沈括出身於儒官世家，曾祖父沈曾慶，吳越時，任營田使，入宋後累官至大理寺卿。祖父沈英，學行著鄉里，早逝。有兩子，長子沈同登咸平三年進士，累遷至太常少卿，其兩子名沈振、沈扶，而沈扶的兒子沈遘、沈遼都是當時的名士，才智文學名聞一時。沈英的次子沈周，就是沈括之父，亦熟習儒學，大中祥符八年進士，在各地任官，先後出知潤州（鎮江）、泉州、明州（寧波），晚年任太常寺卿、分司南京。沈周是一位深受庶民愛戴的廉能好官，王安石贊美他「廉靜寬慎，貌和而內有守」。[11]

據此，沈括曾祖父三代皆是儒士儒官，是以儒家經典為本的世家，沈括出生成長學習於此型家庭，當然屬於儒門文化教養之菁英。

沈括自幼隨其父親宦旅之故而多於許多地方居住，不同地方的居住和生活，培養了沈括的喜歡觀察、探索周遭自然和人文世

10　同上注。

11　祖慧：《沈括評傳》（南京：南京大學出版社，2006），頁22-23。

界環境的好奇心和深厚的興趣，學者說：「沈括就在這忽南忽北的奔波遷徙中漸漸長大，在親近自然、接觸社會的過程中不斷積累各種知識。十二歲時，沈括開始正式延師受業，系統地接受傳統儒家思想的教育。〔……〕儘管開始了正規、系統的學習生活，〔……〕沈括在接受儒家文化之餘，仍然花費大量的時間與精力，用於對自然的探索和對各類知識的學習與掌握。〔……〕強烈的好奇心與求知欲是沈括學習的最大動力，也就成就了他的博學多識。」[12]以儒家經典之教養為根基而又博學多聞，本來就是傳統儒士的為學做人的風格，後世會誤以為儒家只是要求道德意志之突出即可，那是由於受到宋明儒家過於強調「德性內證」以求內聖之路的影響，其實，「博學於文，約之以禮」[13]才是儒者本色，《論語》記載顏淵贊嘆孔子之語：

> 顏淵喟然嘆曰：「仰之彌高，鑽之彌堅；瞻之在前，忽焉在後。夫子循循然善誘人，博我以文，約我以禮。欲罷不能，既竭吾才，如有所立，卓爾。雖欲從之，末由也已。」[14]

「博文」之意思是指儒家強調儒士應廣泛學習、認識、了解世界的一切現象和繁多的事物，當然，此路不止於通泛地閱讀書本典冊而已。試舉「詩教」為例說明之。孔子曰：「小子何莫學夫

12　同上注，頁 28-29。
13　《論語·雍也》，子曰：「君子博學於文，約之以禮，亦可以弗畔矣夫。」
14　《論語·子罕》。

《詩》？《詩》可以興，可以觀，可以群，可以怨。邇之事父，遠之事君。多識於草木鳥獸之名。」[15]此句表達了孔子的《詩》之教化是一種博學之教，它具有社會教育性，也有政治和家庭倫理教育性，更能進而認識自然生態。因此，《詩》的學習和認識，必須依賴儒士的「知性心」之認真發用才能達到，而若認真學習了，則可以循此路而完成「博聞之士」的氣度與教養，他才能真正有效地做事。在另外一章，孔子也告訴了伯魚，人若不學《詩》，則無以「言」，[16]這個「言」即是博學多聞而善於言論的意思，善於言論亦即「達辭」（孔子曰：「辭達而已矣。」）譬如外交辭令能恰如其度而在國際之間應對，正確達到並完成國家交付的國際政策之任務，或如教師正確地把學科內容教導給學生。換言之，儒士的功課之中，《詩》是必修的，它除了文學之功，更是儒士的知識乃至科學的教材。而由此也證明孔門之學養，並非只求本心的「孤明內證」而收縮為內在於己之光影，而是同時須重視對於外在客體世界的知性認識。此處只是就孔子的「詩教」為一個例子來說明「博學多聞」是儒家的必修課，其實，其他經史子集均需要學習，且必須將所學外延發用出去以應世界社會的各種事物和實務。此不僅關係本心的德性之體證，也關係本心的知性之運用。由此通貫發散，遂建構知識、發展科學。

　　沈括的博學多聞，實則是儒家傳統下的精神和方向。他的知

15　《論語・陽貨》。

16　《論語・季氏》，陳亢問於伯魚曰：「子亦有異聞乎？」對曰：「未也。嘗獨立，鯉趨而過庭，曰：『學《詩》乎？』對曰：『未也。』『不學《詩》，無以言。』鯉退而學《詩》，〔……〕」。

性實踐過程，不止於書本閱讀，而是從書本出發走到世界，直接與環境照面接觸之後的廣泛、深刻的總體性、綜合性學習。他在仕宦生涯中，得到機緣而能大量閱讀天文、曆算以及觀測儀器的設計製作等專技知識之書。除此之外，沈氏亦得以熟習司法制度，更因政務之要，而奉命提舉疏浚汴渠，於是他又學習了水利工程測量法，也改製渾天儀，編修新曆，亦親自觀測北極星的位移，繪製了數百幀天文星象圖。[17]總之，沈括一方面是儒官，一方面又是實學實務家；他既是儒者又是科學家。他的工作之實現，明顯地，是依據「知性理性」，通過文獻報告資料之閱讀和了解，再以工程實作和田野實察而達到的，這是科學和技術的投入和實踐。

　　沈括晚年將他半生的所學所聞所見之種種現象和知識，整理撰述而成《夢溪筆談》一書。學者馮錦榮說：

　　　《夢溪筆談》涉獵的範圍十分廣泛，自然科學方面，包羅了天文、曆法、數學、物理、地理、地質、生物、化學、建築、工程、醫藥等科學內容；人文科學方面，記錄了古今文學藝術、史學考證、語言文字、音樂繪畫等的資料；政治興革上，他對制度沿革、外族興衰、名臣言行等，也多有記載和評議。〔……〕當中不少題目，更是沈括自己的科學見解和新理論、新方法。
　　　《夢溪筆談》內容贍博，尤其沈氏對科學問題的各種洞

17　馮錦榮：〈知識爆發時期的理性產物──《夢溪筆談》導讀〉，〔宋〕
　　沈括：《夢溪筆談》，馮錦榮、林學忠、陳志明譯注（香港：中華書
　　局，2017），頁2。

見，更為人所稱頌。著名科學史專家李約瑟（Joseph Needham, 1900-1995）視此書為中國科學史上具有里程碑意義的著作，而沈括更是「中國整部科學史最卓越的人物。」[18]

沈括的確是博學多聞的儒士儒官，他的學術具有百科全書式的博物之學的素養，同時，也表現了知性與科學的精神和成就。他證明了傳統儒家除了「尊德性」的功夫和境界之外，也必須且具足「道問學」的取徑和水準，既有德教亦有實學。實則，若追索與沈括、宋應星同一朝代的宋理學和明心學之大儒而言，如朱子、象山、陽明及他們的後學，一方面有高度的心性哲學之抽象性推理，同時，他們也有廣度的治理國家之實學實務，這是從「知性心」發用出來的，這條路可以開出大思想家、大政治家、大教育家，同理，也可以開出大科學家。

三、當代新儒家肯定中國本具知性科學

民初「五四新文化運動」的「西化派」認為中國傳統沒有科學，所以大肆鼓吹應該全盤接受西力東漸的「賽先生」，而由此以降，非理性地全盤否定傳統經學，乃至乎子學，亦多有拒斥。當代新儒家熊十力先生提出其評斷，他說：

晚周群學爭鳴，有諸子百家之號。子與家蓋有分，子學

---

[18]　同上注，頁 3-5。

者，今所云哲學，儒道名法墨農六宗，乃諸子學之最顯
者；家則以專門之業得名，猶今云科學，如天文、算術、
音律、藥物、醫術、（以上諸學，五帝之世已盛發明。）
物理、（周初已製指南針，可見古代已有物理學的知
識。）工程、（秦時李冰之水利工程，至今稱奇，必此學
在古時已盛。）機械、（墨子作木鳶，為飛機之始，孟子
稱公輸子之巧，惜其創作失傳。）地理（鄒衍之學，猶可
略考。）等學，皆百家之業也。今人皆謂中國自古無科學
知識，尊西人為先進，此亦自薄太過。[19]

熊先生將「六宗」之學等同「哲學」，此不必皆是，其中亦多含
有「知性理性」開創出來的「知識系統」和「科學體系」，而他
列舉的「百家」之學，則視為「科學」，如他提到的天文、律
算、醫藥、水利、機械、物理、地理等類，或許其中一些實例仍
待考證，但亦有真確者，其學術和創作乃是科學。熊先生的用意
是告訴世人，中國古代已有知識和科學，換言之，知性心的發用
和實踐，就中國古代文明史而言，是沒有疑慮的。

　　再者，熊先生區分「經學」和「科學」兩者的性質有其不
同，不必相伐，他說：

經學於宇宙，明其本源；科學於宇宙，析其分疏。二者相
互發明，萬殊原於一本，一本現為萬殊。豈有隔絕不通之

---

[19]　熊十力：《讀經示要》，上冊（臺北：明文書局，1987），頁 324-
325。

理？今日各種科學，已甄明各事物皆有全體性，如天文學，言無量星體或星雲，實非各個孤立，而乃互相聯屬，為一完整體。生物學，亦明生物，非離環境而孤立，乃與大自然通為一體。物理學，言元子電子者，已破除物質之小顆粒之觀念，似將歸本於一大力能。社會非各個分子，而實為全體，則又社會科學所公認而無待論者。由此，可以理會宇宙本源是一，譬如一大海水，現為眾漚，吾人知眾漚，互相聯屬為一全體，則可進而知眾漚，共以一大海水為其本源故也。科學上之發見，與經學究極義，（究極義，謂本體。）元不相違，何須相伐？經學如不有科學為羽翼，則尚德慧而輕知識，固不免以空疏無用貽譏；科學如不有經學為歸宿，則且有以知識而破碎大道之憾。[20]

熊先生以《六經》為「本體宇宙論」之本源論，重「天道」「天理」，故以哲學視中國經學，而不免以為儒家重要經籍不含有科學內容。但事實上，《六經》除了可以從本心直觀而體證的「本體宇宙論」的本源論之外，它亦具有中國先民古代累積而來的「知識系統」以及「科學體系」。但我們可暫且不必在意熊先生的只取一偏來看中國古典之內容，而暫時依其雙元區分思維形式來予以詮釋，則他的意思是說「德性之知」和「知性之知」原既互融相涵的，均是本心良知這個本體之大用。而就「大用流行」之層面而言，則是科學，他提天文、生物、物理等自然科學為例以及社會科學來論說生命文明以及自然社會之「萬殊一本」或

---

20 同上注，頁 309-310。

「理一分殊」的關係以及本來就是整全一體的結構。熊十力先生在此表達了當代新儒家的科學認知之高度，而除了是他學習歐西東傳的科學知識之外，不能否認，熊先生的「整全主義」的科學觀，也有一個重要思想源頭，即他最重視的經典《易經傳》，在《大易》中，儒家展示了古代中國心靈的生生大用的生態觀，此處顯現了古代中國的科學思維。在熊十力的思想體系中，我們發現了古今中西的「知性理性」可以在中國當代儒士的心靈裏獲得會通。

　　除了熊十力先生的科學論述，當代新儒家徐復觀先生也有所詮釋，他說：

> 構成科學的最基本條件，是人類生活中所累積的實際經驗。把經驗加以合理的處理，將其中所含的錯覺，及並無真正關係的因素，加以澄清，以抽出構成此一經驗的基本因素及相關關係，因而得出法則性的說明；更能根據這種說明，在實驗室中，將此一經驗重加構成，使其反復實現，這便是科學。[21]

所謂「科學」，就是人類生活的經驗累積之後，予以合乎「知性理性」的處理，將現象加以類型化，歸納、演繹而逐漸得到相關的和因果的關係值，而總結出一個法則，並且又以實驗的方法加以驗證，反覆無誤，此即是定律，能有效通用。依此，則中國文

21　徐復觀：〈反科學的科學宣傳家〉，收入《徐復觀雜文補編》，第二冊，〈思想文化卷〉（下），黎漢基、李明輝編（臺北：中央研究院中國文哲研究所，2001），頁256。

明中，自古經由先民之生活經驗的累積而又不斷地依據知性態度
而予以試驗，在許多無效中漸漸修正得出有效性。此種實例在中
國歷史中是顯著明白的。認為中國傳統沒有科學之論斷，是不正
確的。

　　在另外文章中，徐先生將科學的意思，用另外的話語陳述：

> 科學中的假設，無一不是先經過嚴密的探討、操作而來。
> 只有這樣，才能成為科學的假設。學問的真正功夫，開始
> 正表現在達到非有此一假設不可的這一過程之上。這種假
> 設，是已經過了真實的學問功夫所提出的「可能性最大」
> 的假設。[22]

徐先生此段談論科學，提及「假設」，其實就是「邏輯實證論」
的科學主張，即科學之研究，是先行提出「假說」，再依據這個
「假說」去進行蒐集資料，再進行分類、分析以及驗證等程序，
由經過分類、分析的資料來驗證「假說」是否為真，是真就是
「正證」，反之就是「否證」。若得到「正證」，則「假說」即
成為「法則」，而若是「否證」，則此「假說」便不成立而予放
棄。舉一淺例，由於眾人看到的鷺鷥「一直都是白的」，所以假
說「鷺鷥都是白鷺鷥」，但是在蒐集檢證時，卻發現「也有不是
白色的鷺鷥」，則「鷺鷥皆為白鷺鷥」之命題，就不能成立，就
否定了「鷺鷥皆為白鷺鷥」之命題和實狀；此種「否證型」的科

22　徐復觀：〈讀書和研究的態度與方法之七〉，收入徐武軍、徐元純輯
　　《徐復觀教授看世界──時論文摘》，四之一卷（臺北：臺灣學生書
　　局，2018），頁 28。

學，並非現代人才有的經驗，古人早已如此實踐。

通過「知性理性」而開展的知識以至科學，本來就是中國人的心性、思想和文明的內容。譬如受「五四新文化運動」的影響而被世人譏諷為不科學的中醫，其實它亦是「知性理性」的科學之創建和發展。同時，它經常是以儒與醫並稱，即一則是儒士而一則是醫生，故中國古有「良相興國，仁醫濟世」的稱頌。

徐復觀先生就舉中醫來證明其科學性。他說：

> 中醫，是沒有經過科學處理的有關醫學上的經驗寶庫，我們的民族，在這樣長久的歷史中，在這樣廣大的空間中，一直生存發展下來，為了疾病痛苦的剋服，為了生命的保存，當然從許多無名的大眾中，積累有許多藥物和治療上的經驗。並且在這種經驗累積的過程中，所用的方法，主要是靠在無可奈何中的想像力。〔……〕有了某種想像後，便根據某種想像去以疾病作試驗，許多試驗失敗了，病患者死亡了，某種想像也隨之消滅。有的試驗卻成功了，便互相傳播，並被人記錄下來，並加以解說，這便是《本草》及《素問》等書籍的來源。[23]

上述引文所言「沒有經過科學處理」一句話，切莫誤會他批判中醫傳統不是科學，而是喟嘆中醫這個悠久積厚的中國文明傳統，現代人居然沒有對它進行「科學研究」。但它卻是人類醫學史和醫學本身的經驗寶庫。中醫不像當代西醫，它在傳統時代既無醫

---

[23]　徐復觀：〈反科學的科學宣傳家〉，同前揭書，頁 256-257。

學院、教學醫院以及各種機器、儀器作為檢查診療之工具，所以由此外緣看來乃是「非科學的醫學」，但是西醫在歐洲傳統的長遠時代，不也這樣嗎？今日的「科學的西醫」，是「現代化」之後的產物，並非歐洲開天闢地就已具足，換言之，「當代科學底西醫」是「現代性」的。何況中國自從「現代化」以降，中醫也進入醫學院、醫院以及輔以機器、儀器的時代，同時，中藥材也已被現代實驗室加以採樣、分析而可製成現代形式的藥劑。

徐復觀先生此處詮釋表彰的中醫傳統，就是以「邏輯實證論」的觀點說話的。他所說的「想像」就是「假說」，而且傳統中醫師、中藥師亦依據他們的「想像」「假說」來對病人進行「試驗」，有許多失敗，此即對其某種醫法和藥效的「否證」，而亦有許多成功，則此醫和藥之功效即被「正證」，遂成為中醫之學術的累積中之一個層次或一個份量。這樣的歷程和結果，是「知性理性」之發用和盡力，其結果是中國醫學藥學的知識和學術的成就，是科學。

徐復觀先生的論斷，是有史實證明的。謹以明代大醫學家兼大藥學家李時珍為例加以彰著。李時珍（1518-1593），明湖北黃岡蘄州人士，武宗正德年間出生於中醫世家。如同傳統中國的許多科學家，李時珍也熟讀典籍，學者蔡仁堅先生說：

> 時珍自小便師事蘄州城裏的名理學家顧桂巖、顧日巖，切磋之間對理學家「理、氣」的觀念，和「格物」的方法，有深刻的認識，奠下他的科學思想基礎。〔……〕自十四歲到二十三歲的十年間，〔……〕他海闊天空地讀著經史子集各類書籍，十年中他讀了萬卷以上的書，〔……〕博

採百家知識，苦苦地鍛鍊自己，奠下了日後撰寫《本草綱
目》時，駕馭古代文獻的雄厚能力。[24]

由此敘述可以發現李時珍成為一位中國最偉大的醫師、藥師，他
的醫學和藥學的科學成就和貢獻，有一個堅實深厚的基礎，那就
是傳統儒士必須具備的經史子集的國學素養。李時珍幼時既已追
隨家鄉名理學家學習儒家經典，打下根基之後，他又細研經史，
精通文獻，所以，是一位典型的博學多聞的儒士，是在這樣的形
式和內容中進一步造就自己成為醫學藥學的科學家。無論研讀經
或史乃至於諸子百家，都是中國傳統儒士的「知性心」之發用之
取徑，中國儒士並不是後世譏諷的都屬空疏虛無或瑣碎卑陋的無
用廢人。

　　身為中醫世家的第三代，李時珍當然熟習傳統醫書、診方，
也必然參與實際診療病人的臨床經驗。在此處，就顯示了傳統儒
士兼醫家，李氏是實學實務者，表現了德性心與知性心俱行的實
踐性。學者蔡仁堅先生說：

嘉靖十八年，蘄州碰上水災，災後傳染病流行，時珍幫著
父親救死扶傷，這以後他便偶爾行醫，由於書看得多，所
以前代《本草》所傳下來的藥物治療經驗，時珍多能知曉
而且分得出真偽，因此在臨床上往往很成功。累積了這些
經驗，他又常車馳四方，觀察大自然中的生物，採取藥

---

[24]　蔡仁堅：〈中國最偉大的自然科學家〉，《古代中國的科學家》，頁
26。

材。〔……〕蘊育了二十餘年的功力，〔……〕嘉靖三十
一年（1552），李時珍開始著手《本草綱目》的撰寫。
〔……〕
《本草》是一門廣泛的科學，它底實用目的是藥物治療，
但在達到這個目的之前，它涉及藥材栽培（農學）、藥材
出產、歷史等源流（輿地、考證學）、藥用植物形態、生
長的觀察（生物學）……等等，因此時珍所要做的儼然是
一種百科全書式的工作。[25]

蔡先生提過在李時珍之前四百多年前的宋代，已有四川人唐慎微
（1082）編纂的《經史證類備用本草》，但此書數百年來，已愈
傳愈訛，喪失其真確性，李時珍立志要作的乃是一部繼往開來的
新的《本草》以為天下醫藥方家的準繩。[26]而在這段引文中則顯
示了李時珍的醫學包括了臨床就診經驗、閱讀歷史累積下來的
《本草》藥材和診方的相關書籍、勤跑田野觀察動植物而採取藥
材。他的研究涉獵了多方面的專業學術，達到了「科學底學科整
合」之境界。在這些領域所下的實踐功夫，正是「知性理性」的
「外延性」、「架構性」、「客觀性」之發用，是「知識系統」
以及理論和經驗科學的踐履實現。

　　如同徐復觀先生所說的，科學的建立是一個「假說→蒐集→
檢證（實驗）→正證或否證」的歷程和結果，李時珍的《本草綱
目》的創著，就是在如此的科學研究和證成之中完成的。[27]他在

25　同上注，頁 27。
26　同上注。
27　同上注，頁 30-31。

史上，是以偉大的醫家而不朽，其實他也是一位偉大不朽的仁民濟世的君子儒。

四、結論：朱子與上古大儒的知性和科學實踐

或者有人批評說本文提到的沈括、宋應星、李時珍皆非大儒，且其著作不在「心性論」、「本體宇宙論」的功夫、境界中顯精彩，且他們屬近世宋明之人，而非上古儒家。以他們的事蹟和言行來彰明儒家的知性心之知識以至科學之進路，無乃太偏狹乎？

其實評者錯謬甚矣。茲就朱子的實學實務之踐履為例略加敘述大儒亦是大知識者，亦是科學尊重實踐者。史學家梁庚堯提到：「貧窮救濟是南宋政府和民間協調農村貧富的另一項努力。無論平時或災荒，都有若干富家，或出於自動，或在政府勸諭下，對農民施以各種救濟，使缺乏糧食的農家能夠維持生存，不致於受高利貸和糧價變動的壓迫。同時，南宋農村又新創有『社倉』，由地方政府或富家提供貸本，以低利貸給農民作農業資本或生活費用，使救濟貧窮的措施由臨時性進而變為制度性。」[28]就南宋朝廷而言，其君臣能努力於設計並推行全國農村的貧窮之救濟政策，這就是傳統時代的「仁政王道」，它的居心動念，是治民者的「惻隱之心」，這是本心的「德性理性」之揭然惻然。但是如何有效地推行實施，卻不是僅賴於說說喊喊「德性心常在

---

[28] 梁庚堯：《南宋的農村經濟》（臺北：聯經出版事業公司，1984），頁274。

腔子裏」即可，而必須有賴於本心的「知性理性」，規劃出一套
客觀的、架構的制度和組織，才能實際具體地實現，此即南宋政
府的濟貧救民的真實性踐履，它是實學實務，是傳統所言的「外
王事業」。

　　依據知性實學而轉化內在的仁心為外延的仁愛實務而得出的
實政，大儒朱子就是典範。他一生的事功多矣，此處僅以他創設
「社倉」為例來彰明大儒不是如禪門或道家，只要本心放開而無
執，因此得解脫，即可安身立命，大儒必須依知性的發用而確切
地修為實學而踐履事功。

　　南宋孝宗乾道四年（1168），朱子始議社倉之設，乾道七年
（1171）於閩北五夫里落成。朱子在〈辛丑延和奏劄四〉（孝宗
淳熙八年，1181）曰：

> 臣所居建寧府崇安縣開耀鄉有社倉一所，係昨乾道四年，
> 鄉民艱食，本府給到常平米六百石，委臣與本鄉土居朝奉
> 郎劉如愚同共賑貸。至冬，收到元米，次年夏，本府復令
> 依舊貸與人戶，冬間納還。臣等申府措置，每石量收息米
> 二斗，自後逐年依此斂散。或遇小歉，即蠲其息之半；大
> 饑，即盡蠲之。至今十有四年，其支息米，造成倉廒三間
> 收貯，已將元米六百石還納本府，其見存三千一百石，並
> 是累年人戶納到息米。已申本府照會，將來依前斂散，更
> 不收息，每石只收耗米三升。係臣與本鄉土居官及士人數
> 人同共掌管。遇斂散時，即申府差縣官一員監視出納。以

　　　　此之故，一鄉四五十里之間，雖遇凶年，人不缺食。[29]

上引是朱子於孝宗乾道年間在崇安五夫里創立「社倉」，開始營運之後，歷經十四年的成功有效，而於孝宗延和年間向皇帝作了一份「工作成果報告」，在這份〈奏劄〉中，朱子表達了數種專業學術的素養，包括了「財經學」、「管理學」、「行政學」、「統計會計學」以及「農經學」等。這裏證明了朱子雖然是一位形而上學理解體證甚高的大哲學家形態的大儒，但他同時也是一位務實而踐履「知性理性」的具有豐富知識系統的科學實學者。

　　本文在結論中只是以朱子為例來說明儒家的德與知之一心彰著，他們的生命實踐，除了德性在本心中本來具足之外，同時，他們更是通過本心的知性功能而發用於事物中，以經驗的實證的科學之知識技能，具體地實現「內聖」通貫「外王」的理想，朱子如此，象山、陽明，又何嘗不然？乃至上溯上古大儒，亦是一樣，茲引三段文章如下：

　　　　孟子曰：「不違農時，穀不可勝食也；數罟不入洿池，魚鱉不可勝食也；斧斤以時入山林，材木不可勝用也。穀與魚鱉不可勝食，材木不可勝用，是使民養生喪死無憾也，養生喪死無憾，王道之始也。」[30]

　　　　荀子曰：「故養長時，則六畜育；殺生時，則草木殖；政

29　〔南宋〕朱熹：〈辛丑延和奏劄四〉，收入〔清〕王懋竑撰，〔今〕何忠禮點校：《朱熹年譜》（北京：中華書局，1998），頁49。

30　《孟子・梁惠王篇》。

令時，則百姓一，賢良服。聖王之制也。草木榮華滋碩之
時，則斧斤不入山林，不夭其生，不絕其長也。黿鼉魚鱉
鰍鱣孕別之時，罔罟毒藥不入澤，不夭其生，不絕其長
也。春耕夏耘，秋收冬藏，四者不失時，故五穀不絕，而
百姓有餘食也。汙池淵沼川澤，謹其時禁，故魚鱉優多，
而百姓有餘用也。斬伐養長不失其時，故山林不童，而百
姓有餘材也。」[31]

《禮記》曰：「獺祭魚，然後虞人入澤梁；豺祭獸，然後
田獵；鳩化為鷹，然後設罻羅；草木零落，然後入山林；
昆蟲未蟄，不以火田。不麛、不卵、不殺胎、不殀夭、不
覆巢。」[32]

孟子與荀子的文章十分雷同，此不必然是荀子抄襲孟子，相信是
先秦久已有他們這篇文章類似或相同觀念之文獻或資料，表達的
是古代中國先民早已創成的人文與自然和諧永續的生態思想，而
《禮記》（含《大戴禮記》與《小戴禮記》）的文章，是西漢時
代戴聖、德兄弟蒐集編纂而成的，這些文章多有上古中國的「環
境生態保育論」。就以孟荀和《禮記》為代表來證明，中國人特
別是菁英階層，很早就有先進的環境生態觀念，這種觀念不出自
一人、一派，連道家、陰陽五行家等皆有其共通性。它們證明了
中國人的「知性理性」的從古以來的發達成熟，在中國儒家的歷

31　《荀子・王制篇》。
32　《禮記・王制篇》。

代經典以及儒者的言行中，「知識系統」的客觀性，甚受尊重，而「科學體系」的研究和成就，也是中國儒者的積極貢獻。

貳　儒家的知性傳統
與象山心學的知性

一、儒學不是哲學性的心性學
而是經史合一的王官百家意義之學

　　中國古代傳統儒家，是結合「四統」而形成一個總體的人生志業之實踐及其完成的，牟宗三先生揭櫫「三統」論，即「道統」、「政統」、「學統」，[1]實則宜再列入「社統」，[2]而整合

---

[1]　「三統」之說，創自牟宗三先生，他說：「道統之肯定，此即肯定道德宗教之價值，護住孔孟所開闢之人生宇宙之本源；學統之開出，此即轉出『知性主體』以融納希臘傳統，開出學術之獨立性；政統之繼續，此即由認識政體之發展而肯定民主政治為必然。」見牟宗三：《道德的理想主義・序》（臺北：臺灣學生書局，1978），頁 6。牟先生此文實含傳統的「三統」和他主張的新開出的「新三統」，特別是新的學統即「科學」和新的政統即「民主」。

[2]　「社統」是指傳統儒家的社會關懷和參與，在傳統時代的中國，中國人民以家族組織、村莊共同體推展其自治，儒者常起引領的作用，他們規劃鄉約、族規進行了中國的鄉治。在廣大的中國傳統社會中，實施「經濟治理」和「文化與道德教育」，也建立了庶民的民俗宗教信仰以及醫療衛生體系，多年前在一個討論牟先生所提之「新三統說」之場合，黃麗生教授提出中國歷史裏面，其實還有一個上述的這種「統」，不可忽

成為「四統」。儒家實踐完成「四統」，即指儒家在其心性、生命、生活中，同時具有「天道信仰」、「仁政理念」、「內聖外王之學」以及「社會關懷和參與」，此四者既有思想體系，亦同時是一種上下縱貫和四面橫通的實踐。

因此，儒家的性質，具有形而上與形而下的體用道器整體攝握、彰著之思想，他同時也有橫通的個人、家國、天下的理想和理念的踐成，有政治、社會、教育、文學、藝術、學術、宗教等各種的、多元的領域。

「五四新文化運動」以來，西方意識形態和觀念系統東漸，影響中國現代知識分子之思維取徑，習慣依據歐西的學術、知識的分類方法來觀照傳統中國古人之學問及其經典。就儒家來說，「當代新儒家」（取廣義的範圍）多有以西方哲學形態，用哲學家的方法論理解、認識、詮釋古代儒學，包括先秦儒家、漢儒、宋理學、明心學以及明清之際的遺民型儒家乃至於清代儒家。

由於「哲學底儒學研究和詮釋」之路，在「五四新文化運動」以降的百年，蔚為顯學，所以，有一種趨勢和變異，成為很重要的儒家詮釋認識論的現象，那就是「哲學家化底當代新儒家將傳統儒家窄化成哲學家形態的儒家」，在他們的大量重要著作中，孔孟荀以及漢宋明儒，幾乎都質變、窄化而成為等同於西式化的研究中國儒家「形上論」、「本體宇宙論」之哲學家。

誠然，若根據哲學方法論取徑來看，中國儒家的思想心靈之中，亦有心性觀、本體宇宙觀、知識論、形而上學等，究諸《五

略，這就是中國萬民依之而生活的「社統」。這一層面擴及於全部平民城鄉社區，是為「小傳統」。這方面的相關論著不少，譬如費孝通和梁漱溟兩位先生的書可讀之。

經》和《四書》以及於其他重要大儒著作，均有豐富的哲學義蘊，譬如隨意舉例，《荀子》、《春秋繁露》、《張子正蒙》、《二程集》、《太極圖說》、《通書》、《象山語錄》、《朱子語類》、《傳習錄》、《船山周易內外傳》、《新唯識論》等，在歷代大儒的專論或話語中，均能學習體證他們的「天道論」、「心性論」、「宇宙論」、「本體論」等哲理性的思想體系。

　　但是若澄心淨慮來返顧中國儒家的本質，則他們顯然不是西方式的專業形態的哲學家。以孔孟荀而言，他們的人生使命和生命實踐不是純學究式的哲學思維，他們的學問、智慧、道德等修為和素養，是為了經世濟民以及治國平天下；孔孟之道不是玄虛抽象的想像構劃之玄學、宗教，而是實然切然的具體確定之實學。又譬如再以象山、陽明兩位心學大儒而言，他們的思想、學術之道是從孔子的仁心和孟子的良知而來，肯定「先立乎本心」以及「致良知」，所以在《象山語錄》和《傳習錄》中，可以體證領悟本心良知的清澈明透而直指生命本真的心性觀之睿智。但我們更須明白，不能只停留在「心性論底心學」之象山和陽明，因為他們不是心學家而已，他們是大儒，有其經世濟民的實學，而此實學之實際架構客觀性內容，不從本心良知的「德性理性」來，而是從本心良知的「知性理性」發用而徹向定著於事物得出者，再者，他們不是有如現代學院中的學究，而是做事功的儒家，亦即他們除了「道統」之論述和修練，成就其「學統」撰述和創新，他們亦同時具備「政統」與「社統」之參與和實踐，此即象山、陽明兩位大儒的另一個重要性質和面向，此內容不能止於《象山語錄》和《傳習錄》，而必須追索《陸九淵集》和《王陽明全集》之全幅文本，才能周全掌握，此掌握才是完整的中國

儒家，而不是被現代西方學術分類的方式割裂的中國儒家之變形、窄化的形象和內容。

　　應該依據中國傳統的概念來說明中國儒家及其經典、著作之性質。我們現代熟習的中國學術分類是魏晉以下而為唐人習用流通的「經史子集」四部分法，所以唐以後，「四部」分法遂取代了兩漢以前的《七略》分類，經、史、子從此截然分隔，久而習之，遂以為經就是經，史就是史，子就是子。[3]後世學者，乃有經史子隔山隔海互不相通之弊，且甚至以此各自標榜門戶。發展到清朝，曾國藩把國學區分為「義理、詞章、考據、經濟」四科，而乾嘉學者則視國學為「考據、訓詁、詞章、義理」。清儒更加嚴重地分隔割裂了中國傳統學術。西力東漸之後，我們更是對傳統精神疏離，而用現代的系統來分類學術，即是科學、哲學、文學、藝術等，譬如人文和社會部門，有哲學、文學、史學、政治學、經濟學、社會學、人類學、地理學等，學者專家是一曲之士，而甚少博雅通儒，且以專一為尚，反而鄙薄輕視博通。

　　錢賓四先生指出兩漢之前的上古，中國人不如此分隔學術。古代學術是「王官學」，它是國家的文書檔案，也是治國理民之經典，而同時，它又是中國歷代傳承發展的歷史文化；隨著周室衰弱而諸侯國分立強大，「王官學」散而之天下，遂於諸侯國之中，發展而漸漸形成私家講論發揮的「百家學」，因此，上古除了經和史之外，亦產生了諸子，換言之，就有了經、史、子的意

3　錢穆：〈孔子與春秋〉，收入氏著《兩漢經學今古文平議》（臺北：東大圖書公司，2003），頁 256。

義的學術思想，它們並非各自獨立分化，而是整合為一，就以孔子著《春秋》而言，其性質既是經，亦是史，更是子。換言之，孔子著作的《春秋》，就其演敘歷史，提出經世濟民之微言大義而言，它是「王官學」，而若就孔子之私人著此《春秋》而言，它非官府公文典冊，而是一位民間思想家的思想之創造，所以乃是「百家學」。[4]

　　清儒章學誠論古代經史合一，曰：「《六經》皆史也，古人不著書，古人未嘗離事而言理，《六經》皆先王之政典也。」[5]章氏之意思是說《六經》是歷史文獻，也是上古時代夏商周累積相傳而形成的「先王政典」，亦即上古為政者的經世濟民之藍圖方策，此種體系其實就是「王官學」。章氏所說「古人不著書」，是指孔子之前。但孔子開創了私家著述，雖然孔子說過「述而不作，信而好古，竊比於我老彭。」[6]但並非泛泛陋儒誤以為的孔子沒有創作，其所謂「不作」，是指不從玄思空想構劃一種純粹抽象的哲學、玄理；此正是許多西方哲學家、印度智者、佛教大德以及現代中國儒學者和哲學者最傾向的治學之路；而是依具體的事物來建立闡揚其道術、學術。而他依據的就是「古」，這個「古」，就是孔子前面的三代的「王官學」，也就是章學誠這裏所說的具有經史同體之義的《六經》，亦即「先王政典」，孔子的所謂「述」即「經典詮釋學」之取徑。基於此觀點，我們試以章氏闡釋「易教」為例來探明其中的中國傳統學術理念之義，章氏曰：

4　關於錢穆的這個論述，請參閱〈孔子與春秋〉，同前揭書。

5　〔清〕章學誠：《文史通義》（臺北：史學出版社，1974），頁1。

6　見《論語・述而》。

《周官》太卜掌《三易》之法，夏曰《連山》，殷曰《歸藏》，周曰《周易》，各有其象與數；各殊其變與占，不相襲也。然《三易》名有所本，《大傳》所謂庖犧神農與黃帝堯舜是也。〔……〕夫子曰：「我觀夏道，杞不足徵，吾得夏時焉；我觀殷道，宋不足徵，吾得坤乾焉。」夫夏時，《夏正》，書也；坤乾，《易》類也。夫子憾夏商之文獻無所徵矣，而坤乾乃與《夏正》之書同為觀於夏商之所得，則其所以厚民生與利用者，蓋與治憲明時同為一代之法憲，而非聖人一己之心思，離事物而特著一書，以謂明道也。[7]

上古經典，如《易》有夏、商、周的歷史傳承，「夏時」即夏及其之前的上古、遙古時期的氣候節令及其相關環境生態農業之記錄載籍，稱為《夏小正》。[8]章氏於此特別指出孔子感喟亦且不忍王官文獻、先王政典逐漸失落，乃依據相關史料而整理詮釋《易》與《書》。章氏特別強調孔子之詮釋創述，不離三代的具體史事來述釋之，而非憑空想像構劃地創作虛玄抽象的專論。孔子是以《六經詮釋學》來彰明儒家之道，也是先王之道；原有之

---

[7] 〔清〕章學誠，同前揭書。

[8] 學者高明提到：「《小戴記禮運》：孔子曰：『我欲觀夏道，是故之杞，而不足徵也，吾得夏時焉。』鄭玄注：『得夏四時之書也。』存留到現在的，就是這篇《夏小正》。《史記》：『孔子正夏時，學者多傳《夏小正》。』也就是這一篇。篇中原自有經、有傳；經，可能是由夏代流傳下來，經過孔子訂正的，而傳，可能是孔子的後學──七十二子和他們的門徒、後學──所撰的。」見高明：《大戴禮記今註今譯》（臺北：臺灣商務印書館，1993），頁60。

《六經》，是「王官學」，是「先王傳統」，而孔子的「《六經》詮釋體系」，則是「百家學」；孔子之道，既是史亦是經，亦是在文化歷史大流之中，為中國新創的禮法弘規。

章學誠又再申論曰：

> 夫懸象設教與治憲授時，天道也；禮、樂、詩、書與刑政、教令，人事也。天與人參，王者治世之大權也。韓宣子之聘魯也，觀書於太史氏，得見《易象》、《春秋》，以為周禮在魯。夫《春秋》乃周公之舊典，謂周禮之在魯可也。《易象》亦稱周禮，其為政教典章，切於民用而非一己空言，自垂昭代而非相沿舊制，則又明矣。〔……〕夫子生不得位，不能創制立法以前民用，因見《周易》之於道法，美善無以復加，懼其久而失傳，故作《彖》、《象》、《文言》諸傳以申其義蘊。[9]

在此段，章氏闡述了《六經》其實本即周公制禮作樂而延續夏商文化歷史而發展出來的「周文」之典章制度及其觀念系統、價值核心，周之這套文明禮制和經典，存於魯國，韓宣子觀禮於魯，大加稱頌。孔子在魯遂得以據「周文」的文獻、典冊，加以「即傳統即創造」的詮釋，乃有孔子之後的新意義的《六經》。於此，我們其實看見孔子之道、儒家之學，一方面是經，一方面是史，同時又是孔子的大義和微言之所寄。其精神是重視中國上古傳承延續而下的「三代先王經世濟民之政典」的內容，用後世之

9　〔清〕章學誠，同前揭書，頁 1-2。

話語，是**實學**，具個人禮樂道德修為，亦重家國天下之政治之治理的藍圖方略之客觀架構性。換言之，儒家的學術，並非如宋明儒家的很多主要文章或語錄，只著重「內聖」之教化，突顯的是君子本心的內證工夫和境界，此面向是「心性之在其自己」的德性之「當下即是」，很有點佛門道家的禪悅心和虛靜心之相似性，而顯然相對隱沒了「外王」的「外延性」、「客觀性」、「架構性」的必以事物之理、事物之成為其主旨，此面向則是心性之發用定著於外在的事物而具有的知性認知事物的本有之理性功能。要言之，亦即古代儒家即經即史的孔子創述之本義，反而隱沒。雖然，後代近世之宋明清大儒不必然皆是如此，包括朱子、象山、陽明、梨洲、亭林、船山皆甚重事功和實務的實學性踐履，他們既是道德操持高貴之君子，同時亦是經史知識體系深厚淵遠的學者，可是他們在當代儒學學者的只偏重「哲學底儒學詮釋學」之下，在學術光譜中多有偏移至「形上學」、「心性學」和「本體宇宙論」、「天道論」的光譜、色譜之一端的傾向，所以我們習於以「理學家」定位伊川、朱子，以「心學家」定位象山、陽明，或以「氣學家」定位橫渠、船山，洵至於甚是忽略他們的本質不是今人用西哲名相界定的此種「家」，他們都是中國之儒者，他們具有「王官學」和「百家學」的悠久博大的中國傳統經史合體的性格。我們宜歸返於中國本位的觀點來認識歷代儒家，方是穩健周全的態度。

二、以《中庸》為例說儒家積極肯定心之知性

　　本文嘗試以《中庸》來討論儒家之學的知性之著重義。儒家

自古以來同時重視「德性」和「問學」，《中庸》所言「尊德性」和「道問學」，不是分析命題的關係，而是綜合命題的關係，兩者同等獨立，一樣重要，但又互有聯結。

《中庸》大致源自子思，而成書於孟子之前。其曰：

> 大哉聖人之道，洋洋乎發育萬物，峻極于天，優優大哉；禮儀三百，威儀三千，待其人而後行，故曰：「苟不至德，至道不凝焉」。故君子尊德性而道問學，致廣大而盡精微，極高明而道中庸，溫故而知新，敦厚以崇禮。[10]

朱子注釋此章的「尊德性」和「道問學」，如此說：「尊德性，所以存心而極乎道體之大也；道問學，所以致知而盡乎道體之微也。」[11]依朱子，則德性之尊，是存此天命之心而至乎道體與天道合一；學問之道，則是盡致知性之功能而明徹天道的精微。前者屬於心之德性體證之路，後者則屬於心之知性的認知邏輯之路。顯然，朱子對《中庸》的理解，是「德性之知」和「見聞之知」，一樣平等正視的。王船山詮釋「道問學」之義，有曰：

> 吾之有學，以審大經，而不遺乎事理之微者也。欲循其

10　朱子說此句是第二十七章。依徐復觀先生，則此章屬於《中庸》之下篇，出於子思之後學，成於孟子之前。見徐復觀：〈從命到性──《中庸》的性命思想〉，收入氏著《中國人性論史》（臺北：臺灣商務印書館，1994），頁103-160。

11　〔南宋〕朱熹：《四書集注·中庸章句》（臺北：世界書局，1997），頁48。

　　常，則必道焉；欲通其變，則必道焉。故其以學問致其知
　　者，不得任意營為，而必遵古之所制，酌今之所宜。[12]

依此，船山指出治學是究明大經常規，窮索至事理物理之極微之
細節，其目的是遵循理則之恆常而明通事物的變化；治學須依客
觀並依據學術領域的從古至今的典範而行，不可逞自己主觀上的
偏執。

　　王船山在此彰明了儒家的「見聞之知」亦即「知性理性」之
傳統。從古儒至今儒，顯然是看重心性依據其知性而追求探索事
理物理的「知識系統」的建立的。學者蔣伯潛說：

　　「尊」，是恭敬奉持之意，「德性」，即「天命之性」，
　　吾心之理；「道問學」就是「講學問」。漢儒清儒章句訓
　　詁之學，是「道問學」；宋明諸儒心性義理之學是「尊德
　　性」。「尊德性而道問學」，則是合漢宋學之長，廣大精
　　微，各臻其極；但雖極高明之境，而仍由乎中庸。[13]

蔣氏此句將「尊德性」和「道問學」兩重對舉，以明《中庸》同
時發用兩者，亦即古代儒家不會重此而又輕彼，乃是德性學問並
重。「道問學」就是今天習慣說的「講學問」，亦即「知識、學
術研究」的意思。但蔣氏舉漢宋之儒而二分獨立地以章句訓詁之

12　〔明〕王夫之：《四書訓義·中庸》，收入氏著《船山全書》，第七冊
　　（長沙：嶽麓書社，1996），頁209。
13　蔣伯潛：《廣解語譯四書讀本·中庸》（臺北：啟明書局，未註明出版
　　年份），頁39。

學為學問，以宋明學為德性，這個提法，實有錯誤。古儒的學問
之道的那個「學問」，不止字紙書本的訓詁考據而已，「知性理
性」的作用，亦即知性之作用於見聞，是吾人之本心外延於事物
而追究其「客觀性」、「架構性」之內容和規律，此即我們平常
所說的知識以及進一步的科學的取徑。再者，兩漢的經學豈僅止
乎章句訓詁？漢儒注重經世濟民，以《六經》（《五經》）治
國，此實踐，不能光是抽象地談說德性，而必須具有實學性的知
識和專業。[14]宋明儒家亦是一樣，他們的學問思辯之主軸，固然
首出「心性論」、「道德論」、「本體宇宙論」等，但宋明儒中
的大君子，沒有只玩弄心性本體的光景的，他們講論這類的「儒
學哲學」雖然甚高明玄遠，但他們同時也懂實務之學，亦即具有
客觀性的知識乃至於「科學體系」，而能夠實踐實務。

　　《中庸》即是表現此種同時重德性與知性的「德知雙彰」。
就其「道問學」這個領域而言，其章句例子多有，如：子曰：
「好學近乎知，力行近乎仁，知恥近乎勇」。這就是儒家的「三
達德」；好學之功夫用以表顯、踐成人之本有的「知性理性」，
此即「智」，這條路，是歷程亦是結果，得到的是關於人、事、
物的內容、結構、理則以及意義的認知，循此發展成為體系，就
是科學。由此證明孔子絕不輕忽「知性理性」，也就是不輕忽
「見聞之知」，其所重視的「問學」，也就是「學問」，乃是所
以治國的基礎。就《中庸》成書之時代來說，其主旨是給君子閱
讀的，即是提供在位者治國平天下的重要思想指南。所以，其章

---

[14]　錢穆在《兩漢經學今古文平議》中有深入精闢之論述。見錢穆：《兩漢
　　經學今古文平議》（臺北：東大圖書公司，2003）。

句中載有「九經」之論，謹引於下：

> 凡為天下國家有九經，曰：修身也，尊賢也，親親也，敬
> 大臣也，體群臣也，子庶民也，來百工也，柔遠人也，懷
> 諸侯也。
> 修身則道立，尊賢則不惑，親親則諸父昆弟不怨，敬大臣
> 則不眩，體群臣則士之報禮重，子庶民則百姓勸，來百工
> 則財用足，柔遠人則四方歸之，懷諸侯則天下畏之。[15]

此段章句闡釋「治國平天下」的「九經」，是由己身推拓出去，
就似同心圓的漣漪一般，而以仁政王道來逐圈推恩，修身以仁，
所以尊賢，再則親親，再則敬臣、體臣，又推拓之而子民，來
工，柔遠，最後則是懷天下諸侯，進至天下平。

　　若沒有更細緻思索，容易輕率以為儒家只是「德性教條主
義」或「泛道德主義」的政治觀。但是古代儒家的德性與知性之
作用，不是分開獨立的，儒家不是佛門，佛只要求信眾返歸本心
佛性，體悟清淨心，當下即立地成佛，所以，遍讀佛典，多只內
向求證而在心中自肯自明即可完成人格。[16]但儒家非是，儒家內

---

[15]　見《中庸》第二十章。

[16]　佛家禪門只重般若本心的自我本來清淨，所以說「心淨則國土淨」、
　　「即心即佛，即佛即心」、「淨土在本心」、「當下即是」、「唸句阿
　　彌陀佛消萬劫罪業」等等。皆是重心性內證其本來的清淨本質，而不重
　　外延的客觀的治國平天下之實學實務。儒家不如此，宋明儒家末流受禪
　　之影響，逐漸忘了儒家本來的外王義的積極性和必要性，而多有「掉入
　　禪去」的儒者，特別是心學家。理學家則較無此弊，但因為朱子鼓勵士
　　子多讀書，從書中體悟天理與性理，末流買櫝還珠，成為啃書蟲，墮落

聖需在外王中成就，所以仁心必得外推實踐而為「客觀性」的仁德和仁政，於是在此外推實踐過程中，必須以「知性理性」之作用來保證人、事、物之「客觀性」和「架構性」之內容之合理性，換言之，從修身齊家一路到治國平天下，仁心一方面以仁光照明，一方面是以仁的智慧外延而推拓出去，轉化為智，而依實學來經理國家天下，實學是客觀之理的知識和科學。「九經」的必要條件是仁心之德性，德性是有所覺悟之開端，但其充分條件則是仁心的知性，在操作踐履時，須依知性操持運作的知識和專業，這點方是完成。

　　《中庸》的作者擔憂士人君子未能樹立信心之清明和工夫之次第，所以提出很明確簡要的「知行順序合一論」，曰：

> 博學之，審問之，慎思之，明辨之，篤行之。
> 有弗學，學之弗能弗措也；有弗問，問之弗知弗措也；有弗思，思之弗得弗措也；有弗行，行之弗篤弗措也。人一能之，己百之；人十能之，己千之。果能此道矣，雖愚必明，雖柔必強。[17]

此段章句的主旨正是勸勉士人君子應該以剛健勇毅的意志，發用振起自己本有的心之知性，就學問之路而能自強不息、學習不倦。此中的意志之提起，是德性之功，但持續向前的學習，則是知性負責之理性知識建構。《中庸》以正面的積極的話語表顯了

成無用的蓑蓑瑣碎廢物。
[17]　見《中庸》第二十章。

古代儒家的不輕忽乃至重視人之知性，它亦是本心之天命之作用，在實踐上，不可或缺。

　　此種知性客觀實踐力行的精神，後儒亦能掌握，如王船山就甚清楚。他說：

> 專心於事，則紛雜之念不生，而清明自啟，執持之已定，則惰歸之氣不乘，而強固日生。況乎學問之益其見聞，而修能之利乎進取哉！此雖困知勉行之事，而成功之一，且將與聖人同焉。[18]

船山此段乃著眼於本心之徵向事物而依據本心本有的知性之理性功能來「增益見聞」；「增益見聞」就是通過認知來增進知識；知識是使用在事物之結構性內容的，亦即認識、理解事物之「架構性」、「客觀性」之理則、質、量，此即「博學、審問、慎思、明辨、篤行」一路下來的習得和力行之目的和效用。此是心之知性之所行工夫和境界。

　　奉元書院山長，先師愛新覺羅毓鋆先生說：

> 博學之，有弗學，學之弗能弗措也，無所不學，一事不知，儒者之恥。學，必學到一境界，不能中途而廢。但「博學於文」，仍必「約之以禮」，亦即克己復禮，非禮不動。[19]

18　〔明〕王夫之：《四書訓義·中庸》，同前揭書，頁184。

19　愛新覺羅毓鋆：《毓老師講學庸·1999》，陳絅筆記（臺北：中華奉元學會，2014），頁280。

儒者必得「博學於文」，其理想是「一事不知，儒者之恥」，但並非指不加揀擇，什麼邪說歪道皆加以學習吸收，必須「約之以禮」。博學是知性之功，但須「立乎其大」，明義利之辨，此端緒則發於德性。又說：

> 審問之，慎思之；切問而近思，思而不學，則殆；思之思之，鬼神通之。[20]

博學之功，必續之以切問、慎思。問與思，又必須以博學為基礎，以學識為基礎的問思，不會陷於虛玄，其入路不墮落不暫息，而能剛健恆常，如此通達於鬼神幽明，也就是貫透乎天地宇宙的表顯的或潛隱的法則而得到真理之認知。又說：

> 明辨之，履霜堅冰至。從履霜到堅冰，其所由來者漸矣，由辨之不早辨也，故馴致其道，至堅冰也。做事要「視其所以，觀其所由，察其所安」。廣博吸收，但是必須審慎，不粗心大意以求真知。[21]

人之學習及其追問而探索，接著深刻謹微地思維，用以辨明自然人文一切事物的類別異同及其性質，而能予以正確篤實的運用，這就是研究探索事物之原理、法則、結構的次第工夫，它是積漸推衍歸納而得到結論的，此即客觀知識以至於科學的取徑。《中

20　同上注。
21　同上注，頁 280-281。

庸》明明白白地表達了古代儒家同時重視心之德性和心之知性的主張，而且，凡是事物的理則之了解、認識，不是「德性理性」來擔當的，而是「知性理性」之責任，也是它的能力。

　　《中庸》既已如此，《五經》亦莫不相同。換言之，中國儒家之學，就其王官經史合一的傳統而言，從身心出發而達乎家國天下的經世濟民之踐履，心之德性是開端，不學而能，即孔子所言：「仁遠乎哉？我欲仁斯仁至矣」，[22]或孟子所言「萬物皆備於我矣，反身而誠，樂莫大焉。強恕而行，求仁莫近焉。」[23]本心或良知，其「德性之知」，或稱「德性心」，是自反自省而「當下即是」，不假外求；其「見聞之知」，或稱「知性心」，則須是向外延，依著事物，求其主因和條件而得其結果並究其後續發展演變，根據此因緣果報而得到「客觀性」、「架構性」之內容和規律而推衍出「知識系統」，最後形成典範，此即「科學體系」。儒家以德性心，於本然之處端正其人格和生命，但以知性心的作用而具備客觀性知識，並且在各種事物之領域中，身體力行之。譬如，儒士若是出仕，或是任京官或任地方之吏，其心必以發政施仁、勤政愛民為念，而在實務上，則需熟悉一切政策之方向、內容以及其操持運作的過程，同時，知人善用，使一個政府機構，如首腦之靈活指揮其耳目感官和身體四肢而行動有效。又譬如醫生，必具備仁慈之醫德，同時又熟習醫學和醫術；前者是本心之德性的自肯，後者是本心之知性的發用，兩者合一而行，則良醫濟世之功可成。

---

[22]　《論語·述而》。

[23]　《孟子·盡心》。

三、陸象山學術著重實務踐履

　　基於上面的論述，乃能明晰中國儒家並不是西方式哲學家形態的知識分子，而是中國本位的人物，他們體證天命本心之理，但也參與實際政治和社會，用傳統的話語來說，即是有其「內聖」，亦有其「外王」，其治學，是合內外一致而論述，其事功亦合內外一體而實踐。應該將所謂心學大師陸象山放在這個中國儒家的傳統脈絡結構之中，才能周全觀照象山之學的真實性。

　　陸象山成為一位開創一種新形態的儒家大宗風的大儒，此與其成長的家庭環境甚有關係。其學術的實踐性，是從此種家族人文環境中培養形成的。

　　徐復觀先生說：

> 陸九淵，字子靜。江西撫州金谿人。晚年講學於貴溪的應天山，經他改為象山，自稱象山居士，又稱象山翁。他出身於一個九世同居的貧窮大家庭。而象山這一代是第五代。全家千餘人，除了「二百年古屋」之外，只有「蔬畦不盈十畝」。治理這樣的一個大家庭，確是一件難事，而且也是一件大事。這是陸氏一門學問的起點。所以他曾說：「吾家合族而食，每輪差子弟掌庫三年。某適當其職，所學大進。」朱子謂陸氏兄弟「專務踐履」。我想這和他的家庭也有關係。[24]

---

[24]　徐復觀：〈象山學述〉，收入氏著《中國思想史論集》（臺北：臺灣學生書局，1979），頁 12。

陸象山成長生活也學習在這種千餘家人的大家庭裏面，他的學問的開端和長進，的確具有實學實務之踐履施行的精神。一般世俗之以為象山之心學墮於空疏或掉入禪去，此類譏諷皆是輕忽了陸氏家族的必須務實的客觀經濟環境得以創造出踏實踐履型之象山，因而率爾生出的歧視。徐先生又說：

> 象山的祖父「好釋老言，不治生產」。父親陸賀字道鄉，「酌先儒冠昏喪之禮行之家，弗用異教。」朱元晦曾謂：「自佛教入中國，治喪者一用其法。在唐唯姚文獻，在本朝則司馬公程張君子，近世張忠獻，始斥不用。」所以「弗用異教」，在當時是一件難能可貴的事。[25]

陸氏的家禮全不用佛道，而依先儒之禮儀，徐先生特別指出在南宋當時士庶的禮儀形式而言，難能可貴，於此，可以證明陸家，當然也包含了象山自己，他們是儒家禮樂文化的家族；禮儀不是存放在心思中，而是在生活和生命的實際狀態情形中具體地加以實踐。因此，象山的學術必重禮之理，亦重禮之行。禮儀外成，不是內證可得，純粹的心性思維和哲學，不可能顯示家禮。

　　陸道鄉有子六人，象山最小。據《象山年譜》予以敘述，以明陸象山在其五位兄長之學風和人格影響薰習之下，有其務實踐履之人生態度，而不可能空虛地玄論心性。

> 考諱賀，字道鄉，生有異稟，端重不伐，究心典籍，見於

躬行。〔……〕生六子：

長九思，字子彊，與鄉舉，封從政郎。〔……〕有《家問》，朱子為跋，略云：「《家問》所以訓飭其子孫者，不以不得科第為病，而深以不識禮義為憂。其懇懇懇切，反覆曉譬，說盡事理，無一毫勉強緣飾之意，而慈祥篤實之氣藹然。〔……〕」

次九敘，字子儀，公正通敏，時賢稱曰處士。善治生，總藥肆以足其家。

次九皋，字子昭，少力學，文行俱優，與鄉舉。晚得官，終修職郎，監潭州南嶽廟。名齋曰「庸」，學者號庸齋先生。有文集。

次九韶，字子美，不事場屋，兄弟共講古學，與朱元晦友善。首言《太極圖說》非正。又因其奏立社倉之制，行于鄉，民甚德之。與學者講學於近地，名梭山，梭山在金谿陸氏義門之東是也。號曰梭山居士。諸司列薦，以居士應詔，舉遺逸。〔……〕有文集曰《梭山日記》，中有〈居家正本〉及〈制用〉各二篇。

次九齡，字子壽，生而穎悟，能步移，則容止有法。少有大志，浩博無涯涘。嘗與鄉舉，補入太學，已負重名，知名士無不師尊之。登進士第，授桂陽教授，〔……〕改興國教授，〔……〕授全州教授，未上而卒。為時儒宗，道德繫天下重望。〔……〕名齋曰「復」，學者稱復齋先生。有文集行于世。

次則先生，與復齋先生齊名，稱為江西二陸，以比河南二

程。[26]

關於象山二哥九敍經營藥肆，徐復觀先生徵引《陸九淵集》之象山其他文章而補述曰：「一家之衣食百用，盡出於此。」關於三哥九皋，徐先生補曰：「吏不得以其權牟利。」又關於四哥九韶，徐先生引黃東發之言而補曰：「殆可推之治國。」而關於五哥九齡，徐先生則引象山之文章而補曰：「時方擯程氏學，先生獨尊其說。」「文辭近古，有退之子厚之風；道學造微，得子思孟軻之旨。」[27]通過《年譜》以及徐復觀先生的補述，我們發現陸氏從陸賀開始及象山的五位兄長之風範、學問、人格、行事，均屬實學實務之傳統儒家，彼等德性高尚，而且能推教化，能實踐鄉治，亦能任官治民，更有治國之能力。所以，象山父兄之學既然是從孔孟經典之「古學」涵養而來，當然，陸氏門庭必不屬於釋老之風，而是上追兩漢與先秦的傳統儒家之道。象山成人之後，雖然因應宋時的喜談性命天道之潮流，在心性之義、本體宇宙之義上，多有慧識和體悟而能抉發北宋諸大儒的形而上學的內容和精蘊，上探孟子良知本心之學，成就他的心學開山之祖的崇高地位，惟象山學術和踐行，何止於只是一位在精舍書院裏透闢地暢論心性、本體、宇宙的形上哲學型儒家？

　　象山心學，在現代的儒學研究中，由乎哲學之取徑而予詮釋，多能明其關鍵要義，如「心即理、性即理」、「辨志」、「先立乎其大」、「復其本心」、「宇宙即吾心、吾心即宇宙」

26　〔南宋〕陸九淵：《陸九淵集・年譜》（北京：中華書局，2012），頁479-480。

27　徐復觀：〈象山學述〉，同前揭書。

以及「義利之辨」等。而這些論述，多就象山心學的本心之德性，亦即「德性心」加以發揮。說來說去，就是那一套「心性論詮釋學」。然而對於象山學術之中所著重的本心之知性如何外延徼向於事事物物而展開「架構性」、「客觀性」的實學踐履，則無所措意。譬如當代新儒家牟宗三先生至蔡仁厚先生之象山心學詮釋即是如此。茲引蔡先生文加以說明。其曰：

> 象山云：「宇宙自有實理，所貴乎學者，為能明此理耳，此理苟明，自有實行，自有實事，德則實德，行則實行。」
> 象山所謂實理，亦即陽明所謂「良知之天理」。這天所與我，心有所本的理，是有根的、實在的，故曰「實理」；實理顯發為行為，即是「實行」；表現為人倫日用家國天下之事，即是「實事」；得之於心而凝為孝弟忠信等等，即是「實德」。象山〔……〕自稱其學為「實學、樸學」，並說「千虛不搏一實，吾平生學問無他，只是一實」。由實理流出而為實行實事，此便是陸學精神之所在。[28]

上引一段正是一個例證，就是凡以哲學取徑而在儒家之學術思想中只抽出其心性觀而說其心性論者，如哲學家形態的儒學學者蔡仁厚先生（其實，牟宗三先生亦是）論述象山心學之心義，皆變

---

[28] 蔡仁厚：《中國哲學史大綱》（臺北：臺灣學生書局，1988），頁235。

成一種抽象的孤立的心性說，如同禪門之當機參話頭，認為心外無理，只是泛泛地說心之理流出，就是實學、實行。然而，在哲學形式的此種心學詮釋系統裏，多只細論德性之本心義，即內面孤明證成地論本心之天命德性，然而實則德性心，即本心之德性，原本自證自肯，當下即是，本來就不須文字和思慮上纏繞鋪張，這樣一來，正好就是象山所譏的「議論、意見」。應該明白，象山學術須以整體性來掌握了解，象山所言一大段實理、實事、實德、實行之所謂「實」，它不是哲學思維地將心理之發用抽象地、懸空地說之而只成為一種論說中的「光影」，而是須向外發出去而定著於象山學術的知性之層面和外延之具體來加以認知才行，亦即應注重象山的「知性心」之發用是發用在哪些外在的事物，追究其事物的客觀之理則規律，[29]再者，亦必須就象山一生的行事中的話語、文章和實行之記錄，整全地掌握之後，才能得其真正了解和認識。

象山最重視「義利之辨」，判分義利在乎辨志。其思想源自《論語》。象山曰：

> 子曰：「君子喻於義，小人喻於利。」〔……〕竊謂學者於此，當辨其志。人之所喻由其所習，所習由其所志。志

---

29 徐復觀先生點出一個很重要且關鍵性的關於象山對於「理」之觀點，象山固然強調「心即理、性即理」，但象山並無「心外無理、性外無理」的此種說法，換言之，心固然是理，事物亦有其本身的理，是有外延性、架構性、客觀性的。我們是依靠本然有理的心去追索探究認知外在世界的事物之它自己本然的客觀性、架構性的理。見徐復觀：〈象山學述〉，同前揭書。

乎義，則所習者必在於義，所習在義，斯喻於義矣；志乎利，則所習者必在於利，所習在利，斯喻於利矣。故學者之志不可不辨也。[30]

此處象山指明君子所習在義，小人所習在利，由此分出君子之志在於擇義，而小人之志在於擇利。所以，汝之心究竟是在義或在利，就是義利之辨及君子小人之分。此種點醒，是孟子所說的「四端」，也是孔子所說的「道二，仁與不仁」。這即是德性心之啟示，它不需長篇大論的述說，本來就具足於自身。

象山又接著拿科舉此事來加以說明，他先說到：「科舉取士久矣，名儒鉅公皆由此出，今為士者固不能免此。然場屋之得失，顧其技與有司好惡如何耳，非所以為君子小人之辨也。」[31]他指出科舉考試是一種取才掄官的制度，其本身是「無記」的，不能從制度來分辨君子小人，亦即場屋得失，不能決定君子小人。但象山又曰：「而今世以此相向，使汨沒於此而不能自拔，則終日從事者，雖曰聖賢之書，而要其志之所鄉，則有與聖賢背而馳者矣。推而上之，則又惟官資崇卑、祿廩厚薄是計，豈能悉心力於國事民隱，以無負於任使之者哉？」[32]此段說出一般陋儒拼命讀聖賢典冊，其動機其實是為了通過考試而得到官位，從此可以飛黃騰達、榮華富貴，心中計慮的是官要愈大，財要愈多，豈有對於其專司之職份的專責為何加以關心習得，並且依之而踐

---

[30]　〔南宋〕陸九淵：〈白鹿洞書院論語講義〉，收入《陸九淵集》，同前揭書，頁 275-276。

[31]　同上注，頁 276。

[32]　同上注。

成？最後，象山才道出君子對義之抉擇，須擺脫追求私利的小人習染。那麼，應如何而為？他說：

> 誠能深思是身，不可使之為小人之歸，其於利欲之習，怛焉為之痛心疾首，專志乎義而日勉焉，博學審問、慎思明辨而篤行之。由是而進於場屋，其文必皆道其平日之學、胸中之蘊，而不詭於聖人。由是而仕，必皆共其職，勤其事，心乎國，心乎民，而不為身計。其得不謂之君子乎？[33]

此段話語，可分兩節，前一節是期許聽其講演的儒子能夠「以誠而反身深思」，莫令私欲薰習污染了本心，自己認真痛切省察，而日日以仁心義行而勸勉為君子。這一節是德性心的喚醒，依象山的用語，就是「辨志」、「先立乎其大」、「復其本心」，這節所言的功夫，是孔子所說的「克己」，孟子所說的「自反」，皆是本心的「德性理性」之自己的當下肯定和警覺。然而，象山的心學功夫次第，此節才是一個基本開端而已。而象山注重《中庸》的「博學→審問→慎思→明辨→篤行」，則是君子既已立乎其大，其中既有一清淨明潔的本心良知為主人翁，則此同一個本心就須外延擴展而徵向定著於事物，此運作就是心之「知性理性」的功夫，它使君子學習、明白事物的結構、狀態、演變和結果，此即君子經世濟民、齊家治國平天下時，他必須擁有具足的客觀性知識。基於此節的意思，象山亦鼓勵儒子參加科考，一旦儒子具有了孔孟聖人之《五經》的涵養，其科舉考試的答文，必

---

[33]　同上注。

然不會是空疏虛飾的無用廢文，而必是「言之有物、論之是實」的經國弘邦的偉構，若君子出仕為官，他的治道，當然就是此種踏實的具有架構性和客觀性的實學建立的藍圖，而不會只逞口頭之道德教條但本質上卻又空疏虛無。

我們宜從錢賓四先生所言的「王官學」和「百家學」的觀點來掌握陸象山學術的整全性，「百家學」的意思是象山從孟子良知說而來的立乎本心之「德性理性」的喚醒時代人心的啟蒙，一般世儒多集中於此而論象山心學之義，其等所述傾向哲學的心性論觀點來突出象山心學之特色；「王官學」的意思則是象山何止是牟宗三先生強調的只是傳承孟子，何止於「心性形上學」的那層意思；象山之學術思想是一種「古學」，也就是重視《五經》古義，此古義即重經世濟民之實學及其實踐。通讀《陸九淵集》，象山多有舉《五經》來闡釋並且教導儒子以及君王的例證，他不會像禪門佛子或心學末流之僅僅說說此心之空靈光景。象山是遵從「古學」的大儒。其依儒家古經之論說，皆是實學之實說。象山曰：

> 古先聖賢，無不由學。伏羲尚矣，猶以天地萬物為師，俯仰遠近，觀取備矣，於是始作「八卦」。〔……〕夫子自謂「我非生而知之者，好古敏以求之者也。」《中庸》稱之，亦曰：「祖述堯舜，憲章文武。」堯舜相繼以臨天下，而皋陶矢謨其間曰：「朕言惠可厎行。」武王續太王、王季、文王之緒以有天下，未及下車，訪于箕子，俾陳《洪範》。高宗曰：「台小子舊學于甘盤，既乃遁于荒野，入宅于河，自河徂亳，暨厥終罔顯。爾惟訓于朕志：

　　若作酒醴，爾為麴糵；若作和羹，爾為鹽梅。」人生而不
　　知學，學而不求師，其可乎哉？[34]

象山提揭儒家君子必須有學，學什麼？就是學《五經》；亦必求
師，何者為師？就是古聖先王。於此，象山提出了古聖先王的孔
子以及伏羲、堯舜、文武、皋陶等，究其實，他的要義是要求儒
子須從《五經》來學習古聖先王的思想、道義、學術以及治國愛
民之方略。象山在此篇書文中，除了《中庸》，他亦提及《易經
傳》和《書經》。

　　他在其他文章中又說：「世儒恥及簿書，獨不思伯禹作貢成
賦，周公制國用，孔子會計當，《洪範》『八政』首食貨，孟子
言王政亦先制民產、正經界，果皆可隱乎？」[35]此段反映了南宋
一般俗儒將實學實務視為鄙賤之事而恥聞計量之簿冊，象山予以
斥責，告訴儒子必須返顧古經，看看大禹的《禹貢》或《尚書》
中的周公制定的國家政經大業，又提到《洪範》中的首重經濟食
貨的「八政」，更說及孟子的仁政王道亦從先王之政治理念而
來，為民制產、重視井田經界等實際的農業經濟之養民大政。象
山於此引了《書》和《孟子》，其精神和方向皆重實學，而非哲
學地、孤立地或抽離地論心性。

　　《書經》記載上古中國天文曆算之實學，其實亦是中國古代
科學之古典，象山顯然熟此，他說：

34　〔南宋〕陸九淵：〈與李省幹〉（二），收入《陸九淵集》，同前揭
　　書，頁14。
35　〔南宋〕陸九淵：〈與趙子直〉，同前揭書，頁70。

> 淳熙己酉孟秋，中氣在月之初，填星復順入龍氏，直二大
> 星之間，比下星如心大星之於前星。二日之夕，微出其
> 西；三日之夕，微出其東。四日，益東。如朔之在西，則
> 其正隱於三日之朝矣。
>
> 古義和之官甚重，〈堯典〉獨詳其職。後世星翁曆官，為
> 賤有司，人庸識暗，安能舉其職哉？因循廢弛，莫董正
> 之。[36]

象山述說孝宗淳熙十六年（1189）的天文星曆之官的天文星象之觀測記錄。這就是中國歷史悠久的天文科學。象山對此科學是明了且肯定的，由此乃知其豈是朱子或理學家後學之譏訕是「禪」？象山此段話語分明是彰顯了他的「知性理性」的積極性和運作性，而能夠把握天文星象曆法之知識。再者，他說明《尚書‧堯典》所載「羲和之官」的地位之崇隆而反襯了後世譬如其當時的南宋，朝廷和士大夫均把主司天文曆法之職位加以賤視，象山於此慨嘆一個古代既已開創的優良實學專業的傳統，後世之為政者卻加以輕忽。雖然如此，象山本人卻是熟習天文觀測以及星象曆法之科學的，他接著說：

> 是月也，余將視吾外姑之兆于東漕之龍岡，朔之夕，發象
> 山，三日而抵余家，四日之夕發余家，次夕抵大原觀，六
> 日抵龍岡。事既，遂抵踈山，與同行昭武吳大年、里中胥
> 必先言：「五緯次，舍，有經宿可準如此者，得之於所

36　〔南宋〕陸九淵：〈贈踈山益侍者〉，同前揭書，頁250。

　　見，不可不記之。治曆須積候以稽合否。官之不宿其業，
　　為日久矣。〔……〕」[37]

依此，象山進行了「野外考察」以及「戶外觀星」，大概花了一
週時間，為了觀察天文星象而追蹤觀測之，並從而治曆，他認為
治曆必須「積候」才能求事實與理論是否相合，此須牽涉觀測、
計量以及轉換為「質性」的語言和論述，才能建立曆書。顯然，
象山懂實際操作此種古老傳下的科學技能，而此領域是《尚書》
重視的，傳延而下，太史公纂修有《曆書》、《天官書》，即此
古代重實測而計量的科學傳統。象山也是十分在意且力行的。

　　象山亦通《詩》，他說：「三百篇之詩，《周南》為首；
《周南》之詩，〈關雎〉為首。〈關雎〉之詩，好善而已。興於
《詩》，人之為學，貴於有所興起。」[38]依其言《詩》，可見是
從孔子之「詩教」而來，譬如孔子說：「《詩》三百，一言以蔽
之曰：『思無邪』。」[39]又曰：「小子何莫學乎《詩》？《詩》
可以興，可以觀，可以群，可以怨。邇之事父，遠之事兄。多識
於鳥獸草木之名」[40]象山之詮釋儒家詩義或詩心，明顯從「無
邪」和「興、觀、群、怨以及孝事於父、忠事於君，且進一步可
多識自然生物生態。」如此體認人心之本來好善，由心之善端乃
能對人文價值和自然存在皆有所興發感奮，而此取徑，是需要通
過學習，並非僅僅本心在其裏面體證虛靈之功而已。乃是君子從

<hr />

37　同上注。

38　〔南宋〕陸九淵：〈語錄〉（上），同前揭書，頁 407。

39　《論語・為政》。

40　《論語・陽貨》。

德性出發而依據知性使心性和宇宙的「善」和「真」，皆得以實現；心性之善是主觀證悟，宇宙之真是客觀推論。

　　孔子晚年依魯史而著《春秋》，寄託其「太平世」的微言大義，後來《春秋三傳》以及《春秋繁露》有所傳承，特別是《春秋公羊傳》盛弘孔子「存三統」和「張三世」的外王思想。北宋因承五代危局，深痛於夷狄之禍害，所以振興起《春秋》經理邦國、安定天下之實學，後世稱為「宋初三先生」的孫復、石介、胡瑗都深究《春秋》大義，申張「君子小人之分、華夏夷狄之辨、聖君賢臣之義」。在此文化道統的傳承之下，有宋一代的大儒均注重《春秋》的節義和名分，興中國拒胡虜，是他們的道統之信念也是政治之踐履。

　　於此背景之下，陸象山深熟《春秋》，以「春秋教」教化弟子，並有相關的詮釋由後儒收入於《象山集》中。這是經世濟民之學，非空疏或繁瑣的心理性理之玄學。茲舉其中一例明之。《經》曰：「九年六月，晉人、宋人、衛人、曹人伐鄭。」象山詮釋曰：

　　　　左氏謂鄭及楚平，諸侯伐鄭，取成而還。諸侯伐鄭而稱
　　　　人，貶也。晉楚爭鄭，為日久矣。《春秋》常欲晉之得
　　　　鄭，而不欲楚之得鄭；與鄭之從晉，而不與鄭之從楚，是
　　　　貴晉而賤楚也。晉之所以可貴者，以其為中國也。中國所
　　　　以可貴者，以其有禮義也。
　　　　鄭介居二大國之間，而從於強令，亦其勢然也。今晉不能
　　　　庇鄭，致其從楚。陳又有弒君之賊，晉不能告之天王，聲
　　　　罪致討，而乃汲汲於爭鄭，是所謂禮義者滅矣，其罪可勝

　　　誅哉？書人以貶，聖人於是絕晉望矣。[41]

象山既能論說、詮釋《春秋》之經文的史事，並依仁道大義而批
判之。可謂若不熟《春秋》及《左傳》和《公羊傳》，則不可能
有所論評。此處顯示象山的外王學之深切著明，也看出其深富古
學義的「王官學」與「百家學」合而為一的精神與內容，若以章
學誠之言而言，則象山學術是「即經即史、即史即經」之經世濟
民實學，他豈只僅僅如一般世儒以為的狹窄之「哲學底心性學」
者？

　　　上述的引文可區分兩段，第一段即是表彰「中國之所以為中
國」之大義大節，乃是以其有仁義禮樂道德。基於這個原則，晉
之可貴，是因為晉實踐中國之道，亦即施行禮義於諸國之際，因
此，聖人肯定讚美。第二段則是表顯由於晉喪失了護持實踐中國
禮義之道而使自己淪落成夷狄，因為晉之墮落，不能維護華夏之
道，反而在諸國之間推展其詭詐縱橫謀略，是以聖人貶斥之。

　　　象山生逢金人南逼宋室的時代，抗金與北伐，是當時的《春
秋》大義。而在當時，主和投降派卻佔了朝廷的主流，宋帝為保
帝王的極寵之位，遂無光復華北失土而歸還帝座於徽欽二宗之
志。宋室是護衛中國禮義的晉或是墮落而下沈為夷狄的晉？象山
親眼所見，豈不昭然明著？

　　　由上所述，象山的「春秋詮釋學」，就是一種呼應且批判他
的那個「當代」的外王之學，是經世學，是實學。我們的當代呼
應和批判，宜效法象山這個依據《春秋經傳》的「即經即史、即

---

[41]　〔南宋〕陸九淵：〈大學春秋講義〉，《陸九淵集》，頁281。

史即經」的「知性理性」，亦可就兩岸目前的分治狀況而究明之，兩岸皆應行中國禮義之道，而皆不可自甘為夷狄；今之夷狄，是在外不在內，即侵華之各種帝國主義、殖民主義，以目前而言，大陸大可實踐禮義中國之道，而臺灣則千萬不可墮落沈淪為帝國殖民主義的附從前軀，愚蠢痴騃地被夷狄所賤使，則自己亦以微小島嶼而異化為夷狄，若自甘為夷狄之奴才而搞「臺獨」，依據《春秋》之判準，未有不潰亡者也。

四、結論

陸象山從《五經》傳承並建立了自己的內聖外王之學，具有「王官百家之學」的合一傳統，也具有「即經即史、即史即經」的內涵和精神，他不只以「哲學性底心學」而締造了其學術地位，他的學術之實體，乃是「經史子」整合一體者。他實踐實學；實學的實踐，須有實事。茲依《陸九淵集》之關於象山關懷並踐履農耕之實事為例作為本文簡要結語。

中國自古以來就是農業文明和科技發達之國，到宋朝，農業已經非常進步成熟，農田、農作、農器以及作物品種，多方面均表現了高度的科學和技術水準。[42]再者，宋朝特別是南宋的農業經濟以及農村生態和農民生活又是階層剝削而土地兼併且農民艱困的時代。[43]但是，南宋的朝廷和官員，仍多有儒家恤民養民的

---

[42] 祖慧：《沈括評傳》（南京：南京大學出版社，2006），頁 2，271-276。

[43] 梁庚堯：《南宋的農村經濟‧前言》（臺北：聯經出版事業公司，1984）。

仁政之道，所以，仍然相當努力地減緩農村經濟的不平等，儘可能改善水利和農田，也努力提高農民的生活條件。[44]

　　在《易經傳》中有很多的天地環境之自然生態之敘述，因此亦正面敘說了先民的農業文明，如曰：「古者包犧氏之王天下也，仰則觀象於天，俯則觀法於地，觀鳥獸之文，與地之宜，近取諸身，遠取諸物，於是始作八卦。〔……〕包犧氏沒，神農氏作，斲木為耜，揉木為耒，耒耨之利，以教天下，蓋取諸〈益〉。〔……〕」[45]《易傳》此段說出了神農氏時期中國古代的農耕開始發展。此種論述，正面積極地詮釋了中國的農業文化，且農耕活動是建立在對於自然環境的觀察與認知，此中沒有幻想如希伯來的伊甸園或印度的極樂淨土的宗教想像式神話，而是踏實地就客觀性架構性的自然和環境之肯定與了解為基礎而來說明農業文明。其實對於農業文明及其有關的外在環境條件之敘述內容，在《尚書》的〈堯典〉、〈禹貢〉、〈洪範〉等篇章中，甚為重視，也十分呈顯了上古儒家的實學實務的實踐性。[46]陸象山曾經參與政事，他的實學踐履的儒家傳統，思想上應該是源於古代儒家經典，如《易》與《尚書》，是象山甚為熟習的，使他十分關心也參與了農業情況的認知和改善。

　　謹舉簡單一二例證用以指出象山嫻熟農業文明以作為本文的

44　同上注。

45　《易‧繫辭下傳》，第二章。

46　關於《尚書》以及其他儒家經典之這方面的論述，請參閱潘朝陽：〈由地理學觀念系統看《尚書》的地理識覺〉以及其他相關論文，收入氏著《心靈‧空間‧環境：人文主義的地理思想》（臺北：五南圖書出版公司，2005）。

結束。象山之熟悉關心介入農耕之事，乃是一種中國儒家的發政施作必有的「知性理性」之實踐，是依據農業思想和知識而有的。象山曰：

> 江東西田土，較之此間，相去甚遠。江東西無曠土，此間曠土甚多。江東西田分早晚，早田者種「占早禾」，晚田種「晚大禾」。此間田不分早晚，但分水陸。陸田者，只種麥豆麻粟，或蒔蔬栽桑，不復種禾；水田仍種禾。此間陸田，若在江東西，十八九為早田矣。水田者，大率仰泉，在兩山之間，謂之「浴田」，實谷字書從水；江東西謂之「源田」，潴水處曰「堰」，仰溪流者亦謂之「浴」，蓋為多在低下，其港陂亦謂之「堰」。江東西陂水，多及高平處，此間則不能，蓋其為陂，不能如江東西之多且善也。[47]

此段引文，幾乎是象山對於江東西平原之田和山地區域之田的「農業考察報告」。若不兩區實地進行實察，是不可能寫出這篇文章的，換言之，象山是在依據田野和農業科學而作了兩個區域的農田及其作物的觀察，才撰述了這篇報告書。在其中，他提出了兩地的「田地使用率」、「田地的分類」、「稻禾品種」。同時，也就兩地區的水利設施和功效，如「浴田」、「源田」、「堰」、「陂」、「浴」提出說明：所謂「堰」就是築得較低的儲水壩、攔水壩，可蓄水亦可控制水之流灌；所謂「陂」，同

47　〔南宋〕陸九淵：〈與章德茂〉（三），《陸九淵集》，頁205。

「埤」，即蓄水的池塘，而築造有一種分水堤堰可以控制流灌；
所謂「浴」就是蓄積儲存從河源流來的水或雨水而成的池塘。總
之，象山是在描述兩個區域的農田的水利灌溉設施，這是水利專
業話語。

　　由上所述，顯示象山身為地方上的儒與仕，他何止於講心性
之道，他也通過了本心之「知性理性」對事物和實務的學習，獲
得知識乃至於專業科學。在德性和知性雙重同行的本心發用上，
象山是真正而完全的人格崇高博厚的實踐型大儒。

參　陽明心學中的知性問題商議

一、前言：古儒重視知性

　　從先秦到兩漢的古代儒家，無論經、史、子、集，其文章和論述，既有本心德性義的顯揚，也有知性義的開展。我們閱讀《五經》或是儒家子書、包括孟荀乃至於漢儒賈誼《新書》、董仲舒《繁露》以及重要史籍，如《春秋三傳》或《四史》等，其內容都以德性為端倪，但以知性開展知識敘述；大儒積極地表現了本心的「知性理性」之實現義，本心的「德性理性」固然是人之所以為人之開端，但古儒不只是反覆宣說德性重要，他們亦正面地、積極地重視知識的建設和展顯，因此通讀古籍，其中記載了中國古代的「知性理性」和依之創造、累積、蘊蓄且又次第新創的「知識系統」以及順之而發明的「科學體系」。

　　固然從孔子始，就在其講學和經典中，提出「德性理性」是人之所以為人的首出義，揭示仁心、仁人、仁政的「道德理想主義」的儒家基本觀念。此之後，曾子、子思以及孟荀大儒均強調德教、德政之重要。但是古儒們所說的道德之義，是具有「外延性」和「架構性」之客觀實踐面向的，並不是受佛禪影響之下的後世儒家偏重心性之在其內面而「孤明獨照」之個體修為義的那種主觀內在之道德性質。換言之，後儒特別是心學家，往往傾向

「主體之在其自己」的本心自滿的觀念和信仰，這只是本心的德性之「自我覺照」而已，但卻忽視了本心的「知性理性」是實踐其德性價值的必須之承載器具，或是德性由其主體之光源必須照射世界才有存有意義的那個它需要的客體。儒家本心的踐履重視「知性理性」而不能輕忽「外延性」、「架構性」的知識。此層意義和認知，在古儒來說，根本不是問題，甚至來看中國科學史那些具有儒者素養和身分的大科學家，譬如北宋的沈括、明的宋應星、李時珍而言，德性和知性是自然而然地同時存在且彰顯的。只有在後世泛濫無規的心學家之末流以及口耳七寸之學的腐儒酸士那裏才會演變成一種類似於宗教內修形式的看待、處理儒學和儒教之取向，它本身有輕知、反知的傾向和執著；而這種取向有違儒家重知的本質。

大心學家王陽明的思想影響後世極深遠，後世批評陽明及其後徒之心學犯了虛無玄空之大病，結果丟棄了經世濟民的內聖外王之儒家本業，一般怪異空疏之心學末流，確實多有掉入禪道末流的自悅自足的玄空之如黑洞一般的不關心政治和社會之意義與內容，但是陽明是否如此？須加以嚴謹細緻地予以研析檢證。故作本文。

二、從《論語》來看先秦儒家的「知性理性」

孔子揭櫫、闡明仁心，而仁心的思維和作用，同時是德知雙彰並行的，《論語》一開始就標榜肯定了「學」。子曰：「學而時習之，不亦樂乎？有朋自遠方來，不亦說乎？人不知而不慍，

不亦君子乎？」[1]民初學者蔣伯潛釋曰：

> 何晏《論語集解》，王肅曰：「時者，學者以時誦習之。
> 誦習以時，學無廢業，所以為說（悅）懌。」王氏以誦習
> 釋習，似專指讀書而言。《朱子集注》則曰：「學之為言
> 效也。人性皆善，而覺有先後；後覺者必效先覺之所為，
> 乃可以明善而復其初也。習，鳥數飛也。學之不已，如鳥
> 數飛也。既學而又時時習之，則所學者熟，而中心喜悅，
> 其進自不能已矣。」朱子訓「學」為「效」，「習」為
> 「學之不已」，則可以兼包「知」（書本）、行（行為）
> 兩方面而言，較王說為精當。因為《論語》所說的
> 「學」，皆是學做人；且偏重於行為方面的實踐也。[2]

蔣氏將孔子的「學習」之本義說窄了，認為《論語》只是一部
「學做人」的道德範本或教科書。這是明顯受到宋儒的「唯道德
主義」或「唯德性主義」之影響的（此所謂「唯」是指「特
殊」、「特重」或「突出」、「首出」之義，而非指「唯一」、
「僅是」）。我們來看朱子引程子（程頤，伊川先生）之語就能
知道程朱之對於《論語》第一篇第一章的孔子所說「學習」的心
性之思維方向和形態。朱子曰：

> 程子曰：「時習之，則所學者在我，故悅。」〔……〕

---

[1]　《論語・學而》。

[2]　蔣伯潛：《新刊廣解四書讀本》（臺北：商周出版公司，2016），頁
96-97。

明，同類也；自遠方來，則近者可知。程子曰：「以善及
人，而信從者眾，故可樂。」又曰：「悅在心，樂主發散
在外。」〔……〕君子，成德之名。〔……〕程子曰：
「雖樂於及人，不見是而無悶，乃所謂君子。」愚謂及人
而樂者，順而易；不知而不慍者，逆而難，故唯成德者能
之。然德之所以成，亦曰學之正、習之熟、悅之深，而不
已焉耳。程子曰：「樂由悅而後得，非樂不足以語君
子。」[3]

由上所引朱子、程子的說法，程朱兩大儒在這個章句的詮釋中，
把孔子強調的「學習」，明顯地傾向於只視為心性內修之功夫和
境界，重點是君子成德。雖然，通觀兩大宋儒的總體思想，不必
然只是狹義的「唯德性主義」者，但若僅僅看他們在《論語・學
而篇》的首章的此種說詞，則他們的語氣的表現很像禪門修證，
皆往心之內在面而說自我體道的那種喜悅和快樂。似乎孔子之
學，與修道者一般，透過自修或同修而體證了生命心靈之主體性
或主觀性的愉悅快樂就是目的。孔門師徒在一起的學習，變成講
習心中的德性之「虛靈不昧」或「虛靈明覺」的那種感悟之狀
態，若能自己悟得，謂之「悅」；若能師徒、同修一起共同感悟
之，則謂之「樂」。

宋儒分明受到佛學的衝擊和影響，而在思維、理解儒家經典
時，也往內修之功而彰著、突顯「德性主體」之路而向內傾斜、
收縮。此種解經，忽略了先秦儒家的思想形式和內容不是這種一

---

[3]　〔南宋〕朱熹：《四書集注・論語・朱熹章句》。

路往內而僅僅體證本心的虛明之形態。「古學派」的詮釋就不如此，試舉朝鮮朝古學派大儒丁若鏞的注釋來有所認識。

　　丁若鏞，號茶山（1762-1836）詮釋〈學而時習之〉章，曰：

> 時習者，時時習之也，學晨省昏定，便自是日習晨省昏定；學日乾夕惕，便自是習日乾夕惕；學祭禮，習祭禮；學鄉禮，習鄉禮（飲射投壺等）；學樂，習樂（〈月令〉云：「孟春命樂正，入學習舞；秋季命樂正，入學習吹」）；學誦，習誦；學射御，習射御（〈月令〉云：「孟冬習射御」）；學書數，習書數，皆所以肄業也。學所以知也，習所以行也；學而時習者，知行兼進也。〔……〕王曰：「學者，以時誦習之。」駁曰：非也，誦習而已者，後世之學也；禮樂射御，可習者多，奚但誦而已？《易》曰：「朋友講習。」（〈兌・大象〉）。講者，論辯也，誦則《詩》、《書》而已，學止是哉？引證《大戴禮》曰：「君子既學之，患其不博也；既博之，患其不習也。」（〈曾子立事〉篇。）[4]

丁茶山理解把握的孔子所言之「學而時習之」的大義和精神，顯然和程朱或蔣伯潛的方向和內涵是大有不同的。丁氏全然回歸秦漢經學系統的「依經解經」的思維和認知之取徑，所以，他不是

---

[4]　〔韓〕丁若鏞：《論語古今注》（1）（首爾：財團法人茶山學術文化財團，2012），頁32-33。

那種「唯道德主義」、「唯德性主義」的色彩，而是從先秦、兩漢之典籍來尊重先秦儒家的結合主觀性和客觀性而為一的思維與認知之取向，因此，他的詮釋主體不在強調心中之德性，而其重點是在揭示在學習者的能思之本性之外，還必有學習的外在對象，它是客觀的、架構的儒家經典、禮樂、祭儀以及射御書數等「藝」；丁氏表達了孔子之學，乃是透過「知性理性」而追求、習得、傳承、弘揚中國古代之文明、經典之總體的內容和價值，而不能只把孔子之學以及孔子之道只內縮為僅僅是修證「德性心底內在性」而已，因此，學習的重點，從經典文本之習誦開始，但須擴及於典冊外的實存之廣博的事物和事務。因為丁氏掌握了原始儒家的經學的本義和精神，超脫宋明儒意識形態的拘束而上溯回返於漢朝和先秦的古代儒學，乃能認識到諸多經典提供的學習，是必須從本心的思維發用出去，去理解、認識文明、禮樂的客觀存在性及其意義，此路乃是我們的本心在學習的過程和結果中必然遵循的「知性理性」之架構內容，這是「知識系統」，而不能單純地以為是本心德性之「內證默會」而已，它必須通出去與外在世界的形形色色的人事物以及繁複的業務互動、交會，進而創造出非常複雜的文明總體，這才是「學而時習之」的重點，同時，由於這個認知和建立知識的路徑，須自己內部的天命自然之本心具有的責任、努力、致盡、端嚴等性情和態度，它投射、貼近、緊臨著學習和隨學習而來的實踐之完成，這就是程朱最強調的「敬」，或是儒家所重視的如盡心之「盡」、致良知之「致」、正心之「正」……等，皆是德性之修養、體證，此即本心的「德性理性」之作用於學習的路程中，擔保吾人在寬廣博大的學習文明、思想等總體時，均能有道德之導引和軌轍。換言

之，孔子之學的本義，同時重視本心發用於萬事萬物時的知性和
德性的理性功能，是道德的，也是知識的；前者是「主體義」，
後者是「外緣義」，兩者不可或缺。

　　再舉另外一位與宋明儒學不同詮釋系統的吾師現代大儒愛新
覺羅毓鋆先生的解經內容。

> 　　「學而時習之，不亦悅乎？」「學」，第一個意思，是
> 「覺」也。〔……〕第二個意思，是「效法」的「效」。
> 覺悟的「覺」，屬於「知」；「效」就是屬於「行」。簡
> 單的說，「知」和「行」合一，才叫做「學」。[5]

於此，毓老師明白說出「學而覺悟」，屬於「知」，亦即屬於
「知性理性」之發用，通過閱讀、實習、實驗、檢證等功夫而得
出對於一切現象之結構、形態、和內容之認知，而具有客觀義，
並依據之以建立撰述、說明、詮釋的體系，這個體系就是「知
識」。而所謂「效」，則是效驗、效能、效率、效果等義，此就
是「踐行」或「踐履」的意思，乃是在「學」的歷程之中，含具
而且帶引出來的作為，得出的這個「行」，也就是含具和帶引出
來的效驗、效能、效率、效果。

　　學的知和行是合一的或說是綜合的。它的標的是「知」，是
在本心的「知性理性」的軌轍中運行實現。

5　愛新覺羅毓鋆：《論語──毓老師講論語》（第一冊），蔡宏恩、許晉
溢筆錄，許晉溢整理（臺南：奉元出版公司，2020），頁8。

「學」者，覺也、效也，這是古人解釋的，但他們沒有說
「學」和「效」有什麼區別。

「學」就是「學」，如「不學禮，無以立」、「不學
《詩》，無以言」（《論語・季氏》）。沒有說「效」，
沒有說「不『效禮』，無以立」、「不『效』《詩》，無
以言」。所以，「效」和「學」的境界距離倒有多遠？

「立」是以有「禮」而立；「言《詩》」是講對社會疾苦
的了解。[6]

依此詮釋，孔子教弟子學《禮》、學《詩》，必得有典冊、有儀
軌，換言之，有客觀物，才能據之而學之，學的目的，是認知瞭
解，進而實踐之，才能立、能言。這條進路，是本心的「知性理
性」之發用和運作。

再者，「學而時習之」的「習」是何意義？毓老師曰：

什麼是「習」？注解：「鳥數飛也。」小鳥學習飛時，不
知摔了幾十遍，才飛得起來；〔……〕忽然間才騰空，才
會飛，這叫做「習」。讀書，也得要下這種工夫，才能有
所得。

民國十三年以前，百姓的生活方式和清朝一樣，老師還趕
得上習禮。古時習禮，是每天要練習禮，見人作揖，得
「上下眉齊，下如授。」要做得合標準，得習多少遍？每

6　同上注，頁9。

天練！〔……〕等到夠標準了，才出門見人。[7]

「習」就如小鳥之練習飛翔，不斷練習展翅飛在空中，次數一久，就一旦顯出鳥的飛翔本能，它就會飛；這就是依據「習」而「學」了飛翔。人亦一樣，對於學習的對象，不論書本、文字或是其他事物和事務，不斷地「習之」，漸漸熟悉而了解，包括有「內容的認識」和「操作的認識」，總之，「學習」是「知性理性」的實施，就如毓老師提及他少時的習禮，那完全是「知性理性」的運作之事，不是「德性理性」的那個道德體悟之領域。

　　由此可以清楚了解孔子教弟子須「學而時習之」的這個學習工夫和結果，是本心的「知性理性」的「建構知識」的領域，不能輕忽或壓抑這個意思而曲縮為「德性心」之「主觀內證」之意思，換言之，「學習」是客觀義的也是架構義的。

　　然而，《論語》記載、傳揚的孔子之學，難道只是知性之書冊和內容？實則非是，就此首章來看，譬如何以說「有朋自遠方來，不亦樂乎？」又何以說「人不知而不慍，不亦君子乎？」毓老師釋之云：

　　　　「學而時習之，不亦悅乎？」這證明學而有所得了，所以悅其所得，有所悅，必有所得。「德不孤，必有鄰」（《論語・里仁》），所以「有朋自遠方來，不亦樂乎？」大家來向你學，所以樂了，〔……〕有很多同道之士都來向你學。

7　同上注，頁 12。

「人不知而不慍，不亦君子乎？」來學的人多，但智慧程
度各不相同，有的人他聽不明白，你能「不慍」，
〔……〕我教你們了，你們都不明白，但我內心「不
慍」，內心沒有慍，這不就是成德之士嗎？[8]

章句中的「悅樂」和「不慍」，皆是直指君子的心性修德之工夫
和境界而言，孔子之意思在於「學習」是知識的習得和實踐之歷
程，我們學習之中以及學習之後，心性都有其修養和表現而合於
德行，這個方面就是印證體會了「德性理性」。所以，「德性理
性」的掌握而不忘失，同樣重要。換言之，孔子之學，是德與知
同時彰著而不可偏斜的。

　　其實此理甚簡易，舉例言之，習醫之人，一方面是醫師倫理
亦即醫師仁愛之心的持守和彰明，但一位具有醫德之醫師必得有
醫學醫術的專技、專學的熟習，否則空有愛心亦是不能治病濟
人，這就是醫師宜有的專業知識。

　　就儒家的本義而言，從先秦始，就是如此一心同時雙彰了德
性與知性。《論語》固然是儒門君子成德之最主要、基本的經
典，但是亦同樣重要地，是儒門的重視知性、彰著知識的經典。

　　一部《論語》中，孔子提到最多的古典是《詩》、《書》，
亦常言《禮》、《樂》。「子所雅言，《詩》、《書》、
《藝》、《禮》。皆雅言也。」[9]傳統注解，如朱子，將《藝》
視為「執」，此章句寫成如此：「子所雅言，詩、書、執禮，皆

8　同上注，頁16。
9　見《論語·述而》。

雅言也。」他說：「雅，常也；執，守也。《詩》以理情性；《書》以道政事；『禮』以謹節文，皆均於日用之實，故常言之。『禮』，獨言執者，以人所執守而言，非徒誦說而已也。」[10]朱子於此，認為孔子經常論說、教言的是《詩》、《書》，而「禮」雖然亦是常言，但是它單獨強調「執守」，「非徒誦說」而已。此種說法，明顯不確，對於孔子之教學而言，有哪一樣是可以不需「雅言」？又有哪一種經典之道是只重「誦說」而不必「執守」？在朱子的注釋裏，他分明是特別說「禮」不但要加以誦說，且須執守；相對照之下，則《詩》、《書》，只須誦說而不須執守。

　　其實，孔子重視《詩》、《書》、《禮》、《樂》，是他的行教的經典，是有文本的，而且學習嫻熟，目的是需要將其中的道理加以發用、實踐的。換言之，其教育以經典的目的，是學習古代文明總體知識，君子有此知識，才能治理國家、治理天下，這個實踐，方是執持之真義。《禮》必有典冊，亦有須「實習」的「儀軌」，同理，《詩》、《書》，也是有體有用，其「體」就是它們的內容，經典則是它們的載具，而皆須在實踐中學習，不只是徒誦而已，這就是其「用」。

　　因此此章的《藝》，宜認識為《六藝》，亦即「禮、樂、射、御、書、數」，或是：

　　　　太宰問於子貢，曰：「夫子聖者與？何其多能也？」子貢曰：「固天縱之將聖，又多能也。」子聞之曰：「太宰知

10　〔南宋〕朱熹：《四書集注・論語章句・述而》。

我乎？吾少也賤，故多能鄙事，君子多乎哉？不多也。」
牢曰：「子云：『吾不試，故藝。』」[11]

孔子講他出身平民，必須為了在社會中生活、生存、提升、發展，所以他從小學習了不少的知識或技能。這些知識、技能，相對於當時的貴族而言，就是所謂「鄙事」，或就稱為「藝」，就是一般人要謀生而必得習得的各種「技藝」。

關於孔子之學習熟練技藝之「鄙事」，孟子也提及，可為其旁證，孟子曰：

孔子嘗為委吏矣，曰：「會計當而已矣。」嘗為乘田矣，曰：「牛羊茁壯長而已矣。」[12]

朱子解釋曰：「孔子為貧而仕者也，委吏，主委積之吏也；乘田，主苑囿芻牧之吏也。言以孔子大聖，而嘗為賤官，不以為辱者。」[13] 蔣伯潛則曰：「委吏，管倉廩的小吏；乘田，主苑囿芻牧的小吏。孔子做委吏的時候，說只要會計不錯就罷了；做乘田的時候，說只要牛羊肥壯長大就罷了。」[14] 兩者皆把此句話語的重點置於德性修養，意思是大聖孔子做過卑賤之職，因有德操修為，而不以為恥，且此種委吏、乘田的工作，只要作作會計、養

---

[11] 見《論語・子罕》。

[12] 見《孟子・萬章下》。

[13] 〔南宋〕朱熹：《四書集注・孟子集注》。

[14] 蔣伯潛：《廣解語譯四書讀本・孟子》（臺北：啟明書局，未標年份），頁 248。

養牛羊，就「罷了」，似乎只是小職業而已，不是什麼生命中高層次之境界，其實《論語》此句中所謂「而已矣」的意思是說作委吏和乘田就要守住委吏和乘田的職責，不可三心兩意，吃碗內卻望著碗外，必須認真地將本職作得完善，無論職位職份的高低大小，須尊重其位、熟習其業，將職份已於其當已。

孔子出身貧民之家，年輕時，從事了如委吏、乘田等小職員的工作，此處章句彰明的意義是：縱然只是會計統計和豢養牛羊的工作，君子做此工作也必須學會其專業知識且習好其技藝，而朱子、蔣氏顯然於此道理都有所忽略。孔子在這裏表達的精神，乃是尊重勞動和職業，它需有「知性理性」的發用和操作，若用現代術語而言，委吏之務，需依據「會計統計學」；乘田之務，需依據「農業學」和「畜牧學」。

類似的章句還有，如：

> 子入太廟，每事問。或曰：「孰謂鄹人之子知禮乎？入太廟，每事問。」子聞之曰：「是禮也。」[15]

魯國太廟祭禮何其重大神聖，孔子參與太廟之助祭，十分敬謹，故對於儀式和程序，多有提問，此即表現了用心之兩重義：一是「知性理性」的發用，著重於祭禮而求確實的認知；一是「德性理性」的敬謹，呈現了助祭者宜有的慎重之態度。「禮」必須明白掌握其精神、理據以及操作細節，皆是關於太廟祭典之禮的知識，依此精確的知之掌握，才能表現出行禮的恭敬之德。所以，

---

[15] 見《論語·八佾》。

「知禮」才能「行禮」；前者是必要條件，後者是充分條件。

　　就孔子之重視「知性理性」的作用以及通過之而建立知識系統，亦在「史學意識」中明顯表現出來。《論語》載有孔子講到歷史傳統意識之兩句相同之章句：

> 子張問十世可知也？子曰：「殷因於夏禮，所損益可知也；周因於殷禮，所損益可知也。其或繼周者，雖百世可知也。」[16]

丁茶山的詮釋得其肯要，他說：

> 因，仍也、襲也。仍遵其經禮（禮制之大者），少變其儀文（禮節之小者）。其所損、所益，具在典籍，可按而知也。禮者，一王之典章法度。夏禮未盡善，故殷雖因之，而有所損益；殷禮猶未盡善，故周雖因之，而又有所損益。典章法度，至周而大備，盡善盡美，無可損益，有王者興，必一遵周禮，百世不變，故曰「其或繼周者，雖百世可知也。」〔……〕孔子曰：「周監於二代，郁郁乎文哉，吾從周。」（〈八佾〉）〔……〕周人之禮，斟酌二代，損益修潤，傳之百世，行之無弊，故孔子論王道則曰：「吾從周。」論來世，則曰：「其或繼周者，雖百世可知。」[17]

16　見《論語・為政》。

17　〔韓〕丁若鏞，同前揭書，頁 83-84。

由此可知中國上古的文明典章禮樂制度，並不是斷裂而上下無關的，所謂「三代」有其傳承延續，但在傳承延續的歷程中，亦有其斟酌損益，有其不變中的變化，同時，其中亦帶有一種文明史的進步演化觀。但是，在此章句中，孔子也明白地指出文明歷史的傳統和演進，吾人不能虛玄空談，而必須有具體客觀的史料、文獻作為認知的憑據，這就是「孔子學術」的內容中有一個最基本的概念，即文明、思想、禮樂、制度等，統而言之，即文化的總體與其源頭和傳繼、發展以及其未來，是必須依據「知性理性」的思維和認知，才明白其「客觀性」、「架構性」、「脈絡性」，這就是建立於「知性理性」而來的歷史意識。

總而言之，《論語》是正面積極地肯定君子必須追求、了解、明白、認識現象的存有性，亦即現象的結構、形態、內容，也就是其客觀性之存有，此種理解、發動是本心的「知性理性」，其歷程則是求知，亦即學習，而其結果，就是建立「知識系統」以及隨之而來的技能，此種方向的發展及其典範之創立，就是「科學體系」。

最後，再舉《論語》一章以明本心的德性需要知性來加以照明。

> 子曰：「由也，汝聞六言六蔽矣乎？」對曰：「未也。」
> 「居，吾語汝。好仁不好學，其蔽也愚；好知不好學，其蔽也蕩；好信不好學，其蔽也賊；好直不好學，其蔽也絞；好勇不好學，其蔽也亂；好剛不好學，其蔽也狂。」[18]

---

[18] 見《論語·陽貨》。

此章，孔子以「六言」和「六蔽」啟發子路，而關鍵則在學或不學，亦即「知性理性」是否在心中起其作用而能對外照明事物。關於此意思，蔣伯潛詮釋得甚好。他說：

> 「六言六蔽」，當是古代成語。「六言」，即指「仁、智、信、直、勇、剛」六字；〔……〕「六蔽」指「愚、蕩、賊、絞、亂、狂」六者。因不好學，故各有所蔽，而生此六病也。[19]

此「六言」是人的六種德目，而「六蔽」則是心性的六德沒有充分實踐或被遮蔽、掩曲而生出來的人之性情的弊端。其何以會產生如此狀態？蔣氏直指孔子說出的關鍵正是「不好學」，所謂「不好學」即不使其「知性理性」起其導引照明之功用，因而無法透過學習而得到實踐仁愛之德的客觀知識。

客觀知識是行道踐德的重要而不可或缺的條件。儒家的德行，從個人到治國平天下，是實學，不是宗教或玄學的空理，它必以「知性理性」得出的知識以及專業為前提。蔣氏繼續申論此理而有言曰：

> 好仁而不好學，一味以仁愛待人，則將如宋襄公之不教不成列、不重傷、不擒二毛，有類於愚人；有才智的人而不好學，勢必汪洋自恣，泛濫無所歸、流蕩無所止；

19　蔣伯潛：《廣解語譯四書讀本‧論語》（臺北：啟明書局，未標年份），頁 267。

〔……〕重然諾而不明事理之是非，謹厚者則為硜硜之小
人、剛強者則為輕身殉人之游俠，而皆足以害事賊義；
〔……〕好直而不好學，必過於急切，好譏刺他人，即絞
也，此與「直而無禮則絞」同義；好勇而不好學，必至於
和人爭鬥，可以釀成亂事，此與「君子有勇而無義為亂」
同義；好剛而不好學，雖然能夠無欲，不至曲求，但必流
而為慢，師心自用，則成狂妄之人。孔子因為子路有好
仁、好知、好信、好直、好勇、好剛的六項美德，所以勸
他加以學問，使六項美德，不至有缺憾的地方也。[20]

據蔣氏的此段注釋說明，應足以明白孔子縱然教人道德之修為，
也就是提撕喚醒人之本有的「德性心」，他也明白懇切地教人必
須以明智的「知性心」帶來的清明客觀理性的知識為軌轍、路
徑，否則道德之實踐，必然成為盲目、愚笨的而無清明之判準的
「假道德」。

　　以上論述是舉證《論語》以表明孔子的本心之本體和發用，
同具「德性理性」和「知性理性」，用傳統話語，即本心同具
「德性之知」和「見聞之知」，或亦可以說人之天命之性，同時
開出心之雙重性，即「德性心」和「知性心」。儒家面對和參與
道體、自我、他人以及世界一切存有，皆是同時一方面道德地面
對和參與，而另一方面也是知識地面對和參與。此種觀念，通觀
《論語》，表顯此理的章句所在皆有。

　　「知性理性」的顯發和作用而得出之認知取徑，則有兩層，

20　同上注。

一是為了「德性理性」的道德功夫和結果而提供「架構性軌轍」，此種架構性軌轍是道德實踐的依托撐持。但另一層則是「知性理性」的純粹它自己的思維而建構知識的路，這就是客觀的「知識系統」之創造，其體系化就是「科學」。

上言之兩層「知性理性」的大用，在先秦儒家《六經》以及《論孟》、《荀子》中，都明顯存在而且表彰無疑。

三、理學的正面積極肯定「知性理性」
——以程伊川為例

從北宋諸儒始，必須面對佛、道兩教之般若虛玄的出離思想之流行泛濫，同時也要面對金人南侵而「夷狄亡華夏」的大危局，因此，乃有一面批判佛道思想且一面盛張《春秋》大義，而又一面弘揚經世濟民之「外王學」的理學之興起。在如此的格局和風潮之下，宋儒乃能正面地、積極地看待實學義的儒家思想，在此趨勢下，本心的「知性理性」之面向和領域，遂在理學中具有了被重視之地位。

通觀程頤（伊川，1033-1107）的學術、思想，首重「德行」，要求自己、弟子、為政者以及一般庶民，皆應以希聖、成賢為人生目的，在五倫之秩序中，完成君子→賢士→聖人之德。在人之己身，修己以達於齊家；在君臣，則修己以達於治國平天下。此種源於本心之「德性理性」的信念，在伊川之文集或語錄中，在在皆有，而且顯然在其思想和信念，十分在意人之成聖成賢之功夫、入路和境界。然而，相對於此，切莫以為程頤只是一位突出「德性心」的「唯道德主義者」，或以為他與禪門大德一

般，其實伊川在一生的治學和著作中，也甚明著表現了「知性理性」發用下的知識認知義。換言之，伊川與佛、道之著重虛無與般若之玄心不同，伊川究竟是純正儒家，他的思想、觀點、信念，是從孔孟《六經》入手的，因此，其實學義的內容彰明，出於知性而表達的理性思維之認知的性質十分清晰。

謹先從程伊川的《語錄》略加舉證而明之。

> 或問：「進修之術何先？」曰：「莫先於正心誠意，誠意在致知，『致知在格物』。格，至也，如『祖考來格』之格。凡一物上有一理，須是窮致其理。窮理亦多端：或讀書，講明義理；或論古今人物，別其是非；或應接事物而處其當，皆窮理也。」[21]

此段話語的核心意思在於伊川對於《大學》之「格物」的認知；他認為「格物」就是研究而明白一切「物之理」，所謂「物」，就是一切「現象」或一切「存有」，包括著述、文獻、人、物以及事、務等。窮世間的現象和存有而明白、掌握其「存有之理」、「構造之理」、「操作之理」，此謂之「格物」。此種詮釋和認知，十分清楚是主張本心的「知性理性」的客觀、架構義之「外延性」活動，是對「知性心」的肯定，亦即承認「知」的見聞領域的獨立性價值。

---

[21]　〔北宋〕程顥、程頤：《二程集‧河南程氏遺書卷第十八‧伊川先生語四》（一）（臺北：漢京文化事業公司，1983），頁188。

> 或問：「格物須物物格之，還只格一物而萬理皆知？」
> 曰：「怎生便會該通？若只格一物便通眾理，雖顏子亦不
> 敢如此道。須是今日格一件，明日又格一件，積習既多，
> 然後脫然自有貫通處。」[22]

此句顯示程頤的「格物」之義，已有「知識系統」分類化的概
念，因為知識之所以為知識，最主要者在於「客觀性」和「架構
性」；現象或存有的認知，隨重心之別而有其不一的「客觀
義」、「架構義」，此是科學分類的根本，譬如同樣的地球研
究，可發展出「地質學」、「地形學」、「礦物學」、「氣象
學」、「地球科學」、「地理學」……等；或如同樣的社會人文
現象的探索，可發展出「政治學」、「經濟學」、「財政學」、
「社會學」……等。若有別於一物一物的那個分門別類的現象界
之事物之「系統知識性之理」，則是否有一種「唯一之理」？那
是有的，就是「形上之道」之理，亦即所謂「一陰一陽之謂道」
的那個不與二對的絕對一之「道體」。在儒家，稱之為「天」；
在道家，稱之為「道」；在佛教，稱之為「法身」；在基督教，
稱之為「上帝」。「知性」所對的知識是分類多元的，可成就一
曲之士或學者、技藝者、科學家等，縱許是顏回，他亦不可能精
通一切類型之知識；但是「德性」所對的「道體」，卻只是「唯
一」，即孔子所謂「一以貫之之道」，此在顏回，是生而知之，
在子貢、子路，是學而知之，但這個所謂「知」，卻不是知識之
路，而是「體證」、「默會」的取徑。

22　同上注。

涵養須用敬，進學則在致知。問：「人有志於學，然智識
蔽固，力量不至，則如之何？」曰：「只是致知。若致
知，則智識當自漸明，不曾見人有一件事終思不到也。智
識明，則力量自進。」問曰：「何以致知？」曰：「在明
理，或多識前言往行，識之多則理明，然人全然在勉強
也。」士之於學也，猶農夫之耕，農夫不耕則無所食，無
所食則不得生，士之於學也，其可一日舍哉？學者言入乎
耳，必須著乎心，見乎行事，如只聽他人言，卻似說他人
事，己無所與也。[23]

此一大段伊川之論說，完全是詮釋「知性心」之求知的理性態度
和修養。人之求知，增長知識，一方面是知識的獲得愈豐富，一
方面也令己心愈是清明有智，「知性理性」的推展和作用，就是
「明理」，或說是「理之自明」，知識豐足，亦即博學多聞之
後，則自然能明理而且同時也理明。伊川強調認知之功是須剛健
不已的，且須用心而著於事的，不是空想，亦非盲學，心與物
（事）合一，就是致知，其目的地就是從本心的知性出發而得到
的客觀、理性的「知識系統」，進一步則是「科學體系」的建立
和運用。

　　然而，伊川論致知之理，與「德性心」無關係嗎？此又不
是。因為他說過「涵養須用敬」；「用敬」就是本心的「德性理
性」之清明戒慎在躬。

23　同上註，頁 188-189。

> 問：「學者須志於大，如何？」曰：「志無大小。且莫說
> 道：將第一等人讓與別人，且做第二等。才如此說，便是
> 自棄，雖與不能居仁由義者差等不同，其自小一也。言
> 『學』，便以道為志；言『人』便以聖為志。自謂不能
> 者，自賊者也。」[24]

治學為人，皆需立志；治學求取道理，為人求成聖人。皆需建立
志氣，這個立志，就是「德性理性」之作用和踐履，亦即伊川所
言「涵養須用敬」。而依敬慎之心來立下大志追求大學問，此就
是進學在於致知的根本目的。在此處，程頤的觀點是本心的發用
是其「德性與知性同時雙彰」而共同完成人之生命目的和本質。

關於「學」而求「知」，在伊川的《語錄》中，甚多例證，
此文只舉一些話語略加明之：

> 或曰：「學必窮理，物散萬殊，何由而盡窮其理？」子
> （此指程子伊川）曰：「誦《詩》、《書》，考古今，察
> 物情，揆人事，反覆研究而思索之，求止於至善，蓋非一
> 端而已也。」又問：「泛然，其何以會而通之？」子曰：
> 「求一物而通萬殊，雖顏子不敢謂能也。夫亦積習既久，
> 則脫然自有該貫，所以然者，萬物一理固也。」[25]

伊川主張「學」，就是「學習」，即學即習，對象是誦讀典籍；

---

24 同上注，頁 189。
25 〔北宋〕程頤：《河南程氏粹言卷第一‧論學篇》，收入《二程集》
（二），頁 1191。

研究古今，亦即追索掌握傳統和現代之發展和內容，此即歷史之總體的考察探究之學；又要研析人事物之存有的現象以及人之社會種種情況，而必須不斷地閱讀、研究、學之，同時還要複習、實驗、思索，最後才有成果。其所謂「止於至善」，不是指道德的臻乎至聖之意思，而是指研究達到了知識甚而科學的系統性之效果，如牛頓、愛因斯坦的發現、建立了定律。因此，發問的弟子疑惑於現象之研究，如此泛濫繁多，如何能會通呢？伊川提出「雖然萬殊卻是一本」和「從分殊中追求理一」之原理，此處不必只有哲學體用觀之意思，而更應就科學研究的追求「自然律」和「社會律」的意思來加以掌握，亦即治學，是本心的「知性理性」之發用出去，從外延的功能上，觀察自然和社會各種現象，而經過蒐集、分類、剖析、實驗、檢證等功夫和歷程，最終得到了現象背後的「法則」、「模式」，譬如「相對論」、「演化論」、「地形三段輪迴說」、「中地體系說」、「大地板塊移動論」……等；此中的研究法有「演繹法」、「歸納法」、「實驗法」以及「假設驗證法」……等，目的就是建構知識，並維持、延續、新創之而形成人類自古及今的知識和學術之整體。

　　基於上述，我們順之來讀伊川之文，才能明白程頤對於《大學》之經文的核心思想「致知格物」的觀點。程頤論釋《大學》曰：

> 致知在格物，則所謂本也、始也；治天下國家，則所謂末也、終也。〔……〕格猶窮也，物猶理也，猶曰「窮其理而已也。」窮其理，然後足以致之，不窮則不能致也。〔……〕

> 知者，吾之所固有，然不致則不能得之，而致知必有道，
> 故曰「致知在格物」。
> 「致知在格物」，非由外鑠我也，我固有之也。因物有
> 遷，迷而不知，則天理滅矣，故聖人欲格之。
> 隨事觀理，而天下之理得矣。天下之理得，然後可以至於
> 聖人。君子之學，將以反躬而已矣。反躬在致知，致知在
> 格物。[26]

首先，程頤指出，治國平天下是執政之君子、王者的重任，此層
是君子、王者的「德性心」本應具有的本來一念，但必須有治理
的本事和能力，那是由「致知格物」之功夫之實功來做出，才能
獲得的。本事和能力是本，治國平天下是末；前者不備，後者不
成。伊川的意思，就是通過學習而窮究各種現象的結構、本質、
運作之理，為政者才能具備各類型和領域的知識以及由知識而來
的技能，形成政府的各層次各方面之機構和功能，依據這些為政
的專業、學術、功能之理來治國，進而平天下，而不能光只是講
求德性之高潔而已，若只是宣說道德之光景，但卻無仁政王道的
實政，就是大虛偽者，往往形成、發展出昏暴之政。

　　其次，伊川提到一個關鍵，那就是本心天生具有「知性理
性」，即他所說「非由外鑠我也，我固有之也」，換言之，天命
的本心，同時具有「德性」和「知性」，不是外緣性的，是本來
具足於己的天性天良。但一切物均屬外緣，故伊川說其「有

---

[26]　〔北宋〕程頤：《河南程氏遺書卷第二十五・伊川先生語十一》，收入
　　《二程集》（一），頁316。

遷」，也就是說「一切物」之存在性是雜多而且變易的，治國平天下的執政者，必得有本事通過「致知在格物」之「致」而來盡致實踐其本來即有「知性理性」於一切現象而得其「架構性」、「客觀性」的認識和處理，而「德性理性」呢？則保證其身為執政者應有之愛民之仁心，那個建構其身為執政者宜具之治理之知識的功夫，則由「知性理性」的推拓發用而達到，能如此客觀架構地達到，則謂之「仁政」。

　　復次，伊川強調「致知」在於「反躬」，此意思是點明「德性之知」和「知性之知」，亦即德性和知性的「理性」均源自本心，而非外鑠的外在物，所謂「反躬」乃此義也。但本心的德與知均必須「隨事而明其理」，並不是孤守於內面有如佛門之修證其般若心的內在境界為自足，「德性心」體證治國平天下的天命在吾身，而「知性理性」必須通出去而有其「外延性」，它須定著於「一切物」而有「架構性」、「客觀性」的踐履和完成，亦即就著「事事物物之為其事事物物」來予以認知進行實踐；在德性方面言，它是基本保證，但要能夠踐履和完成則需有其軌轍和通路，那就是「知性心」通過學習而得到的治國平天下之應該具備的學術以及科學，此即「致知在格物」的真實義。

　　在《二程集》中，亦記錄了伊川對於自然現象的認知和興趣，由其記載，可以發現朱子在《朱子語類》中關於自然現象之認知和興趣，其實多有淵源於程頤者。程朱的傳承表現了宋儒的科學之觀點和判準，當然，從現代來看，其中多有錯誤，且多有受「陰陽五行觀」和「天人相感論」之影響而得出的認知，其中多有發於想像而錯誤的理解，但這是由於他們缺少了正確的蒐集、觀察、實驗、檢證的程序，而引起的謬誤，可是他們對自然

現象之敘述和判別，也表示了程朱的「知性心」起其作用而試圖
建立客觀、架構、外延式的「知識系統」的強烈傾向。此點不可
加以抹煞、輕忽。茲舉例子明之。

> 問：「人有不善，霹靂震死，莫是人懷不善之心，聞霹靂
> 震懼而死否？」曰：「不然，是雷震之也。」「如是雷震
> 之，還有使之者否？」曰：「不然，人之作惡，有惡氣，
> 與天地之惡氣相擊搏，遂以震死。霹靂，天地之怒氣也。
> 如人之怒，固自有正，然怒時必為之作惡，是怒亦惡氣
> 也。怒氣與惡氣相感故爾。」〔……〕曰：「雷所擊處必
> 有火，何也？」曰：「雷自有火，如鑽木取火，如使木中
> 有火，豈不燒了木？蓋是動極而陽生，自然之理。不必
> 木，只如兩石相戛，亦有火出。惟鐵無火，然戛之久必
> 熱，此亦是陽生也。」〔……〕
> 鑽木取火，人謂火生於木，非也；兩木相戛，用力極則陽
> 生，今以石相軋，便有火出，非特木也，蓋天地間無一物
> 無陰陽。[27]

有人請教程頤，依經驗而知世人有被雷電霹死的例子，一般帶有
宗教性因果報應之傳說，皆以為若人被閃電落雷打死，乃是因為
此人為惡，心有不善，當上天降下雷電時，會循得此惡人之畏懼
心而有所感應，上天的雷電遂擊於其身，惡人乃被震死。

　　此詢問者之提問，反映了中國人具有的天帝依功過而行賞罰

---

[27]　同上注，頁 237。

的宗教觀，這種宗教鬼神觀念和信仰，來自上古就傳下的泛靈信仰或是道教信仰，佛教的因果業報論亦有賞善罰惡的教律。

然而，程伊川卻不接受此種一般信教者或迷信者的雷電殛死惡人的宗教觀和鬼神觀。他認為天地之「怒氣」與惡人之「惡氣」之相遇相感，使雷電霹靂在惡人身上引發強烈震爆，造成惡人凶死。程子之觀念，顯然是從漢儒以來就有的「陰陽五行相生相剋說」而帶出來的「天人感應論」，這是從漢儒起始，既已存在的「陰陽氣論」。當然，此屬一種「自然哲學」，而非「自然科學」。

但是，無論是宗教鬼神之賞罰觀或是天人陰陽之氣的感應論，其動機、思維是「德性心」之作用，是道德倫理的目的，就思維之判斷而言，不是「知性心」的建構知識或科學之歷程，但是為了給人世和社會樹立須有的道德秩序以利於人文的維持、延續和進步，則是「知性理性」的。

然而，同樣的這段對話中，伊川回答該提問者進一步詢問的「雷電霹靂有火」之現象，他提出了一個觀點，肯定雷電本身有火，而否認被擊之物譬如木之燃燒是因為木本身具有火種而自燃，他用鑽木取火或兩石相戛產生燃燒的現象為例，指出「摩擦生熱超過燃點因而燃燒」的物理現象之「知性理性」之結論。這就表現了北宋大理學家程伊川已經具備了某些合乎知識或科學的客觀理性之認知。雖然他依然以「陰陽之氣」的術語說之，但其理解摩擦生熱而使物燃燒的物理現象，乃是知性的理性思維和認識。

程頤在其留下的集中，表現了「德性心」和「知性心」並重的傾向和內容，是朱子形態的先聲。後人熟悉的《二程語錄》，

因為程顥較早謝世，所以其中的記載，實以伊川之語為多，而且
伊川的著作又不止於《語錄》而已，在他的學術中，有明顯、強
烈的「經學」之興趣和趨向，這個領域使程頤不限於只是理學形
態的哲學性儒家，大家熟習的是他的《周易程氏傳》（《易程
傳》），此書是宋以降依據義理釋《易》的最主要的帶有新創性
的注釋《易經傳》的掃除數術之儒家《義理易》，是經學亦是哲
學，而且既有「德性理性」，亦有「知性理性」。再者，伊川亦
有《河南程氏經說》，其中有他詮釋注解包括了《論語》、
《易》、《詩》、《書》、《大學》、《中庸》等儒家重要經
典，雖然不是完全之著述，但也呈現了注經和解經宜有的知性思
維之敬謹態度和內容，而不是空逞己心之虛玄、懸空的臆想來藉
經典以抒發自己的思想者，謹舉伊川對於《書》的基本觀點，以
明理學大儒之重視經學之知識性規範和準矩。其《書解》曰：

> 《孔序》：「伏羲、神農、黃帝之書謂之《三墳》，言
> 『大道』也；少昊、顓頊、高辛、唐、虞之書謂之《五
> 典》，言『常道』也。」又曰：「孔子討論《墳典》，斷
> 自唐、虞以下。」以〈二典〉之言簡遠如此，其上可知。
> 所謂「大道」，雖「性與天道」之說，固聖人所不可得而
> 去也，如言陰陽四時七政五行之道，亦必至要之語，非後
> 代之繁衍末術也，固亦「常道」，聖人所不去也。[28]

28　〔北宋〕程頤：〈書解〉，收入《河南程氏經說卷第二》，《二程集》
　　（二），頁 1032。

伊川此論，是《經》之史學的進路之學，所言是上古典籍史的內容，而所謂儒家之《五典》之說，即「大道」、「常道」之所出，而為聖人孔子討論、增刪。伊川所言，可以說是他認知的關於上古的「大道」、「常道」之典籍史之知識，而他又以為聖人孔子將《三墳五典》加以刪減整理而成為後人所見到的《尚書》。程頤將《三墳》視為「大道」，而論言「性與天道」；將《五典》視為「常道」，而論言「陰陽、四時、七政、五行之道」。他認為孔子之裁刪整理《三墳五典》，保存《堯典》和《舜典》，就是由於堯舜之文已經十分深邃不易掌握其樞要，然則，從高辛帝以上的遙古時代則更已渺遠難明，所以「大道」及「常道」，亦即弟子之難以聞知了解的「性與天道」和可以從史冊經典中把握學習的古聖王一路創造而形成的「陰陽、四時、七政、五行」等文明、思想、觀念、制度，皆是孔子加以刪整、保存、詮釋於今日可見到的《書經》之中。

　　程頤此論，是對《書經》之版本史和思想史的論斷，它是歷史研究的進路，是知識系統，呈現的是理學家對經學思想的「經典論」和「思想史論」，而不是哲學家形式的「形而上心性論」的玄理型之進路，再者，此中只呈現出「知性理性」的「知之思維」，而不是「德性理性」的「德之體證」，換言之，是「知性心所行境界」而非「德性心所證境界」。

　　　　使誠有所謂義、農之書，乃後世稱述當時之事，失其義
　　　　理，如許行所為神農之言，及陰陽醫方稱黃帝之說耳，此
　　　　聖人所以去之也。或疑《陰符》之類是，甚非也。此出戰
　　　　國權變之術，竊窺機要，以為變詐之用，豈上古至淳之道

　　邪？[29]

此顯示程頤亦有經史學家的史事之認知判準，如農家許行之偽託神農，陰陽觀之醫學假託黃帝創造，或如《陰符經》，乃戰國方術之士之雜揉之作，卻上追給黃帝，而後世之陰謀家、兵家、道家以及儒家，皆喜將著作託於遙古而稱之《黃帝陰符經》。中國古代人物，好託古偽說以張聲勢，當然皆是無稽之言，但伊川此評並非否定古時專著如《黃帝素問》或《黃帝陰符經》等本身所具有的合乎客觀知識之處，而是表現出一位尊重「知性理性」，依據客觀和架構的實學來治學理事的儒家之基本態度。

> 《五典》既皆「常道」，去其三，何也？蓋古雖已有文字，而制立法度，為治有跡，得以記載，有史官之職以志其事，自堯始。〔……〕舊書之過可見也，芟夷繁亂，翦截浮辭，舉其宏綱，撮其機要。人或疑前代之書，聖人必無所刪改，此亦不然。若上古聖人之世，史官固當其人，其辭必盡善；若後世之史，未必盡當，其辭未必盡善。設如其書足以垂範，不可去之；而其或有害義，聖人不得不有芟除更易也。其不可更易者，其事耳，未必須曾刪改；但辭苟有害，有可刪改之理耳。[30]

此乃伊川肯定孔子晚年返魯的「刪《詩書》、訂《禮樂》」的學

29　同上注。

30　同上注，頁 1032-1033。

術文獻的整理、考訂、詮釋之工作。他認為《書》由〈堯典〉始，乃是因為「有史官之職以志其事，自堯始」，今之〈堯典〉的文本，不必堯時就有，乃後人之史著，但伊川之意思是縱然文本由後世而成，卻不是空言亂語，因為堯舜禹之為古聖王，代表或象徵中國上古、遙古的文明、思想、政治之總體史，是孔子在《論語》中正面積極地肯定的，它並不是純然虛構，而是代表和象徵了中華文統和道統之源起。因此，經典由〈堯典〉始，具有經的「義理性」，也具有史的「事實性」。

　　治經史之學，在文獻方面，必須有史料和史著的區分之觀念，蒐集、整理、剪裁基本材料，而予以纂輯、刪整，以形成史實、史義、史識的體系，再給予詮釋，賦予史家的睿智之歷史的價值與意義判斷，這就不止是史料、史事這一層次而已，而是史德的高層次的大道常道的層次。此義的實踐，有其「德性理性」存焉，亦有其「知性理性」存焉。孔子依魯史而著《春秋》，乃至司馬遷之修《史記》，或如左氏之依孔子《春秋》而著《左傳》，或《公羊傳》、《穀梁傳》，皆是在此精神和原則下進行的，甚或司馬光主持修纂《資治通鑑》，亦是從基本史料的蒐羅、整理、刪芟下手，先整理為〈長編〉，再又經過嚴謹的討論、檢證，最後才編纂成《資治通鑑》，此中國經史研治的大義，與西方史家不同，「五四新文化運動」影響下的今之西化史家更不能明白，但北宋大儒程頤卻知曉此理。

　　程伊川重視並實踐「知性理性」於實學型之經史研究與弘揚，此種儒家形式和內容，為朱子承繼、發揮。經學和史學形態的朱子，在《朱子全書》中比比皆是。他不是單純的只論心性哲學的那種哲學家型儒家。

四、王陽明的心學之表述

　　與程朱的理學相對照，王陽明的心學中，「德性理性」與
「知性理性」的呈顯表述情形如何？我們可以據陽明的語錄、文
章加以釐清判別。

　　《傳習錄》是陽明最主要的思想凝聚之書，此書的精神，純
是「煉心術」，是鍛煉「心法」的寶典。

　　茲以《傳習錄》查看陽明的話語，其間有陽明自己的心性論
以及對於「知性理性」和知識的認知，特別是他與朱子之間的差
別。

　　在本章，將就陽明與弟子或其他人的答問之例子來詮釋他對
於「知性理性」、知識、科學的觀念。

（一）陽明與徐愛關於「定理」、「至善」之答問以
　　　　見其與朱子的差異

　　　愛問：「『知止而後有定』，朱子以為事事物物皆有定
　　理，似與先生之說相戾？」先生曰：「於事事物物上求至
　　善，卻是義外也。至善是心之本體，只是明明德到至精至
　　一處便是，然亦未嘗離卻事物。本註所謂『盡夫天理之
　　極，而無一毫人欲之私』者得之。」[31]

　　　愛問：「『知止而後有定』，朱子以為事事物物皆有定

31　〔明〕王守仁：《傳習錄上‧徐愛錄》，收入李生龍注譯：《新譯傳習
　　錄》（臺北：三民書局，2004），頁7。

理，似與先生之說相戾？」先生曰：「於事事物物上求至
善，卻是義外也。至善是心之本體，只是明明德到至精至
一處便是，然亦未嘗離卻事物。本註所謂『盡夫天理之
極，而無一毫人欲之私』者得之。」[32]

徐愛提及朱子認為「事事物物皆有定理」，但陽明卻有不一樣的
觀點，請示差別。陽明的回答，卻將「事事物物皆有定理」一句
改為「於事事物物上求至善」。「定理」和「至善」是不同的詞
彙，前者浮泛地說，是指「一定的道理、原理」，學術性地說，
則就是「定理、定律」；後者浮泛地說，是指「至乎其極的完
善」，學術性地說，則就是《大學》第一章的「大學之道，在明
明德，在新民，在止於至善」的這個「止於至善」。所以「定
理」和「至善」，根本具有不同的意義。陽明隨意把詞彙更動替
換，不免對於「知識」和「邏輯」之態度不太嚴謹。朱子如何安
排「定理」和「至善」的用法呢？他說：

> 物格知至，而於天下之事皆有以知其至善之所在，是則吾
> 當止之地也；能知所止，則方寸之間，事事物物皆有定理
> 矣。既有定，則無以動其心而能靜矣。[33]

朱子認為學者研究事物、現象的精神和態度，應該追求研究的對
象物之認知的最完美境界，此即朱子所說的：於「天下之事」，

---

[32] 〔明〕王守仁：《傳習錄上‧徐愛錄》，收入李生龍注譯：《新譯傳習
錄》（臺北：三民書局，2004），頁7。

[33] 〔南宋〕朱熹：《大學或問》，卷一，收入《朱子全書》。

有以「知其至善之所在」，亦即學者宜不斷地研究而深入他研究
的對象物，至乎這個被研究之對象物的「存在性」、「結構
性」、「變化性」和「發展性」等物理內容被確切認識而掌握了
其原理，且將研究的動機、過程和結果，筆之為論文或形之為數
學，而完成了一種「知識系統」和「科學體系」。此種論述是科
學家依據科學典範而進行其研究的基本用心，是嚴謹認真於研究
工作之中的學者之基本態度。

其次，陽明所說的「本註所謂『盡夫天理之極，而無一毫人
欲之私』者得之。」此句乃是引了朱子的話語。「本註」也者，
是指朱子的《大學章句》的注釋，且看朱子如何說。首先看「明
德」：

> 明德者，人之所得乎天而虛靈不昧以具眾理而應萬事者
> 也。但為氣稟所拘、人欲所蔽，則有時而昏，然其本體之
> 明，則有未嘗息者，故學者當因其所發而遂明之，以復其
> 初也。[34]

朱子所理解的「明德」，就是人之本心，是天命而有且具有「虛
靈不昧」的本質和功能，所以它可以含具一切理以應對一切事物
和現象，此意思是指本心是「虛靈不昧」的，能夠面對、進入事
物現象之中而加以探討、究明，於是可以得出事物、現象之存在
性、結構性的「理」。朱子此種認知，是「知性理性」之進路的

34　〔南宋〕朱熹：《四書集注・大學章句》（臺北：世界書局，1997），
　　頁5。

對於本心之看法，此處並無「唯道德主義」之色彩（此處所謂「唯」，不是作「唯一」、「唯有」解，而是指「特殊」、「著重」、「突出」）。他提到的「人欲、氣稟的拘蔽本心」，會使心之清明虛靈有時昏沈，亦不必指人之不德而為惡，此純然是說人在治學、對人、應事時，往往也會昏沈迷糊而出狀況，何以如此，即因為本心的虛靈不昧的本質之可能拘蔽而昏昧掉舉之故。

再看朱子解釋「止於至善」：

> 「止」者，必至於是而不遷之意；「至善」，則事理當然之極也。言「明明德」、「新民」皆當止於至善之地而不遷，蓋必其有以盡夫天理之極而無一毫人欲之私也。[35]

朱子認為君子之「明明德」和「新民」的功夫，須剛健不息且沒有退轉而達到他所明瞭、處理的一切事物，都能臻於它的理則之當然之最完善的狀態和最高度的境界，此所謂的一切事物，包括了一切人事物，亦即在生命中、生活中，會遇見的所有的存在性、現象界。無論就君子之為政，或就儒士之治學，或就科學家之研究，乃至於一般人在生活世界之學習和實踐倫理，都必須保持此虛靈不昧，依其自新、新民之施行而達乎最高的完善、完美。在朱子之解釋，這個「至善」，何止於只是內在於本心之它自己的維持虛靈清明之本質，而必得推拓出去，令萬事萬物經由本心的「不昧」，而均能成就其天性和狀態，在此，即是「德性體證」之義，同時也是「知性成就」之義。

35　同上注。

　　與此相對，陽明全然乃是「心學」、「心法」的一種「煉心
術」之觀點，他將「至善」收縮於本心之「內在的它之在其自
己」，不免剩下「主體義」而抹煞了「客體義」；「主體」只是
「體證」，不必知性之分解，「客體」卻必須是「知解」，是知
性之「認知」，不是「體證」。

　　因此，順著上述之意思，可以進一步看朱子對於致知格物的
理解：

> 「知」，猶「識」也。推極吾之「知識」，欲其所知無不
> 盡也。「格」，「至」也；「物」，猶「事」也。窮至事
> 物之理，欲其極處無不到也。
> 「物格」者，物理之極處，無不到也。「知至」者，吾心
> 之所知無不盡也。知既盡，則意可得而實矣，意既實，則
> 心可得而正矣。[36]

朱子此釋，是理學家正面、積極地重視、肯定本心的「知性理
性」而得出「知識系統」甚至「科學體系」以處理事物而得出其
「理則」之傳統。理學家認識到治己、治人、治國、平天下須依
賴客觀性知識，而此知識的求得，乃是本心的「知性理性」之本
來能力，只要不阻塞它而加以發揚作用即可。至於「德性理
性」，程朱的理學體系，亦是重視的，但「德性理性」的發用，
不是「分解」或「分析」，而是「體證」或「悟證」，此路是從
本根上的「喚醒」、「啟發」，而不在發散出去的在枝葉上的

36　同上注，頁 6。

「剪裁」、「剖析」。

陽明心學，卻著重在本心的德性面向的喚醒，且以為由知性發用出去的知識系統，不是最重要的，而是次要之務。

> 愛曰：「『至善』只求諸心，恐於天下事理有不能盡。」〔……〕「如事父之孝，事君之忠，交友之信，治民之仁，其間有許多理在，恐亦不可不察。」[37]

徐愛的觀點，是理性客觀的，只需根據常識，就知道他並無錯誤，他說的孝悌之道、事君之方、朋友之誼、仁政之策，都必須有許多的倫理、事理和物理，此等理，是當事者必須明白且須遵循而行的；這些世上之理，背後是「知性理性」發用於事事物物之中，而依據事物的結構、內容等客觀性而得出的「外延性」、「運作性」的學理，亦即知識之理，才能真確實踐，譬如「政治」是存在的，也必得推展，「專制政治」和「民主政治」的制度性，當然差別很大，其等的施行，當然有各自的「理」在，這個政治之專制或民主之理，是必然「架構地」、「客觀地」存在的，焉可視而不見？徐愛的思考、判斷乃尊重了倫理面、社會面、政治面等事物和事務之中的「存有之理」和「構造之理」以及「操作之理」。這條思路和判準，是依據本心的「知性理性」而來的「合理性性」及「合知識性」。

然而，陽明的回應卻只關注「理」的「內在主體義」反而輕

---

[37]　〔明〕王守仁：《傳習錄上‧徐愛錄》，收入李生龍注譯：《新譯傳習錄》（臺北：三民書局，2004），頁9。

忽了其「外延客觀架構義」。且看陽明的說法：

> 且如事父，不成，去父上求個孝的理？事君，不成，去君
> 上求個忠的理？交友、治民，不成，去友上、民上求個信
> 與仁的理？都只在此心，心即理也！此心無私欲之蔽，即
> 是天理，不須外面添一分。以此純乎天理之心，發之為事
> 父便是孝，發之事君便是忠，發之交友、治民便是信與
> 仁，只在此心去人欲、存天理上用功便是。[38]

其實，應該需要這樣追問：為何「事父不成」呢？就必須正確地
深自省而察之，人如果真有孝心，就正是要「去父上求個孝的
理」，此意思就是要好好去認知我之孝順父母，是什麼地方沒有
做好，是不是在具體言行上做錯了；同理，為什麼會「事君不
成」呢？是在哪個政道和治道上沒有盡到職份呢？就必須認真去
檢證，在「君上求個忠的理」。換言之，人若有孝心和忠心，這
只是必要條件，而不是充分條件；只有主體上的忠孝之心，此只
是「開端」，孟子曰：「惻隱之心，仁之端也」，僅是有個端
點，哪是完備？必得「擴充」而「推恩」才行。忠孝的心之端，
是還沒完成孝之行和忠之行的，在怎樣的狀態下，才是忠孝的完
成？那必須是忠行、孝行的正確實踐出來之後才是。而人去實踐
忠行和孝行時，不是主觀上證會自己的心是否有忠之思、是否有
孝之思就算是忠、算是孝，而必須是發用推拓出去，依「知性理
性」之思維和踐行，能夠「架構地」、「客觀地」、「知識地」

---

[38] 同上注。

行孝、行忠，此處十分重要，孝行和忠行，要根據正確的知識之
客觀判斷和行事，不正確的錯誤的行忠、行孝，謂之愚忠、愚
孝。

　　陽明強謂的是忠孝的心，但對於忠孝必須依據之而具有的充
分之行忠、行孝的那個所以「行事」的健全正確之知識、技術，
卻沒能正面、積極地展開來敘論。簡言之，陽明之教，是
「心」，而欠缺「行」，前者是「德性」，天生就有，不必學
習，它天然具成，它是「自證」；後者則是「知性」，是後天學
習、明白其外延的「架構性」、「客觀性」，才可以實踐成就
的。舉例說：官吏治理地方，若是忠臣，必有一片忠心，但並非
似木偶天天呆坐在衙門堂上默禱天子康泰就是「忠」，他必須熟
習治理之實政，知道水利設施、農業生產、地方文教、當地治
安、百姓康健、環境衛生……等事務，並非本心之在主觀狀態中
就可以明白、處理、改進、建設的，它必須是實學，是知識，亦
即須有「行政學」、「治理學」的基本學養。所以，忠臣的心，
是本心的德性，源於「證悟」，而忠臣的忠於仁政之踐履，則是
本心的知性，是外延推拓，是「邏輯」推理而在事物上進行「客
觀性」、「架構性」的認知，依此認知才能夠正確踐履，此才是
忠的完成。

（二）陽明對於「音律學」、「測候學」的態度

　　再來看其他弟子與陽明的對話之內容。

　　　　陸澄（字原靜）問《律品新書》。先生曰：「學者當務之
　　　　急，就算此數熟，亦恐未有用。必須心中先具禮樂之本方

可。且如其書說，多用管以候氣，然至冬至那一刻時，管
灰之飛或有先後，須臾之間，焉知那管正值冬至之刻？須
自心中先曉得冬至之刻始得，此便有不通處。學者須先從
禮樂本原上用功。」[39]

按《律呂新書》，是朱子高弟蔡元定（1135-1198）的著作。學
者李生龍解釋此書是一本說明校正樂律，亦是測定氣候的專書。
他說明《律呂新書》是什麼主旨，曰：

我國古代用竹管校正樂律，以管的長度來確定音高，從低
音管算起，成奇數的六個管稱為「律」；成偶數的六個管
稱為「呂」。律呂不僅用於校正樂律，而且也用於測定節
氣，其中包含曆法、天文、氣候知識，是古代自然科學的
一個重要組成部分。[40]

此處指出所謂「律呂」，是古代的一種與音樂、音韻、樂律等有
關的科學及其技術。同時，古人又用此種器具來測定節氣，此領
域亦是一種科學及其技術。李氏又在其注中提及古人亦有測定節
氣、氣候的方法，謂之「候氣」，他引《律呂新書》的候氣之法
曰：

為室三重，戶閉，塗釁（指房間的縫隙）必周，密布緹縵

---

[39]　〔明〕王守仁：《傳習錄上・陸澄錄》，收入李生龍注譯：《新譯傳習
　　錄》（臺北：三民書局，2004），頁96。
[40]　李生龍：《新譯傳習錄》（臺北：三民書局，2004），頁97。

（橘紅色的絲織品）。室中以木為桉，每律各一桉，內庫
外高，從其方位。加律其上，以葭（蘆葦）灰實其端，覆
以緹素，按歷而候之。氣至則吹灰動素，小動則氣和，大
動為君弱臣強，專政之應，不動為君嚴猛之應。[41]

上述是李生龍對蔡元定的《律呂新書》中關於候氣的一種構築的
敘述，此種空間構築是一套氣候測定的儀器。此敘述必從實際的
觀察和了解而有，而此種構築空間之候氣是否有效、是否準確，
我們不能確知，但它是一種科技的描述，是大氣科學的一個存在
和敘述，其中具有宋時的「氣象學」、「氣候學」的認知及其
「科學體系」。

　　陸澄拿蔡元定的《律呂新書》來問陽明，起碼顯示陸澄的心
中認知到宋人有此種著作，有此種「知識系統」，而陸澄自己能
夠如此提出問話，則顯出其有對於自然科學發生興趣和傾向的
「知性理性」。

　　但是陽明的回應卻表現出一種不加隱藏的對於「科學」之知
識和技術的輕視，且率爾譏曰：「無用」，於此表現了大心學家
貶抑科技、技藝之工的主觀傾斜之心態。首先，陽明不是宋人，
亦無蔡元定所說的候氣之構築空間的實物，亦無得實際驗證，卻
直截回應說「至冬至那一刻時，管灰之飛或有先後，須臾之間，
焉知那管正值冬至之刻？」此就「知性理性」的標準而言，甚不
嚴謹，因為陸澄提到的那個現象和事情，是必須進行「再檢證」
的，而不可以在沒有實驗、檢證的狀況下憑主觀逕以回答，故宜

41　同上注，頁 96。

曰：「不知」。對照之下，孔子的態度才是正確的，孔子遇見自己不知道的事物，其態度是「知之為知之，不知為不知」。[42]再者，如果陽明能與他同一時代的那些科學家如李時珍、宋應星等人一樣地重視客觀知識的實作性、實驗性，就應該依據蔡氏專著之說明，重新製作一個候氣的建築空間來實際實證一番，或可得其真相，這才是「知性理性」實踐知識的科學態度。

　　復次，陽明的回應內容有一個地方，需提出來商榷，即他說的「學者須先從禮樂本原上用功」，「必須心中先具禮樂之本方可」和「須自心中先曉得冬至之刻始得」此三句話語；陽明在這裡表現了本心之「內證具足」的心學觀，有一種與佛門「萬法唯心造」的共同性之「心法」、「煉心術」。但儒家本義，卻非如此，「禮樂」也者，不是本心之本體，而是文明、制度的發用，「禮樂」是客觀之事物，有其「架構性」和「具體性」，人們對於「禮樂」的認識、改進、變化以及依靠和施行，不是在心中主觀的「感覺」，任何人之心中若有「禮樂」的認識，那是依據本心之「知性理性」，在歷史傳延下來的經史文獻中學習而來，它是「知識系統」，而不是心之主體證會的「主觀內在境界」。同理，任何人之明白「冬至」是什麼節氣、什麼日子及其氣候和天文性質，是需要從中國的曆書以及天文科學史中獲得認知，這是「知性理性」之「邏輯理路」而非本心主觀的體證之「玄理默會」，換言之，人對「禮樂」與「冬至」的掌握和主導，是知識和科學的學習而得其「事理」和「物理」，並從「事理」、「物

42　子曰：「由，誨女知之乎？知之為知之，不知為不知，是知也。」見
　　《論語·為政》。

理」中得其「操作性」。陽明在此處之回覆學生之好知、求知之心的興趣和方向，顯然答非所問，也表現了輕忽儒家本來重視「知性理性」及「客觀認知」之本義。

陽明要表達的真義為何？他只是要回溯到人的生命存在的最終極意義之源，即孔子提揭的「仁」。孔子曰：「禮云，禮云，玉帛云乎哉？樂云，樂云，鐘鼓云乎哉？」此意謂「禮樂」的真正核心不在外緣的玉帛鐘鼓，其真正價值另有深層和高層，孔子曰：「人而不仁，如禮何？人而不仁，如樂何？」依此，「仁」之心體，才是一切禮樂文明體制的「價值核心」。這在孟子稱之「良知」，而陽明取孟子之言而暢論「良知」和「致良知」，但其所以「致」之功夫，陽明只就「內在義」、「證悟義」而說，其作用的「外延義」、「認知義」則缺乏積極地、架構地展開，故對於良知的致用層的知識建構和科學發展的方向和領域，理解不足，重視不夠，所以，若就「禮樂」的「外延客觀性」的具體存在而言，陽明顯然是沒有積極正面地重視，只重視了「本心的在它自己」，但對於本心推出去，在人間世、社會層應該具有的文明架構之實踐客體，卻沒有充分地客觀認知以及展開研究。

（三）陽明的知行觀在「知性理性」中的問題

再看一位提問者之問話和陽明的回應。顧東橋，名璘（1476-1545），南京人，進士，官至南京刑部尚書，不是陽明弟子，他的儒學思想，與陽明顯然有別，所以他與陽明之間的問答，甚有意思。顧東橋問：

　　真知即所以為行，不行不足以謂之知，此為學者喫緊立

　　教，俾務躬行則可。若真謂行即是知，恐其專求本心，遂
　　遺物理，必有闇而不達之處，抑豈聖門知行並進之成法
　　哉！[43]

顧氏先提出「真知即所以為行，不行不足以謂之知，此為學者喫
緊立教，俾務躬行則可。」此句敘說明白地主張有些「知」與
「行」，不必然有陽明強調的必是「知行合一」的邏輯關係和事
實。人類有很多「知」，與「行」不必有關，亦即「知」了某類
道理或事務，不必然「行」；「行」了某些事務，也不必然知道
其中的道理，此是常識，本來就不需深論。譬如我們身體不舒
適，知道生病，就知道須延醫診治，依據醫生處方而服藥，此是
對於生病求醫的常識，人若是有病，他的身體早晚會發出信號，
他知道生病，他也明白身體有疾，就要延醫診治；生病和求診，
皆是一種「知道」，而去醫院求診，這固然是某類的「行」，但
不必因為生病，就必須自己去學醫學而成為醫生來行醫救己；知
己生病是「知」，去醫院求醫診治，是「行」，有前有後，不必
「知行合一」，且行醫而診病開藥方，是一個「行」，但此行的
主體不是生病的我，而是「他者」的醫生，所以此例子的「知」
和「行」是分開而無關聯的。

　　顧氏顯然是根據經驗常識而表達他的看法，他的觀點合乎邏
輯，沒有不對。然而，陽明何以非常堅持「知行合一」？強調真
能實踐（「行」）的，才是真的「知」；真的「知」（了解、認

---

[43]　〔明〕顧東橋語，見〔明〕王守仁：《傳習錄・答顧東橋書》，引自李
　　生龍：《新譯傳習錄》（臺北：三民書局，2004），頁199。

識、體悟），必定是已經實踐了的，才是真正的「行」。其實，這是「德性心」的「德性」之境界；「德性」之肯定，在於「德性之知」的清明在躬，就是「在自己的腔子裏而常惺惺」，如同六祖所言「念念皆覺而為佛」的境界，如此能夠活著時皆依據良知本心而行，即「由仁義行」。假若一個人不是「由仁義行」，則可反證他本來內在而天生既有的仁義，亦即「德性心」是被蒙蔽隱沒，亦即等於此「清明之知」失落了自己。如果這樣蒙蔽了本心良知之清明，則在道德倫理上，可能會墮落為惡人而做惡事，陽明的思想顯然是向本心的「德性理性」的功夫和境界而傾斜、偏重地說話。

然而，縱許論到的只是「德性心」，它的發用出來而將仁義踐履到家國天下，成為仁政仁行，亦必須有「知性理性」的施為，這個領域是需「外延」地作用出去，而具備「架構性」、「客觀性」，換言之，仁心的「體悟默會」，是天命之「初性」，是「端倪」，但其發用而貼著於事物時，就不是「初性」，不是「端倪」，而是「擴充」、「推廣」，在「擴充」和「推廣」的層次，已不是止乎「體悟默會」，而需有「邏輯結構」的「認知」，從此建立相關「知識體系」，是這個「知識體系」才能在事物上落實踐履。基於此，比方一位醫生，他保有醫德心，這是他的本心初性，但其醫術卻不止於這個初性的「德性心」，而必須是一套「知性理性」發用外緣而成的醫學科學，此是「知識體系」，是外延性的、架構性的「物理」。

顧東橋掌握的、肯定的是這個層次，他說的「恐其專求本心，遂遺物理」之意思，就是看到本心的「德性理性」和「知性理性」之所司之不同以及其作用的差別。此所謂「專求本心」，

是順著陽明心學的只以「德性心」為本心之觀點而言，意即專門守住本心的那個「德性端倪」，卻孤守於內，求此內在之虛靈不昧之狀態，但若是如此，則恐會「遂遺物理」，此「物理」也者，即外延出去，而在客體的世界中一切現象、存有之結構性之理，它表現為知識、技能、藝術、學理以及科學。顧氏之觀點，於今回顧，並無錯誤。

但是，陽明卻堅持他的「煉心術」之「心法」之形態的心學而有所批駁。陽明曰：

> 夫物理不外於吾心，外吾心而求物理，無物理矣。遺物理而求物理，吾心又何物邪？心之體，性也；性即理也。故有孝親之心，即有孝之理；無孝親之心，即無孝之理矣。〔……〕理豈外於吾心邪？[44]

實際上，物理就是外延的世界之存在、現象，亦即一切事物，經由人們的「知性心」去觀察、研究、驗證而獲得的客觀、架構之理，稱為學理、事理、物理。它的存有性，是外在於「主體之我」而獨立乎外的。陽明說「理不離於吾心」，也沒有錯，但此所謂「理不離於心」的意思，是說人之本心的「知性理性」之能力，是這個能力可以將一切現象加以研究之後，獲得那個法則、原理，這是指人之理性思維的能力，除了人之外，其他生物不能從其生存的世界中得到理，此即康德指出的「『純粹理性』為自

---

[44] 〔明〕王守仁：《傳習錄·答顧東橋書》，引自李生龍：《新譯傳習錄》（臺北：三民書局，2004），頁201。

然立法」之義，即人的「知性理性」向外推出而認知世界，而
「為自然立法」，此所言「立法」也者，就是建構「知識系統」
乃至「科學體系」；知識用於認識，科學用於操作。再者，陽明
認為「性即理」，亦可以如此說，唯此「理」是心性之「自己的
理」，就是心性之「在其自己」，它的「存在之自己」，就是天
命、天性、天理，此層與物理是不相同的。然而，所謂「物
理」，不是亦在心中存在嗎？答曰：「物理亦在心中」，但此意
是說人若習得某種事物、事務的理，譬如它的性質、結構、內容
以及其能否運作性，此即是關於此等事物和事務的知識，則它是
被此人的思想、心靈所能掌握而操作的，這就是人的「知性理
性」的能力，人根據知性思維和認知的能力，得到了知識、技
能、藝術乃至於科學，它就在他的「心」中，可以隨時加以應
用，亦可教導他人，形成傳延、累積、變遷等發展，這就是學
術、文化、文明的演進。上述的這些理，不是心本身，只是我們
的心可以經過我們的「外延性」之學習能力，而得到世界之存在
物、現象物之理解和認識，此是心之「知性理性」的能力，它不
是心之「德性理性」的事情。而陽明所言的「心就是理」和「性
就是理」，是指本心良知的「德性理性」之天生自然法爾也。就
此而言，可以說心理合一和性理合一。但這一層次並不能否定物
理的「外緣性」、「架構性」和「客觀性」。若依康德之分類的
話語而言，「知性心」是「純粹理性」；「德性心」是「實踐理
性」，兩者是一心之雙重性；心體是一，作用是二。

　　再者，孝親之心，固然是「理」，但這個心若只是仍然內在
於心中並未施行，則此「理」，只是一個虛懸光板的「但理」，
只是縮藏在心內的孤立抽象的狀態。孝心必得要真正實踐在敬

親、愛親、侍親、養親和顧親的實際行事上，這個才稱為「孝行」，它則不僅只是一個道德情感，而是在實事和實務上，具有知識性的孝養父母的行為，此具體存在且顯示的「孝行」，亦是那個「理」；「孝理」，是在孝心和孝行內外整合而為一體中才得其證明的。光是講一個「孝心」，是不充足不圓滿的。通常，一般人肯定贊美某人真是孝子，那不是能穿透某人的心來看到；某人的心是否仁孝，是無法穿透而看到的，而是在某人的孝順其父母的行為中，具體地看到，由外而證內，才能因此認知、稱頌這個人真是孝子。

　　復次，「孝心」是理，「孝行」更是理；前者的理，是「主體的證悟和不自欺」，後者的理，卻非「主體的證悟和不自欺」而已，它必須是「能驗證、實施的有效且正當的理」，譬如孝養父母，是「養父母之志」或只是「養父母之形」？有真心侍奉父母或只是無真心地如養犬馬一樣？這些是會外顯而得知的；其所以被得知，就是因為具有「架構性」、「客觀性」的外緣的內容和表象。又，孝敬父母，需供奉營養補品以支持老人家的身體，願老人家身體健康，可望益壽延年，然則，子女就要具有正確的營養品和滋補品的知識，必須能區分「人蔘是補品而砒霜卻是毒藥」的認知能力，前者可以奉養父母，後者卻會毒死父母。此種知識性的能力，就是孝心的「知性理性」之發用出來，依此實用，才能有正知正見來孝養父母，若無之，就變成愚孝，所以，「孝行」乃是「孝心是理」的充分性保證。

（四）陽明以黃金來比擬聖人

　　再來從另一師徒對話了解陽明心學之本義以及其對於知性和

知識的態度。

> 希淵問：「聖人可學而至，然伯夷、伊尹於孔子才力終不
> 同，其同謂之聖者安在？」先生曰：「聖人之所以為聖，
> 只是其心純乎天理而無人欲之雜。猶精金之所以為精，但
> 以其成色足而無銅鉛之雜也。人到純乎天理，方是聖；金
> 到足色，方是精。然聖人之才力亦有大小不同，猶金之分
> 兩有輕重，堯、舜猶萬鎰；文王、孔子有九千鎰；禹、
> 湯、武王猶七八千鎰；伯夷、伊尹猶四五千鎰。才力不
> 同，而純乎天理則同，皆可謂之聖人；猶分兩雖不同而足
> 色則同，皆可謂之精金。以五千鎰者而入於萬鎰之中，其
> 足色同也。以夷、尹而廁之堯、孔之間，其純乎天理同
> 也。蓋所以為精金者，在足色而不在分兩；所以為聖者，
> 在純乎天理而不在才力也。故雖凡人而肯為學，使此心純
> 乎天理，則亦可為聖人。」[45]

問話者是蔡宗兗，字希淵，號我齋。中進士，以教授奉母，係陽
明高足之一。[46]他以孟子論孔子之聖和伯夷、伊尹之聖的同異來
請教陽明如何判別。

　　且先看孟子如何論聖人類型。孟子在其論述中先舉了前於孔
子的古代大君子伯夷、伊尹、柳下惠，而稱頌他們為「聖人」。
其弟子萬章問孟子說世人多曰伊尹是廚師，烹煮了美食來引起商

45　〔明〕王守仁：《傳習錄・薛侃錄》，引自李生龍：《新譯傳習錄》
　　（臺北：三民書局，2004），頁 134-135。
46　同上注，李生龍注釋。

湯的注意而得見商湯，因而被商湯重用，由此助商滅夏。這當然
是野人無稽之談。孟子嚴肅地告訴萬章一大段關於伊尹的大志，
最後一句引伊尹的話語如此：

> 與我處畎畝之中，由是以樂堯舜之道，吾豈若使是君為堯
> 舜之君哉！吾豈若使是民為堯舜之民哉！吾豈若於吾身親
> 見之哉！天之生此民也，使先知覺後知，使先覺覺後覺
> 也。予，天民之先覺者也，予將以斯道覺斯民也，非予覺
> 之而誰也！[47]

引述伊尹之言之後，孟子接著說：

> 思天下之民，匹夫匹婦，有不被堯舜之澤者，若己推而內
> 之溝中，其自任以天下之重如此。〔……〕吾聞其以堯舜
> 之道要湯，未聞以割烹也。[48]

孟子引述伊尹之一番話語，其實是孟子借伊尹輔湯之史事來表達
自己的最高政治理想，在伊尹之論言中，有三個重點，一是「堯
舜之道」，一是「天民」，再一是「先知覺後知，先覺覺後
覺」，而孟子在此章的結論中的重點則是「堯舜之政」。
　　「堯舜之道」和「堯舜之政」，代表或象徵了儒家的「內聖
外王」的理想，前者是「內聖」，後者是「外王」，而依孟子另

---

[47]　見《孟子‧萬章》。
[48]　同上注。

外術語，則「仁義內在」即「內聖」；「仁政王道」即「外王」，內外必須是連續整合為一體的，前者是本心；後者是本心的發用、踐履到外面的世界。本心之本質的把握和修證，即「內聖」，但光是只有「內聖」，是不可以的，因為它是「孤明內照」，只是一個「抽象玄體」及其光影；而後者即所謂「外王」，則是本心發用實踐到全天下的「客觀性」、「架構性」的仁義之道的政治、社會的華夏人文總體。

　　關於這個「內聖外王」整合而內外一體的觀念，在《孟子・滕文公》第一章就表達出來了，該章句說：「孟子道性善，言必稱堯舜。」[49]前句提揭「性善論」，後句提揭「仁政論」；前者是「內聖」，後者是「外王」。而關於「外王之仁政論」，何以不是舉「文武之政」呢？亦即孟子何以不是「言必稱文武」，卻是「言必稱堯舜」呢？此處就含藏了孟子的微言，因為「堯舜之政」是「公天下禪讓政治」，[50]而「文武之政」則只是「六君子君王世襲政治」，[51]層次境界是有差別的。孟子善學孔子，所以孟子的政治最高理想是「公天下的太平世」。

　　孟子告訴萬章，伊尹之輔佐商湯滅夏，這是「革命」，孟子是公開主張人民有革命的天賦人權的；革殺暴君、消滅暴政而新建國家、平治天下，是基本民權，從這點來說，人民就是「天民」。更重要的則在於伊尹之輔商執政，乃是以「堯舜之道」來「行堯舜之政」，此種道和政，就是孟子所言的「仁義內在」的「性善本心」來推展實踐「仁政王道」於天下的意思，在他而

49　見《孟子・滕文公》。
50　關於堯舜的「公天下禪讓政治」，見《尚書・堯典》。
51　關於「六君子君王世襲政治」，見《禮記・禮運》。

言，有一順序和次第，那就是從「六君子之政」而上升到「公天下之政」。這種「內聖外王一體連續觀」和「由升平世至太平世的公天下仁政觀」，是孟子的思想，也是孔子之道的本義，亦是《春秋》之學的主旨。

再者，由仁義行而發政施仁，還有一個更要緊的任務，那就是這個內聖外王之道，不止於執政者自己去做而已，他還有一個更深遠廣博的責任，那就是「先知覺後知，先覺覺後覺」，這是什麼呢？這就是儒家最重視的教化之功，以內聖外王的堯舜之道來教化人民，而能達到「見天下群龍無首吉」[52]以及「人人皆有士君子之行」[53]的王道蕩蕩的「大同世」亦即「太平世」之境界。

從這個基本觀點出發，才能明白孟子所言伊尹、伯夷、柳下惠之所以為「聖」之真義。孟子論及伯夷，其重點是「當紂之時，居北海之濱，以待天下之清也。故聞伯夷之風者，頑夫廉，懦夫有立志。」[54]孟子藉伯夷的行事點明君子不可阿附、仗恃、諂諛、幫辦不仁不義的暴政，若逢此不仁不義的暴政，若無力量革命推翻，則應避世隱居而遠遠離開以待天下局勢轉為清明。這樣的高尚人格，其風範之傳揚，使「頑夫廉，懦夫有立志」。

關於柳下惠，孟子如何評述？其重點是：「柳下惠不羞污

---

[52] 見《易·乾卦》，是指天下所有人皆是「龍」，而沒有統治階級，所以沒有統治者和被統治者。政治是眾人依據自己的道德、知識來經營、管理。這是中國儒家本身既有的「民主」思想。

[53] 見董仲舒：《春秋繁露·俞序》，董子認為太平世的境界是人人有士君子之行。士君子，從士到賢人，再到聖人。

[54] 見《孟子·萬章》。

君，不辭小官。進不隱賢，必以其道；遺佚而不怨，阨窮而不憫。與鄉人處，由由然不忍去也。『爾為爾，我為我，雖袒裼裸裎於我側，爾焉能浼我哉？』故聞柳下惠之風者，鄙夫寬，薄夫敦。」[55]此以柳下惠之為人從政之風格點明君子之政治之道，一旦從政，其用心之重點不在君王的優劣，亦不在自己的官職的大小，而是盡心作好治道之功，其治道的施行，乃依正道而進用賢士，對於官位權力，則淡泊視之，縱然失勢窮困，亦灑然而不怨尤，喜與民共患難共幸福，因為為政的目的本來就是以民為主體的，所以柳下惠之治道，真的是「人民主體的政治」，「鄉人」就是「庶民百姓」，我們一般俗稱的「各位鄉親父老兄弟姊妹」，為政者不可以為自己是「貴族」，因而鄙視賤待人民，人民才是主人，為政者是「為人民服務」者也。此即柳下惠表現出來的仁愛百姓的治道。孟子認定此種風範會使「鄙夫寬，薄夫敦」。

　　基於上論，孟子才下結語，而高舉三位古代大君子為「聖」。孟子曰：

> 伯夷，聖之清者也；伊尹，聖之任者也；柳下惠，聖之和者也；孔子，聖之時者也，孔子之謂集大成。[56]

朱子注釋，說到「清」，是「無所雜者」；「任」，是「以天下為己責」；「和」，是「無所異者」。[57]分別界定了伯夷之聖，

55　同上注。
56　同上注。
57　見〔南宋〕朱熹：《四書集注‧孟子集注》。

是人格、事業皆「清澈無雜」；伊尹之聖，是人格、事業皆能「志任天下」；柳下惠之聖，則是人格、事業皆「一貫無異」。三位上古聖人，孟子皆予極高的評價，其標準，一則是人格生命的高貴無污染，一則是志業的弘毅承擔。

　　相對之下，孟子則是以孔子之聖為至高之聖。孔子是「聖之時者」，何謂「時」？朱子說：「孔子仕止久速，各當其可，蓋兼三子之所以聖者，而時出之，非如三子之可以一德名也。」[58]朱子之所以會如此理解「時」的意思，是因為同一章句前段有孟子提及「孔子之去齊，接淅而行；去魯，曰：『遲遲吾行也。』去父母國之道也，可以速而速，可以久而久，可以處而處，可以仕而仕，孔子也。」[59]此句的重心其實不是「這個時候這樣，那個時候那樣」，著重其時間義，而是指孔子居仁由義來處世做事，何以去齊如此之速，是因為確證齊君不仁；何以去魯遲遲，是因為雖然魯君不仁，但魯是父母之邦，魯於孔子是家國、鄉邦，其情深重。此處重點不在於為官之「可不可」或「久不久」。而且，孟子亦非拿孔子來與三古聖做比較，需知孔子是不能比較的，孟子焉有不知？這是因為萬章一口氣提到數位古代大君子之風格，其中又帶出世俗人對孔子人格之侮辱式的負評，所以，孟子之回應，亦就連帶著就孔子之至聖而論之。這個「時」之真義是關鍵，先師愛新覺羅毓鋆先生有其詮釋：

　　　孔子之學是「時」字。中國的道統才是「仁」字。「仁」

58　同上注。
59　見《孟子‧萬章》。

是中國的道統，因為「元」生「兩儀」，就是「仁」了。
「仁」是二人，「仁」就是「生」，懂得「仁」就能養
人，所以，「仁」是生命；「元」是生之機，就是「陰陽
合德而剛柔有體」（《易經・繫辭下傳》第六章），所以
「生生之謂易」（《易經・繫辭上傳》第五章），生生不
息，就有生命。懂得這些，就得養生機。[60]

依此，所謂「時」，就是仁心與天地生機若合符節的狀態，而不
是那個抽象的「時間」。古儒多以「時間」來理解，都沒有得其
契機，都把握得太淺。在任何情形之下，聖人或聖王，均能對於
一切人一切物一切事而「養其生機」，使生生之仁，暢通興旺，
這就是「聖之時」也，孔子之道，正是彰著、弘揚這個道理。不
是伯夷、伊尹、柳下惠以及其他中國的一曲之聖者可以達到的。

　　關於「時」的深義，在《論語》就已著明。子曰：

學而時習之，不亦說乎？有朋自遠方來，不亦樂乎？人不
知而不慍，不亦君子乎？[61]

朱子將這個「學而時習之」，解釋為「既學而又時時習之」，[62]
就是浮泛地視這個「時」只是「時常」、「經常」、「時時刻
刻」、「三不五時」的意思。清儒劉寶楠更依文字學角度來注釋

---

[60]　愛新覺羅毓鋆：《毓老師講孟子》（1995），許晉溢、蔡宏恩筆記，許
　　　晉溢整理（臺北：中華奉元學會，2016），頁 198。

[61]　見《論語・學而》。

[62]　《四書集注・論語集注》。

「學而時習之」的「時」，他說：

> 王曰：「時者，學者以時誦習之；誦習以時，學無廢業，
> 所以為說懌。」〔……〕《說文》：「時，四時也。」此
> 謂春、夏、秋、冬。而日中晷刻亦得名「時」，引申之義
> 也。《皇疏》云：「凡學有三時，一是就人身中為時，
> 〈內則〉云：『六年教之數目，十學學書計，十三年學
> 樂，誦《詩》，舞〈勺〉，十五年成童舞〈象〉。』並是
> 就身中為時也。二就年中為時，〈王制〉云：『春夏學
> 《詩》、《樂》，秋冬學《書》、《禮》。』三就日中為
> 時；前身中、年中二時，而所學並日日修習，不暫廢也。
> 今云『學而時習之』者，『時』是『日中之時』。」[63]

像劉寶楠的此種形態的注解，如同朱子的注解以及漢時經學家之
注疏，乃是依據文字訓詁之方，外在地認知「時」之意思，此種
解釋，亦無錯誤，但是少掉了內在性的意義詮釋。簡單地說，就
是把「學而時習之」，淺顯簡單地譯為「認真學了之後要時刻不
斷地好好複習，以至於熟悉」，以這樣的淺薄的方式去認知那麼
重要的《論語》第一章，把孔子視如村塾夫子一般只教蒙童背誦
書本，課堂讀畢，吩咐他們回家莫忘時時再背誦而直到熟悉課
文。

　　我們謹以完全不同的詮釋系統來予以對照，在對照中可以體

63　〔清〕劉寶楠：《論語正義》（上）（臺北：文史哲出版社，1990），
　　頁 2-3。

悟孔子所言「時」的深義，也能進一步明白孟子贊孔子為「聖之時者」，亦即孔子是「時之聖人」的本質。

愛新覺羅毓鋆先生在其詮釋《論語》的講述中，他說：

> 「學而時習之」，就是「學能時習之」，「而」不當「然而」講，是當「能夠」的「能」字講。「時」不能當「時時刻刻」的「時」講，這個「時」就是「聖之時者也」的「時」。為什麼這麼講？因為「不可為典要，唯變所適」（《易·繫辭下傳》第八章），如果孔子「時」的觀念沒有特殊意義，孟子就不會打這個批：「聖之時者也」。
>
> 按傳統說法：「孔子的學說是『仁』字。」但這講法不對。中國的道統是「仁」字，孔子的道統是「仁」字，但是孔子的學說是個「時」字，所以，孟子才贊美他是「聖之時者也。」怎麼證明「時」是孔子思想？孔子在《易經》上說，不論什麼東西，都「不可為典要」；若「為典要」，那就一成不變了。這樣子怎麼活呢？必要「唯變所適」！「適」，要適這個「時」，就是要恰到好處，那不就是合乎這個「時」嗎？搞《易經》一印證，「唯變所適」，以合適於這個「時」，〔……〕 [64]

「學而時習之」和「聖之時者」的「時」，不是「時空刻度的時間」，而是指「不可為典要，唯變所適」的發用、顯出、實踐、

---

[64] 愛新覺羅毓鋆：《論語——毓老師講論語》（第一冊），蔡宏恩、許晉溢筆錄，許晉溢整理（臺南：奉元出版公司，2020），頁 11-12。

完成。然則，在孔孟而言，是什麼事物、狀態或存在，是必須
「不可為典要，唯變所適」地發用、顯出、實踐、完成呢？那就
是仁體、仁心以及仁教、仁政。如果用孟子的語言來說，就是
「內在的仁義」為「體」，而必須發用外延，而實踐、完成「仁
政王道」的「理」之宣揚以及「事」的架構；這個實踐、完成的
「仁政王道」即是「用」。「理」，是由仁義的教化而顯；
「事」，是由仁義的政治而成。

　　基於上述，乃能扣緊孟子讚美孔子為「聖之時者」的要義，
那不是浮泛地如漢宋傳統儒者那種認知。而必得是指孔子之所以
是「大成至聖先師」，乃是因為唯有孔子是在「內聖外王」的仁
道仁體中，而能完整地加以弘揚、教化並試圖加以實踐真正的最
終的理想型、完美型政治，即《春秋》微言的最高理型之「太平
世」（亦即《禮記・禮運》的「大同世」）。相對於此，孔子之
前的三古聖人，當然是還不圓滿的。孟子接著說「孔子集大
成」，朱子將其理解為「孔子集三聖之事，而為一大聖之事。」
[65] 這樣的說法，把孔子之道，理解為「倉儲公司」或「雜貨
舖」，實在將孔子與古代三聖的層次擺在同一位階，將孔子看低
看小。伯夷、伊尹、柳下惠的成就，是以德而為政，此為一曲的
模範，但孔子不是在現實的國家之政治地位上的以德治理之風
範、成就而已，孔子是給中國建立文化和政治的總體性「道
統」，確立「內聖外王」的「太平世」之「大憲章」，此謂之
「集大成」。惜乎大儒朱子未能見及此層，而以為孔子只是古代
三聖事功的收集儲存者。

65　〔南宋〕朱熹：《四書集注・孟子集注》。

　　孟子接著以「奏樂」和「射箭」為譬喻來形容孔子之「集大成」：

> 集大成也者，金聲而玉振之也。金聲也者，始條理也；玉振之也者，終條理也。始條理者，智之事也；終條理者，聖之事也。智，譬則巧也；聖，譬則力也。由射於百步之外也，其至，爾力也；其中，非爾力也。[66]

今人蔣伯潛解釋此段，如此說：

> 金，「鎛鐘」，聲，發聲也；玉，「特磬」，振，收也。凡奏樂，先擊「鎛鐘」以發其聲，終擊「特磬」以收其音。條理，指眾樂合奏之節奏言，言以「鎛鐘」始之，以「特磬」終之也。凡做人，始用修養工夫，是智之事，《中庸》所謂「誠身」必先「明善」也。智者，始能「擇善」，而「固執」以底於成，則有賴乎毅力，能始終如一，則為聖矣。下文又以射為喻，「由」，同「猶」，能射到百步之外，這是「力」；其射中正鵠，則是「巧」也。[67]

孟子用演奏樂曲的鐘磬之始終功能來比喻孔子之為「聖之時者」的「集大成」的意思，乃是說凡事之圓滿成功必得有一個有始有

---

[66] 見《孟子‧萬章》。
[67] 蔣伯潛：《廣解語譯四書讀本‧孟子》（臺北：啟明書局，未注出版年份），頁237。

終的條理和程序，而「聖之時者」的孔子之「集大成」，就是從「內聖」而到「外王」的條理之終始的圓滿和完成。在此體系中，「聖德」與「王政」，需是內外一貫的，從個人之本心的德操到發用實踐於外面客觀世界的仁政德業，是連續貫達而為一個整體，這才是「集大成」，孟子對孔子的判準，不是如朱子所以為的雜集古代聖人如柳下惠、伯夷、伊尹之事功或人品之類型的「小成」而累積為「大成」。孔子並無政治上的大事功，他一生流浪奔波諸國卻得不到施行其政治理想的位子，連「小成」都無，哪有此種積「小成」而有的「大成」？孔子的「集大成」是指孔子的整理中國文化思想歷史之總體，包括內在精神和外在文獻，而新建了以「仁」為體而以「禮」為用的中國人文的核心，再者，晚年返魯的文獻整理和詮釋工作：「刪《詩書》」、「訂《禮樂》」、「修《春秋》」、「贊《周易》」，這個人文學術工程不是學究的書房之事，而是繼已崩潰無功的周公之「封建禮樂」而重新為中國政治、社會、人心創建了文明禮樂大法和道統，我們稱此文本為《六經》。在這個高層次，孟子稱頌孔子乃「集大成」的至聖，後世贊孔子為「大成至聖先師」，即是由此脈絡而來。

　　孟子以奏樂和射箭來點明所謂「集大成」者，同時具備「智巧」和「聖力」。如上所引，蔣伯潛注解奏樂的條理，有說到眾樂合奏之節奏，是以「鎛鐘」始之，而以「特磬」終之，此即孟子說的「金聲玉振」。而蔣氏依此而提到，凡是做人之功夫亦是一樣，始用修養工夫，是「智」之事，即如《中庸》所說的，人要「誠身」，其必以「明善」為先；「至善本體」的這個「善」，必須「明之」，也就是人之「知性心」要能明了「善」

之本質，這個去明了的功夫就是「智」，是先行者。「智」之所以是「智」，是因為知性啟動發用了，人才能明白什麼是「善」以及什麼是「不善」，如此，始能「擇善」，後面的功夫就是「固執」，亦即堅決持守以底於成功，此則有賴乎人的擇善而實踐的不屈不撓的毅力，而始終如一，此境界就是「成聖」。在此，我們發現孟子觀點下的孔子聖人的功夫和境界，是本心的「德性理性」與「知性理性」之雙重彰著，兩者合一，才是「聖之集大成」。以射箭來比喻，其意思也是相同的。射箭到百步而達到箭靶的位子，這是「力」，喻人生意義的實踐之德性心的堅守，就是「聖力」；射箭能射中箭靶的紅心，這則是「巧」，喻人生意義的實踐之知性心的效用，就是「智巧」。前者是孟子所言的「聖」，後者則是「智」，而在此處，孟子言之「聖」，就是本心的「德性理性」；其所言「智」，就是本心的「知性理性」。

　　此種聖與智或德與知雙彰合一的道理，可舉醫生來說，合格的醫生，先是有醫生的「德性心」，這就是醫德，但好的醫生，光有慈悲仁愛的「德性心」是不充分的，他必須有優秀的醫學知識，否則他亦無法醫好以及救活病人或傷患，此充分條件就是他的「知性理性」認知掌握且能有效運用的醫術。但良醫必須終身堅持保任他的仁慈，不可下墮，而且也須時時學習更進步的醫學、醫術；醫生的仁慈，就是「聖力」，他的活到老學到老的醫學和醫術，就是「智巧」。

　　以上已經深入地討論了孟子論聖之思想，可以再返回《傳習錄》來看陽明的觀點。陽明回答弟子拿孟子論孔子、伯夷、伊尹、柳下惠的聖境的那一章來說明聖人，顯然不必是孟子本義。

陽明用黃金來區分聖人的境界，他認為所謂「聖人」是指「其心純乎天理而無人欲之雜」，如同黃金之無任何銅、鉛等其他金屬之摻雜，而為精純之金，此才謂之足色的精金；人格和心性如同「足色的精金」之人，就是「聖人」。然而，陽明認為聖人雖然成色皆是精金，也就是其之所以為聖皆一，但是他們的「分兩」卻有不同，亦即聖人們的所以為聖之「重量」不一。基於此種觀點，陽明遂予古代聖王、聖人乃至孔子以不同的輕重。他的意思是包括了堯舜、禹湯、文武、孔子、伯夷、伊尹等人，在成色上，都是「精金純一之聖」，但在「聖之重量」上卻不一樣，依他的標準，堯舜是萬鎰之金；文王、孔子有九千鎰；禹、湯、武三王則有七八千鎰；伯夷、伊尹則僅有四五千鎰。

　　實在不知道陽明是拿什麼標準來分類古聖王和聖人的「重量」。若依儒家的標準言之，如果真要對華夏古聖論斤稱兩，則大成至聖先師孔子是最重的，因為他就是「道統」；堯舜是「禪讓仁政公天下的理想型」，象徵最高的「政道」，故次之；禹湯文武四聖王，則是「六君子之政」的政統之楷模，但卻是「血統君主世襲的私天下制度」，在此種「不合理性」的政治形式中，只能要求「聖君賢相」的「優良的愛民之治道」，故又次之；而至於伯夷、伊尹，就只是古代的賢德智能且有大功的大臣，是儒家心目中最優秀的行政人物，因此其排序是在最後。

　　陽明顯然不是依此合於儒家理性之標準來回答弟子重要的提問。他的回應是不嚴謹的，其予堯舜、禹湯、文武、孔子以及伯夷、伊尹的「重量」，沒有經過「知性理性」的認真思考判斷。

　　再者，陽明視所謂「聖之分兩」，亦即聖王、聖人的輕重，是他們每人的「才力」使然，「才力」之高低會決定聖之輕重有

差，如同黃金的重量分兩有別。但其所謂「才力」，實不知何所指，蓋因人之為人，有其稟賦、才氣、心理、體質等各類型的天生之能，不適宜只用「才力」一詞籠統說之，或者，我們姑且就認為陽明的意思只是指一般人的努力用功的能力，只要努力用功，伯夷伊尹就可以上升為禹湯武；禹湯武亦可升至文王孔子；而文王孔子可以升至堯舜。

　　此處，陽明顯露了他對於「聖」之認知的不夠精準，因為「聖」之所以為「聖」，若依黃金為例，則只要是純金即是，而非其「分兩」，此層道理，何止儒家對本心德性的本質之認定？佛門亦是如此，禪宗六祖就很明澈，《六祖壇經》記六祖惠能初見五祖弘忍求佛法時，五祖與六祖的初次對話：

　　祖問曰：「汝何方人，欲求何物？」惠能對曰：「弟子是嶺南新州百姓，遠來禮師，惟求作佛，不求餘物。」祖言：「汝是嶺南人，又是獦獠，若為堪作佛？」惠能曰：「人雖有南北，佛性本無南北；獦獠身與和尚不同，佛性有何差別？」[68]

就佛性而言，人皆有之，豈有獦獠或和尚之分？豈有北人南人之別？只要是眾生，皆有天生本來佛性，一生具足，何待外求？《大般涅槃經》說過連「一闡提」那種極惡之人，或如善星比丘那種極壞的破戒僧人，本來就有圓滿佛性，只是後天蒙昧積塵，久而不顯，如同明鏡的本性是本來清澈，但被塵埃所垢而已。

---

[68]　見《六祖法寶壇經·行由品第一》。

故就「聖」之本質言，只要是天理純一就是「聖」，因此，哪有堯舜、禹湯、文武、孔子、伯夷伊尹等輕重差異？何必講求在「才力」上用功？若依陽明對孔子的輕重論斷，則豈不是說孔子的「才力」的用功不夠嗎？此種說法，不啻侮蔑至聖先師矣！陽明卻又說：「所以為聖者，在純乎天理而不在才力也。故雖凡人而肯為學，使此心純乎天理，則亦可為聖人。〔……〕學者學聖人，不過是去人欲而存天理耳。」[69]此句指出「聖」在乎天理之純，而純一精粹的天理，與「才力」無關，可是，卻又認為聖人有「分兩」之等級之別，即「聖」之為「聖」，在於「成色」，但「聖」又有「分兩輕重」，然則，若果「聖」之所以為「聖」，其關鍵「不在才力」，亦即與人之才情、能力、稟賦等天生之材質無關，則聖人之等級就不可能跨越，它是一道天塹，而憑你如何依憑「才力」去學習用功，亦不能與「聖」有份，「九千鎰的孔子」，永遠不可能企及「萬鎰的堯舜」。可是陽明卻又說「凡人肯為學，亦可以為聖人」，而其所謂「學」，就只是學習一種工夫，那就是「使此心純乎天理」，就是「去人欲而存天理」，若以「煉金業」喻之，也就是靠煉金爐以及煉金術，而把摻雜在金礦中他類金屬如銅、鐵、鉛等汰煉除盡而使金礦成就為純一精粹的黃金。於是，大黃金是大黃金，如堯舜；小黃金是小黃金，如伯夷伊尹。前者萬鎰，最重；後者四千鎰，屬於輕型，但提煉而出，皆為黃金。

演論至此，乃能明白陽明的觀念，即聖人可學而至，學聖人

---

69 〔明〕王守仁：《傳習錄・薛侃錄》，引自李生龍：《新譯傳習錄》（臺北：三民書局，2004），頁135。

就是「去人欲存天理」，使此心「純乎天理」。但是，既然聖人之心只是「純乎天理而無一毫人欲之私」，只需反身自省，它就在那裏，何必事學？本心德性，也就是良知，是自己本來就自存於己身的，是與生俱足的本來，此即孔子所說：「仁遠乎哉？我欲仁，斯仁至矣。」孟子所言：「反身而誠，樂莫大焉。」這一核心價值觀，陽明是很明白的，那麼還叫人「學」什麼？

其實，聖心之境不是「學」的，而是「悟」，自身的良知德性之感應，不是外在、外緣的學習，而是本心自己的體證、覺悟，心之一旦覺、一旦悟，它就是本來聖境。

我們回到先秦，孔孟原型儒家，都能夠明白本心的「自我體證」和本心的「外延認知」，是兩重俱存的功能，前者是「直覺證悟」之事，後者是「邏輯思維」之事。而「直覺體證」，不能稱為「學」，且不待「學」，這就是孟子所言「未有先學養子而後嫁者也」的意思，因為本心良知，它與生而來，由天所命，就本來在自己裏面當家作主，所以稱此為本我的「直覺體證」的「悟」，一旦有此覺、此悟，就是本心良知的「完全在腔子裏的常惺惺」。先秦儒家經典，關於此種本心之「本覺」的說詞很多，譬如「慎獨」的提法，在《中庸》、《大學》皆是很關鍵性的意思，如《中庸》曰：「君子戒慎乎其所不睹，恐懼乎其所不聞。莫見乎隱，莫顯乎微。故君子慎其獨也。」而又如《大學》曰：「所謂『誠其意』者，毋自欺也；如惡惡臭，如好好色。此之謂自慊。故君子必慎其獨也。」依兩部經典，君子敬慎於「獨」，乃是自省明察之功夫，不待「學習」，譬如人對於香臭、美醜，天生就能直覺感知，不必先去學習香臭美醜，而只是「感通體悟」即是。

　　其實關於這種對於生命、心靈、本體的本我良知的體悟，在儒家、佛教、道家、耶教，剋就最終極境界的面對，都是一樣的，皆非「外延性」的學習，此最終極境界的面對，在耶教，是所謂「信望愛」，是堅定的信仰上帝，而不是去用知識來「刺探『主』是什麼」，你若要明白「主」，你就要去信祂，用你的心去全然地祈禱，「主」就會來到你身旁聽你的禱告；又如佛教，法身、佛性、涅槃，亦屬「言語道斷，心行路絕」的「覺悟境」而非「外求境」，不是遍讀佛經就可以進入的，它是「覺之道」而非「學之道」；道家亦然，老子一開始就明言「道可道，非常道；名可名，非常名」；「大道」之本身是不可言說、不可給名之境。總之，這些大教的智慧都啟發世人，「聖」的本身，不是學習之路而可得，它只是本心的「體證覺悟」之它自己的朗現而已。

　　陽明在回答了其弟子蔡希淵關於「聖」之本質和如何達至的提問之後，接著就發揮其觀點而曰：

> 後世不知作聖之本是純乎天理，卻專去知識、才能上求聖人，〔……〕不務去天理上著功夫，徒弊精竭力從冊子上鑽研，名物上考索，形跡上比擬。知識愈廣而人欲愈滋，才力愈多而天理愈蔽。〔……〕吾輩用功，只求日減，不求日增。減得一分人欲，便是復得一分天理。何等輕快脫洒，何等簡易！[70]

---

[70] 〔明〕王守仁：《傳習錄・薛侃錄》，引自李生龍：《新譯傳習錄》（臺北：三民書局，2004），頁 136。

陽明此句表現了反對、輕視「知性理性」以及「客觀性」、「架
構性」的「知識系統」和「科學體系」的態度。他肯定、強調
「只求日減，不求日增」之功，分明與道家、禪家無異。他搞錯
了一種情況，抓錯了罪犯，即他以為「人欲愈滋、天理愈蔽」，
乃是因為「知識愈廣、才力愈多」帶來的禍患。其實不是，人欲
泛濫無歸而天理遮蔽昏昧之因，是孟子所言的「失其本心」之
故，亦即人之自己喪失了本心良知的本來之明覺，如此情形，並
非消滅克制知識才力，而應該是反求自省，以求本心之復初。換
言之，本心的返回，是在於「喚醒」和「覺悟」，此點其實是陽
明所言「用功在於只求日減，不求日增」之所言的「用功」之所
在，用的功是心境之「鍛煉功」也，這是心學的「心法」，此在
儒門、道家、佛教乃至於日本武士道皆明白、皆重視，但卻不可
以認為一個人若「從冊子上鑽研、名物上考索、形跡上比擬」，
就會帶來「人欲愈滋、天理愈蔽」的敗德情況；須知「冊子的鑽
研、名物的考索以及形跡的比擬」，乃是本心的「知性理性」之
外延發用於萬事萬物而有的知識研究和科學發明的正路，孔子就
非常積極重視，所以才有所謂「博學於文」的話語，這個所謂
「文」，不可狹義作文字、文章解，而是廣義的文明、文化之意
思，包括了「書冊」、「名物」、「形跡」，因此，《中庸》乃
曰：「博學之，審問之，慎思之，明辨之、篤行之」。若是「知
識」和「才力」居然會妨害天理本心的清明潔淨，然則，孔子和
子思就不該強調「博學」。當然，本心的保持維護本來的明覺，
不使其喪我、迷失，亦是人生最關鍵的要務，那就是孔子所言的
「約之以禮」，所以，在《論語》，孔子是完整地表達了本心的
既重「德性體證」和「知性認知」的雙重性，那就是「博學於

文，約之以禮」，孔門之教是顏回所贊嘆的「博我以文，約我以禮」。「約禮」就是重返其天理之本心，是「體」，而知識和才力之功，即「博文」，則是「用」，就是有效發用實踐本心之知性認知來建立實學實功而能治國、平天下。所謂「工欲善其事，必先利其器」，此之謂也。儒家欲行仁政施仁教，需是賢士君子在位，但若無專業知識且又缺充分才力，則國家天下大事必不能成功。

（五）陽明說「良知」與「見聞」的關係

然而，若繼續追索陽明在《傳習錄》中的論述，則他又不必然斷然排斥貶抑「知性心」以及由是而出的知識、學問。陽明回答歐陽德關於「見聞」和「良知」的關係之問話，有曰：

> 良知不由見聞而有，而見聞莫非良知之用。故良知不滯於見聞，而亦不離於見聞。〔……〕良知之外，別無知矣。故致良知是學問大頭腦，是聖人教人第一義。今云專求之見聞之末，則是失卻頭腦，而已落在第二義矣。〔……〕大抵學問功夫，只要主意頭腦是當。若主意頭腦專以致良知為事，則凡多聞多見，莫非致良知之功；蓋日用之間，見聞酬酢，雖千頭萬緒，莫非良知之發用流行。除卻見聞酬酢，亦無良知可致矣。故只是一事。[71]

---

71 〔明〕王守仁：《傳習錄·答歐陽崇一》，引自李生龍：《新譯傳習錄》，同前揭書，頁313-314。

陽明所指謂的「良知」，或可稱為「本心」；陽明強調「良知不由見聞而有」，此是就本心的「自己之在其自己」的層次而言，因為本心是天命於人的本體，本體本身無所謂「見聞」。但是，亦不可說本心只是那種「自己之在其自己底良知」，若只就這個「自己之在其自己底良知」而言，可以稱之為「天良之知」，以此來說「本心」，即天命予人而有的「本有之良」，然則此「良」是什麼呢？是從何而見呢？它就是本心的「虛靈明覺」或「虛靈不昧」，就是《大學》所說的「明德」。就「明德」、「明覺」、「不昧」、「虛靈」來說「本心良知」，就是從「本心」之本來的而且不斷滅、不障蔽、不迷失的「本覺」之狀態來提起而照明的。但人往往容易斷滅、障蔽、迷失他本來具有的「虛靈明覺」而不昧的「本心」，亦即沈落了心之本有的「天良」。之所以如此，是由於人欲之薰染掩蓋了「本心」的「良知明德」，而使人心因此逐於物且為物所役，失落了自己的清明，因而墮落沈淪。

上述的「虛靈」、「明覺」、「不昧」、「明德」等詞之所指的那個「本心之天良」，其實，嚴格而言，已是發用層之現象，不是指目「本心之在其自己」，亦即它不是本體本身，因為本體之本身，是無可言說、指謂的，心之本體不可指目，凡是對本體存有的本身有所說時，其實是在發用顯現之層次上說的，是本心之它自己的「內在性發用顯現」才能證悟察知。本心恆是發用顯現的，而其「內在性的發用顯現」，就是張載（橫渠，北宋大儒，1020-1077）所說的「德性之知」，陽明弘揚提撕的「良知」；所謂「大頭腦」，實在是指本心的此領域、此存有而言。然而，本心的發用顯現，還有一個領域、一個存有，那就是張載

所言的「見聞（聞見）之知」，這個「見聞之知」就是「知性理性」，它負責人之認知一切現象、一切存有，而為萬事萬物「立法」，由此發用顯現的就是「知識系統」，深化之，則是「科學體系」。

陽明說：「良知不由見聞而有，而見聞莫非良知之用。」其所界定的「良知」若只是本心的「德性理性」這個面向，亦即，若只是指「德性心」而言，則當然，「德性心」不由「知性心」而有，亦即不是從人的見聞、知識、科學的能力和表現作為根源而有所得的；德性自明，不由外在知識去予以證知。但若將良知視為本心的全體呢？則本心亦須由見聞，亦即由「知性理性」之外延出去而有的大用中顯現其仁與智的大德。換言之，本心的全體大用，是由「德性」和「知性」共同而彰著呈現的，則不可說「良知不由見聞而有」，本心之仁，除了它之「自我明覺」之昭昭然，亦必須外延擴充而依「知性理性」之認知、運物，才能實踐呈現仁之繁興大用於世間和社會，在這個層次，須說：「良知亦由見聞而有」。然則，所謂「見聞莫非良知之用」此句，則亦能順之而明白，就是本心的「知性理性」的思維和認知的能力，可以將本心外延出去而徹向、定著於事物現象，得到知識和科學以及依之而有的操作性之技能，因此建立文明體，則此所言的「良知」，是指本心全體，而不能只是指「德性心」而言。

若明白了本心同具德性和知性的理性內容和功能，就能明白陽明所說的「良知不滯於見聞，而亦不離於見聞」的意思，前半句是指「德性理性」是本心的「自我明覺體悟」，它天生具在，不緣外物而有；後半句則指本心的「知性理性」，向外延而定著、徹向於事事物物，通過知性的思維和認知之能力及操作，而

使本心之天良，也就是「仁道」可以施展、實踐於客觀界，才有其「仁德」的實質義，因此，良知的踐履是不能離開「見聞」之功的，換言之，踐履是依實學實功，即知性心之建立知識和科學，而非本心之虛玄化的空證而已。

　　然而，剋就「良知」，須說明白，否則，陽明所言：「良知之外，別無知矣」，不免有病。本心之天良的德性本身，不必是知，但是一說到「知識」，也就是「見聞」，它則已是本心的「知性理性」之發用、外延出去而著於物、定於事，就這個物、這個事而言認知，才有認知之下的知識甚至科學。再者，陽明又說：「致良知是學問大頭腦，是聖人教人第一義。今云專求之見聞之末，則是失卻頭腦，而已落於第二義矣。」實則，宜曰「致良知是為人與作事的大頭腦」，若指良知是本心的「德性明覺」，則是「為人」的大頭腦，是以「德性」為「根幹」；而若指良知是本心的「知性思維」，則是「作事」的大頭腦，由「知性」而成就知識、學問、科學，則是「花果」。無根幹的基礎不行，但若無開花結果，亦是空洞無成。人若專求「見聞」，卻忘了「德性明覺」的清明在躬，則當然是「失卻頭腦」，但人若專守「本心」之孤明，不知應該外延而以知識之智來照明世界、治理事務、仁人愛物，則當然亦是「失卻頭腦」，亦是落於第二義。

（六）在事務中為學

　　如果再審讀《傳習錄》，則陽明似乎顯示了他也重視或理解「實學」、「實務」之積極義、正面義。是否如此？茲引一段記錄予以辨明：

> 有一屬官，因久聽講先生之學，曰：「此學甚好，只是簿
> 書、訟獄繁難，不得為學。」[72]

這位屬官一定參與陽明的講論心學之會講，聽到的是陽明強調的
「煉心術」之「心法」，亦即只聽到陽明反覆提掇聽者要時時警
醒自己的本心莫失其「明覺」，護持自己的「本來面目」。此與
禪門功夫在性質上並無不同。而其實，這位官員想要聽的「課
程」，並不是此種心法修持，他以為可以聽到陽明拿「實學」、
「實務」的內容來教給他，結果落空，所以，他才說「只是簿
書、訟獄繁難，不得為學」，亦即是質疑在陽明講堂上，無法學
到如何學習到繁難的簿書、訟獄等實際政務的專業知識以及善於
處理的技能，亦有另外一解，即此官員由於行政公務實在太忙
碌，雖然聽課久了，但終於不去聽陽明講良知學。且看陽明如何
回覆：

> 我何嘗教爾離了簿書訟獄，懸空去講學？爾既有官司之
> 事，便從官司的事上為學，纔是真格物。[73]

此句陽明很清楚地批評了這位屬官，既然擔負司法行政業務，他
就要去學習司法行政上的知識。若用今日的規制比擬，則陽明的
意思是說司法行政官吏就要熟習「法律學」、「司法學」、「刑
法學」、「行政學」等。

---

[72]　〔明〕王守仁：《傳習錄・陳九川錄》，引自李生龍：《新譯傳習
　　　錄》，頁 412。

[73]　同上注。

　　但是，若就本心的「知性理性」之功而言，陽明不能只止於這樣的答覆，此種答覆如同釋迦牟尼佛拒答弟子的一個關於宇宙世界如何構造的提問一樣，佛弟子對於天地宇宙的「架構性」、「客觀性」之外延內容和結構之現象有興趣，他的追問或他面對的天天必須處理的那種「簿書」、「訟獄」之業務，其實是「知性理性」發出來而對知識和科學的追問以及據之才能予以有效處理的對象，可惜，他請教的對象搞錯了，他這個問題，應該向伽利略、哥白尼、牛頓、愛因斯坦提出，或向李善蘭、宋應星、沈括提出，不宜問佛，佛的用心是在般若、佛性，不在宇宙論或天文物理學。陽明亦同，該屬官內心真正需要明白的，不是作為一位司法官吏的德性與否，而是在於希望陽明對他講授「法律學」、「司法學」的專業，然而，陽明聽說有一位負責簿書和訟獄的官員對他的「致良知教」表達了「不得為學」的失意和遺憾，仍然直覺地反應而說此官吏自己要去學習專業，或懸空地要此屬官自己就業務去致良知，意思是找我王守仁是找錯對象了。接著，陽明就發揮了一大段他的「格物致知」論，他說：

　　　　如問一詞訟，不可因其應對無狀，起個怒心；不可因他言語圓轉，生個喜心；不可惡其囑托，加意治之；不可因其請求，屈意從之；不可因自己事務煩冗，隨意苟且斷之；不可因旁人譖毀羅織，隨人意思處之。這許多意思皆私，只爾自知，須精細省察克制，惟恐此心有一毫偏倚，杜人是非，這便是格物致知。簿書訟獄之間，無非實學。若離

　　了事物為學，卻是著空。[74]

此一大段話語，陽明的重點是司法審訊時，司法人員「不可以有私心」，就是不可以因為主觀狀態而有不公正、不客觀的喜怒，亦不可在意念上有加有減，也不可以隨便苟且隨意亂判。總之，陽明是說司法者在審訊案子時，必須克己去私，保存公正之心。

　　這是要求司法官員在審法律案件時，必須保存本心的「德性理性」之虛靈明覺，莫使德性心喪失沈沒而未能公正地斷案。陽明認為這就是司法者的「格物致知」。他所說的「簿書訟獄之間，無非實學」的這個「實」，是指司法官員的「德性心」之「明覺實在」的意思。這是視本心良知的功用只在於「德性理性」之在己身之作主。此種觀點，如同強調老師須有師德、醫生須有醫德，師和醫的德性是必要條件，否則哪有資格身為老師和醫生？但老師和醫生的專業知識的素養，卻是充分條件，缺少了為師、為醫的專業知識的素養，如何有效地作好教與醫之功？而這種專業知識卻不是天生之良能，它是後天的外延的學習，必須有「架構性」和「客體性」的知識、技能以及科學的學習才可以獲得，同樣之理，司法官員本身的「德性良知」是天命本有，時時皆不可令其喪亡，但司法官員的「法律學」、「司法學」、「犯罪心理學」等專業知識，則需有一套學習歷程、環境、設施，譬如大學法學院之專業課程的教育培養才有可能達到學問之養成，顯然，陽明依據他的「心學」提供的「心法」，雖必要，但對於必須實務的官員，卻不充分。

---

[74]　同上注，頁 412-413。

　　以上徵引了《傳習錄》，可以看出陽明心學之重點，是本心的本有之「天生明覺」的提掇和警醒。陽明心學是一種鍛煉心性的「心法」。他教育弟子和聽者，著重的是啟發、喚醒他們的天良本心的本有之「德性理性」，亦即「明德」的「虛靈明覺」、「虛靈不昧」，依孔子之言，就是「仁心」、「仁覺」，這是主體性的主觀之用心。此「心法」與佛門、道家的修心術，其實雷同。皆不在本心的「知性理性」的思維、認知之必須是外延亦即往外擴展、開出而定著於事物的這個「架構性」、「客觀性」之領域和方向上說話。所以，陽明心學不會有「知識論」、不會有「宇宙存有論」，當然也不會有「知識系統」和「科學體系」的建構。因為陽明心學的用心根本不在此處。

五、另一形態
——實務、實政、實學的事功型王陽明

　　然而，王陽明是傳統中國的明朝大儒，他究竟不是類似西方的純粹思辯的哲士，也不是佛門的以出世法為主旨的出家人。王陽明的一生，一半講學，另一半則在事功。他的事功卻與一般人物或儒官大不相同，他是以儒生身分用兵打仗平亂的。陽明無論是平定少數民族之亂或征剿南昌寧王宸豪之變，都進出軍陣殺伐的非常之危局，在從事用兵征亂的大局勢之中，他以良知定力為其弘毅不可撼動的砥石，他表現了心法的極高造詣，在另一方面，在行軍征戰和重建地方的實務實功之中，他又驗證了其實是一位非常根據「知性理性」之實學而行事的大政治家。他的為政、治軍、征伐的生涯和事業，全然不虛玄、不空疏，一點都不

馳騁形而上的逍遙齊物之心境而往而不返。事功型的陽明，是腳踏實地的傳統儒家，是從孔孟和程朱一脈傳承下來的經世濟民型的大實踐者。我們依據《王陽明全集》相關記載和文章，舉例略加明之。

（一）為民請命

　　陽明在平亂之後，關心地方恢復和治理。與傳統儒官的專注民間的治道一樣，陽明對於地方的治安、農事以及教化，非常在意，也具有其實學而來的實政、實務。

　　古代以農立國，農耕最關鍵處在於水利和氣象。一有水旱之災，政府必須努力對治拯濟。官吏之優劣往往在此顯現。明武宗正德十四年，江西大旱，陽明平定寧王宸濠的叛變之後，數次上疏陳明江西庶民遭逢戰禍、旱災以及暴政多重摧殘的慘狀而提出振濟救難的方策，其相關內容如下：

> 照得正德十四年七月內，節據吉安等一十三府所屬廬陵等縣，各申為旱災事，開稱本年自三月至于秋七月不雨，禾苗未及發生，盡行枯死，夏稅秋糧，無從辦納，人民愁嘆，將及流離。〔……〕續該寧王謀反，〔……〕就使雨暘時若，江西之民亦已廢耕耘之業，事征戰之苦；況軍旅旱乾，一時併作，雖富室大戶，不免饑饉，下戶小民，得無轉死溝壑，流散四方乎？設或饑寒所迫，徵輸所苦，人自為亂，將若之何？[75]

---

[75]　〔明〕王守仁：〈乞寬免稅糧急救民困以弭災變疏（正德十五年三月二

明武宗十四年夏，江西吉安一帶廣大範圍，遭逢久旱不雨，禾苗
盡枯，又再發生寧王造反叛亂，所以，黎民百姓，無論富戶貧家
的存活狀況，陽明引用孟子的話語而說「不免饑饉」，而多「轉
死溝壑，流散四方」。在這裏，陽明上奏之文，是以社會的實事
告訴北京當權階級實際的江西之災變實狀，而且也提出了警告，
流離失所、轉死溝壑的難民是會聚集作亂的。陽明請求那個腐敗
殘酷的明武宗宜行恤民之政以舒難民之困，才可預防發生民變之
可能性，所以，他說：

> 乞敕該部暫將正德十四年分稅糧通行優免，以救殘傷之
> 民，以防變亂之階。伏望皇上罷冗員之俸，捐不急之賞，
> 止無名之徵，節用省費，以足軍國之需，天下幸甚。[76]

陽明身為一位儒官，其憂國愛民之心，是良知本心的呈現，而他
明白江西吉安地區庶民的被災蒙禍的痛楚，則是他的知性心的客
觀和理性的認知。他提出朝廷應該免掉當地的稅糧之徵，同時，
陽明也很清楚地指出朝廷充斥甚多冗員耗費公帑，又經常有不急
之恩賞，以及沒有任何法規的苛捐重稅，這些皆是剝削、榨取民
脂民膏的暴政。陽明藉上奏之機會力諫昏君能不能突然興起一念
之仁，故為江西災難黎民請命，此處根據的是他對於時政和當地
的惡劣情勢的實務之認識。

　　當然，陽明的良知並不能喚醒、感召那個心理變態的明武

十五日）〉，收入《王陽明全集》（上）（上海：上海古籍出版社，
1992），頁 426-429。

76　同上注。

宗，陽明之請求，並無實功。亂平之後，暴君和佞臣又搞一個皇帝親擒叛賊寧王之醜劇，陽明以奏疏為表，而以痛斥暴君罪行為裏，深刻對於明朝的腐敗凶殘之暴政提出了嚴厲譴責，由其文的陳述，一方面顯出明朝是一個天怒人怨的幽暗冷酷政權，一方面則表達了陽明的本心的德性與知性雙彰的良知本義。他列舉了武宗惡政的數則罪行：

> 隨蒙大駕親征，京邊官軍前後數萬，沓至并臨，填城塞郭。百姓戍守鋒鏑之餘，未及息肩弛擔，又復救死扶傷，呻吟奔走，以給廝養一應誅求。[77]

陽明指責明武宗京官加上數萬軍隊，蟻出蜂湧而來，搞到滿溢城郭，黎民百姓剛遭殺戮，未得憩息，又要救死扶傷，痛楚哀號、求助無門地為此昏君、惡吏、暴兵而驅遣、奔命、侍侯、服役。奏疏直接控訴明朝皇帝及其統治集團的殘民之惡政實不低於寧王叛亂之凶暴。陽明這樣為人民而抗議：

> 妻孥嫠於草料，骨髓竭於徵輸。當是之時，鳥驚魚散，貧民老弱流離棄委溝壑；狡健者逃竄山澤，群聚為盜，獨遺其稍有家業與良善守死者十之二三，又皆顛頓號呼於梃刃捶撻之下。〔……〕夫荒旱極矣，而又因之以變亂；變亂極矣，而又竭之以師旅；師旅極矣，而又竭之以供饋，益之以誅求，亟之以徵斂。〔……〕又從而朘其膏血，

---

77 同上注。

〔……〕求朝廷出帑藏以賑濟，久而未獲，反有追征之令。〔……〕[78]

此一大段奏疏之文，指出壓迫殘害黎民的並非異族或土匪，相反的，殺戮迫害人民的兇徒卻正是皇帝和朝廷。被此殘暴統治階級剝削的黎民，多有被摧殘至家人離散、老弱婦孺轉死溝壑、親人淪為路邊屍骨者；另外又有較狡健的青壯，則逃入山林巨澤之內，群聚為盜。留下來的馴良小康百姓，則日日遭兇惡官兵和太監的暴力迫害而顛頓呼號，如同在煉獄之中，無有脫期，在此種慘狀之下，官府卻又來追索賦稅錢糧，這樣的明朝，就是夏桀殷紂秦皇，人人得起而誅滅之。

陽明親眼所見、親身所歷的此種政治，正是最腐敗最凶殘的君主專制政治之實際情形。漆黑一團不見天日的專制政治，兩千年前的孟子早已嚴厲指責，怒斥為洪水猛獸，認為視民如土芥的統治者，民就必視其為寇讎，人民有天命的革命權，順天應人，應該起來革命，誅殺暴君、推翻暴政。

陽明是仁愛之儒官，但他只是治道層的執行者，而非政道層的決策者，政統在內廷，皇帝不須負任何責任，若有事情，則歸罪於負責治統的外朝官僚體系，更及於黎民百姓，陽明縱許其良知中的惻隱使其不忍庶民之悲慘境遇，但由於政權歸於不合理的專制皇帝之祕窟，一位愛民的仁慈好官員亦無法施展其仁民愛物的治理。此處顯出傳統儒家一旦遇見政道之不合天理的專政，其「知性理性」的「外延性」、「架構性」的思維、認知以及依之

---

[78]　同上注。

而規劃、施行、實現之路，就無法展開。但就現實面的政治之如狼似虎的朝廷殘害子民、逼民為盜，再又加以殺戮的暴政之源頭、細節，陽明並不糊塗，他表現了實學、實務、實政的認知。

（二）邊防八政

陽明身為儒仕，他的治理觀，並非天天坐在堂上講論天理良知就可成其功效；只恃本心的良知之自明，是不充分的。必須在經世濟民的實務上，有一番實際之認識和掌握，才能濟事。關於治理的實務和實政，陽明亦呈現了本心的「知性理性」的定著於實事的「客觀性」和「架構性」之知識軌轍，而非心性式空談虛語。茲引其一篇奏疏稍以明之。

明孝宗時代，陽明為進士，於弘治十二年，他給皇帝上了一奏疏，曰：〈陳言邊務疏〉，[79]陳述其備邊、守邊的八個實政。

陽明之文一開始提到北境虜寇犯邊，實為中國大患，所以「軍情之利害，事機之得失，苟有所見，是固芻蕘之所可進，卒伍之所得言者也，臣亦何為而不可之有？」陽明表示，雖黎民百姓或兵卒行伍之微，均有其天賦的言論自由之權利，他身為進士之臣，在職責和天權而言，當然可以上言表達自己的治理邊務之方。他的八項邊疆實政是：

> 一曰「蓄材以備急」；二曰「舍短以用兵」；三曰「簡師
> 以省費」；四曰「屯田以足食」；五曰「行法以振威」；
> 六曰「敷恩以激怒」；七曰「捐小以全大」；八曰「嚴守

79　〔明〕王守仁：〈陳言邊務疏〉，收入同前揭書，頁 285-290。

以乘弊」。

由於其文甚長，此處只略舉其一、二方策來加以明之。先看陽明
提議的「蓄材以備急」，陽明曰：「臣惟將者，三軍之所恃以
動，得其人則克以勝，非其人則敗以亡，其可以不豫蓄哉？」此
處指出平時就要規劃培育禦寇敗敵的軍事作戰人才。但是，明廷
除了一二人可用之外，根本沒有足以繼承接續的將才。陽明警告
說：「萬如虜寇長驅而入，不知陛下之臣，孰可使以禦之？若之
何其猶不寒心而早圖之也！」於是，他提出了一套辦法：

> 臣愚以為，今之武舉僅可以得騎射搏擊之士，而不足以收
> 韜略統馭之才。〔……〕誠使公侯之子皆聚之一所，擇文
> 武兼具之才，如今之提學之職者一人以教育之，習之以書
> 史騎射，授之以韜略謀猷，又於武學生之內歲升其超異者
> 於此，使之相與磨礱砥礪，日稽月考，別其才否，比年而
> 校試，三年而選舉；至於兵部，自尚書以下，其兩侍郎，
> 使之每歲更迭巡邊，於科道部屬之內，擇其通變特達者二
> 三人以從，因使之得以周知道理之遠近，邊關之要害，虜
> 情之虛實，事勢之緩急，無不深諳熟察於平日；則一旦有
> 急，所以遍度而往蒞之者，不慮無其人矣。孟軻有云：
> 「苟為不畜，終身不得。」臣願自今蓄之也。

陽明建議的是成立常設的軍事人才培育學校，有規劃地訓練養成
軍事將領人才，同時，也建議國防部長和次長，須於每年都要輪
番前往邊境要塞以及戰略和戰術的前線巡視考察，而且也不是長

官一二人前往隨意看看而已，而是組織相關人員、部屬、幕僚之團隊，集體地有計劃地巡邊學習了解邊防的實況以及短中長期的規制和建設。

　　陽明提出的是國防軍備的人才和設施等實務、實政的規劃型建言，它具有實學的知識系統，是陽明的「知性理性」的表現。

　　陽明論「屯田以給食」則曰：

> 何謂「屯田以給食」？臣惟兵以食為主，無食，是無兵也。邊關轉輸，水陸千里，踣頓捐棄，十而致一。故兵法曰：「國之貧於師者遠輸，遠輸則百姓貧；近師貴賣，貴賣則百姓財竭。」此之謂也。今之軍官既不堪戰陣，又使無事坐食以益邊困，是與敵為謀也。三邊之戍，方以戰守，不暇耕農。誠使京軍分屯其地，給種授器，待其秋成，使之各食其力。寇至則授甲歸屯，遙為聲勢，以相犄角；寇去仍復其業，因以其暇，繕完虜所拆毀邊牆、亭堡，以遏衝突。如此，雖未能盡給塞下之食，亦可以少息輸餽矣。此誠持久俟時之道，王師出於萬全之長策也。

陽明年少既已學兵，所以甚悉戰略和戰術，其領兵平亂，皆以捷報，根本無敗仗的記錄。立軍屯之法以守邊禦敵剋寇進而拓疆，陽明之後，多有效法者，晚明鄭延平王入臺，即實施軍屯制開發臺灣南北兩路，現代中國亦嘗以軍屯制安定並且開發新疆，皆著其效。而由此陽明論述的軍屯制度，依其敘說內容來看，是用兵的戰略性方策，這是經世濟民的實學、實政、實務型的儒學，與心性論形上學無邏輯關係，它不是「德性知性證悟的境界」，而

是「知性理性推理的邏輯」。在此處可以清楚發現知識系統形態的王陽明，而不是只在講會時顯露的形上學家、心性論者的哲學形態的王陽明。

　　上述是就陽明上言朝廷以論救災濟民以及國防大事的奏疏來看陽明的知性心之思維和認知之表顯。再依其地方興學之文來看陽明在教化政策上的內容。

（三）地方文教的振興

　　陽明於廣西平亂後，積極提振地方文教。其例甚多，本文只能列舉一二略加明之。嘉靖六年十二月，陽明批准廣西南寧新建講堂興學，曰：

> 據參政汪必東、僉事吳天挺呈請建講堂號舍，以便生員肄業事。看得感發奮勵，見諸生之有志，作興誘掖，實有司之盛心。不有藏修之地，難成講習之功，況境接諸蠻之界，最宜以夏變夷，而時當梗化之餘，尤當敷文來遠，雖亦俎豆之事，實關軍旅之機，准如所議，動支軍餉銀兩，即為起蓋，務為經久之計，毋飾目前之觀，完日，開數繳報。[80]

明世宗嘉靖六年底，陽明率軍在廣西平亂，在兵功倥傯之際，仍然重視地方教育，所以乃有當地官吏之建請新建學校的呈文，而

80　〔明〕王守仁：〈批廣西布按二司請建講堂呈〉，收入《王陽明全集》
　　（上）（上海：上海古籍出版社，1992），頁 626。

陽明欣然批准，一方面對於有人文之心的官員加以勉勵鼓舞，且表達了他對於邊地文教的看法，他認為若無藏修之地的講堂學校以資師生聚會講學，則不能成就文教德化之功，所以支持擇地築造校舍來建立講堂，經費由其軍隊的餉銀據實報銷。再者，當地是鄰接諸蠻的邊陲，更需振興文教來修文德以來之，實行儒教來感化教育少數民族，使其等能吸收轉化為華夏之民，此即陽明的「夷狄入於爵，天下小大遠近若一」的王道仁政的思想，即「夷狄入中國則中國之」的理念，亦是孔子弘揚的「太平世」的理想主義。由此，可以見得王陽明具有經學意義的實學觀，而不只是僅僅講「心性論底良知學」而已。嘉靖七年八月，陽明再批下主辦講堂事宜的官員吳天挺報告辦理學校興辦情況之公文，有曰：

> 據參事吳天挺呈稱：「將南寧城東西二壕花利，通收府庫；支與書院師生應用，剩銀修理，仍置教官私宅號房，以為定規。」看得所呈事宜，足見該道官留心學校，興起士習之美意，俱准照議施行。但事無成規，難垂久遠，而管理非人，終歸廢墜。該道仍須置立文簿，將區處過事宜逐件開載，給付該府縣學及管理書院官各收一本存照，相繼查考舉行，以防日後埋沒侵漁之弊。仍於各教官內推舉學行端正，堪為師範者，呈來定委，專管書院諸務，訓勵諸生，庶幾法立事行，人存政舉，而今日書院之設為不虛矣。仍行提督學校官知道，一體查督舉行，及備行該府縣學官吏師生查照施行，俱毋違錯，此繳。[81]

據此，乃可清楚發現陽明在處置地方學校、書院的設施以及教育的推展等實務時，他依據的不是空泛的道德要求，他明白若無實政規章的客觀化之管理，往往滋生弊端，因此，他提出了如上引文中的規定，於此，我們看見了一位運用「行政管理學」來進行「質量並行」的治理方策的實學、實務、實政型的大儒王陽明，而不只是一位形而上學心性論的明朝大哲學家王陽明。

再來看陽明在地方上振興文教，其重視的內容是什麼。同一時期，陽明發出一份公文牌照，指示南寧府須延師講禮。其文曰：

> 照得安上治民，莫善於禮，冠婚喪祭諸儀，固宜家諭而戶曉者，今皆廢而不講，欲求風俗之美，其可得乎？況茲邊方遠郡，土夷錯雜，頑梗成風，有司徒事刑驅勢迫，是謂以火濟火，何益於治？若教之以禮，庶幾所謂小人學道則易使矣。
>
> 近據福建莆田儒生員陳大章前來南寧遊學，進見之時，每言及禮。因而扣以冠婚鄉射諸儀，果亦頗能通曉。看得近來各學諸生，類多束書高閣，飽食嬉遊，散漫度日。豈若使與此生朝夕講習於儀文節度之間，亦足以收其放心，固其肌膚之會、筋骸之束，不猶愈於博奕之為賢乎？為此牌仰南寧府官吏即便館穀陳生於學舍，於各學諸生之中，選取有志習禮及年少質美者，相與講解演習。自此諸生得於觀感興起，砥礪切磋，修之於其家，而被於里巷，達於鄉村，則邊徼之地，自此遂化為鄒魯之鄉，亦不難矣。
>
> 〔……〕該府〔……〕禮幣以申酬謝。仍備由差人送至廣

　　　　自提督學校官以次送發各府州縣，一體演習，其於風教，
　　　　要亦不為無補。[82]

此一篇陽明的指令公文，正是顯示了他依然是一位熟悉、重視禮
樂文統的傳統大儒，他重禮敦聘一位熟習禮儀、禮學、禮教的青
年儒生，使他在南寧各地方教導當地年輕人好好習禮，這種教
育，是從孔子以降，中國儒家最重要的文教德學的一環，《論
語》載孔子常引《詩》、《書》，亦常言《禮》之重要，不論是
學禮或行禮，皆是孔門的教育核心，孔子曾告訴伯魚曰：「學禮
乎？不學禮，無以立。」《論語》亦載孔子之雅言是《詩》、
《書》、《藝》、《禮》（或《詩》、《書》、執《禮》），於
此證明儒家的教化不可或缺禮教。此精神和方針，一直延續下
來，南宋大儒朱子亦最重禮學、禮教，甚至還撰述《家禮》一
書，在書中規劃了庶民百姓隆重舉行宗祠祭祖之禮。陽明禮聘了
一位初次見面的儒士，言談之下，知其明曉禮儀、禮學，遂請其
為南寧一地的年輕人講習禮之儀學，而且還特別指示當地各層官
吏必須敬重善待此位青年禮師，可證陽明的儒家思想和信念，何
止於「形而上心性論底良知德性」而已。因為禮學是貼切於日常
生活和政治與社會層次的實踐性之事物，故它是實學、實務、實
政，其中顯示的，是積極的、架構的「知性理性」，陽明於此表
現了十足的禮教和禮學的儒家傳統。

---

[82]　〔明〕王守仁：〈牌行南寧府延師講禮〉，同前揭書，頁 638-639。

（四）陽明重視社區文教德學

再進一步來看陽明在地方上的實學之舉措，除了正式學校的興復和教化之外，陽明重視「社學」的推展。

明武宗正德十五年，陽明在贛南，平亂之後，重視地方社會教化，故盡心推展社學。他發現贛州一帶的贛南地區之文教德化之風不甚淳良，所以乃有提提倡社學之舉，所謂「社學」有別於廟學、書院，而是在鄉莊社區中的教導孩童乃至成人之社會教育。陽明特別公告了「興舉社學牌」通行周知於贛南，其文曰：

> 看得贛州社學鄉館，教讀賢否，尚多淆雜；是以詩禮之教，久已施行，而淳厚之俗，未見興起。為此牌仰嶺北道督同府縣官吏，即將各館教讀，通行訪擇；務學術明正，行止端方者，乃與茲選；官府仍籍記姓名，量行支給薪米，以資勤苦；優其禮待，以示崇勸。以各童生之家，亦各通行戒飭，務在隆師重道，教訓子弟，毋得因仍舊染，習為偷薄，自取愆咎。[83]

贛州的亂局才剛剛平定，陽明視察轄區的鄉村社區的社學和鄉塾，發現良莠不齊，雖然其教學是《詩禮五經》，但地方民風習俗卻缺少淳厚之德，陽明明白主因是沒有良師在館塾中執教之故，所以指示道督、府縣主官皆應訪擇禮聘德學俱優的儒士前來教學，陽明強調隆師重道，以《詩禮五經》教化鄉社子弟，民情風俗才會敦厚。在此，可見陽明治理地方，提振社學時，主要是

83　〔明〕王守仁：〈興舉社學牌〉，同前揭書，頁604。

以儒家經典的詩禮為教材，其教學內容不是高層次的形上學心性論之良知學，而是基本禮節和知識的養成。

再看其頒示之一公文的相關內容，其文曰：

> 先該本院據嶺北道選送教讀劉伯頌等，頗已得人，但多係客寓，日給為難，今欲望以開導訓誨，亦須量資勤苦，已經案仰該道通加禮貌優待，給薪米紙筆之資。各官仍要不時勸勵敦勉，令各教讀務遵本院原定教條盡心訓導，視童蒙如己子，以啟迪為家事，不但訓飭其子弟，亦復化喻其父兄，不但勤勞於詩禮章句之間，尤在致力於德行心術之本；務使禮讓日新，風俗日美，庶不負有司作興之意，與士民趨向之心，而凡教授於茲土者，亦永有光矣。仍行該縣備寫案驗事理，揭置各學，永遠遵照去後，〔……〕將發去教條，每學教讀給予二張，揭置座右，每日務要遵照訓誨諸生。〔……〕。[84]

由此可以清楚知道陽明重視社學的精神是真正實踐師道之尊，並且真能禮聘良師，才能帶起師嚴道尊的教化之功，而其教學的重心是詩禮文章以及德行心術，換言之，尊德性道問學的周全儒學德教皆須並行而不輕忽。其主旨是養成優秀鄉民，提升地方民風，目的不是培養心學家。

陽明對地方社學的重視和推行，是他的本心知性之認定，不是臨時起意的，嘉靖七年正月，陽明批下思明府申請社學師和耆

---

[84]　〔明〕王守仁：〈頒行社學教條〉，同前揭書，頁 610-611。

老名單的公文，曰：

> 據思明府申稱：「要令土人譚勳、蘇彪加以社學師名號；
> 鄉老黃永堅加以耆老名號。」看得教民成俗，莫先於學。
> 然須誠愛惻怛，實有視民如子之心，乃能涵育薰陶，委曲
> 開導，使之感發興起；不然則是未信而勞其民，反以為屬
> 己矣。據本縣所申，是亦良法，但須行以實心，節用愛
> 民，施為有漸，不致徒飾一時之名，務垂百年之澤始可。
> 該道守巡官仍加勞來匡直，開其不逮。備行該府查照施
> 行。[85]

思明府，明時，屬於廣西承宣布政使司管轄，是少數民族與漢族
混合交錯之地區，在今廣西壯族自治區，因此，在此區推展社
學，以助文教德化，非常重要，因此，當地主官向陽明請准讓
譚、蘇兩位土著可以具有社學師名號，鄉老黃氏可以具有耆老名
號，目的是便利推展儒家詩禮文教，陽明予以照准，說明化民成
俗最先要務就是教育，並且再三叮嚀教育者對於當地黎民必須視
民如子，而對其等誠愛惻怛，要盡心盡力地地到教化德育之功
效。此種態度是使當地人民尤其是少數民族對政府和國家興發向
心力，如此才有認同感，才能真正治理。由此，可見陽明在嘉靖
七年二月平定廣西思田之亂之前的正月，仍然如此正視地方社學
的建設和實踐，這年十一月，陽明終於積勞成疾，北返途中，逝
於路上的贛南南安府。

---

[85] 〔明〕王守仁：〈批立社學師耆老名呈〉，同前揭書，頁 626-627。

　　總之，從社學的重視和推展來看陽明在地方上的實政和實務，亦可證明他在其整體的良知實踐中，是全然倚重「知性理性」的思維和行事之態度的，其精神和方向，與先秦、兩漢、宋明的其他大儒之同時注重德性與知性的雙彰以及既有理論又有實踐的形態，並無不同。

六、結論

　　欲全面掌握有明大儒陽明的總體之「良知學」及其踐履，不可僅看《傳習錄》，而必須周全深入地遍讀《王陽明全集》，不可依現代學術分類的哲學家來看陽明；王陽明不是思辯的心性論哲學家，他是中國傳統中的集經史之學和實踐事功的大儒，他的良知踐成，是本心的德性與知性的雙重彰著。若欲遵循陽明心學來修為良知，使己心本色清澈明覺，可讀《傳習錄》，但若欲明白王陽明的整體儒家的仁心德行王道，則須深入《王陽明全集》，才能攝握陽明整體的內聖外王之人格和生命。

肆

中韓知性實學義的儒家對比：
丁茶山與魏源的照面

一、中心與邊陲的辯證性

　　地理區的構成必有「中心」和「邊陲」的相對區位之關聯性，以中國言，在傳統話語中，「中原」、「中土」或「中州」等，就是所謂「華夏」的文明繁興之區，是「中華禮樂之邦」之所在，這就是「文化地理」、「政治—經濟地理」的「中心」；相對而言，在「華夏」之四方的所謂「東夷」、「西戎」、「南蠻」、「北狄」等廣大地區，則被稱為「邊陲」。

　　然而，若就文化本身而言，「中心與邊陲」的關聯，不必是死板固定的地理幾何之空間，它的意義是互相對應的，學者黃麗生就檢討了文化事物和現象之創造、流動與變遷，會使地理空間的「中心與邊陲」存在對比性之意義。有可能邊陲區的人文在某種狀況下，漸次具有原本是中心區才會有的高度，或保存了本來在中心區才有的人文內容，反而是中心區自身喪失了此人文內

容。[1]舉例來說，中國禪宗的發展，五祖弘忍之後，神秀北傳而惠能南傳，北方是唐朝之中心，神秀的北方禪甚至受到皇家巨室百官的寵重，惠能的南方禪則相對地默默在廣東、湖南、江西的山林鄉野一帶弘揚，並無政權帝王的恩澤護持，可是北禪漸次沒落，南禪則逐漸繁興。那個時代，廣大的中國南方是邊陲區域，卻將禪宗文化向上提升到中國佛教的最高峰。[2]可證「中心」或「邊陲」，具有其多面向、多層次的意義。其他實例尚有，「文化遷移」是最普遍的情形，譬如漢族因為戰亂而逐次南遷，將中原的華夏古文化帶往並保存在福建的「閩南文化」和贛南、閩西、粵東之交的邊區之「客家文化」之中，相對而言，中原地區的原本之華夏中原地區，則因「五胡」進入統治、生活，於是遊牧民族的異文化滲入中原，因而形成後來的具有新成分的華北文化。又譬如釋迦牟尼佛創建佛教於北印度恆河流域，並曾擴及全印度且散播於中亞、西亞、東亞，但在歷史變遷中，中亞、西亞的佛教早已被伊斯蘭教取代，而佛教在中心源地之印度，更早被傳統的印度教奪回其勢力，佛教早已衰弱。真正的佛教中心轉移到原屬佛教邊陲的中國；中國轉為佛教中心地區，而印度卻成為佛教邊陲地區。由此可證，文化思想的「中心與邊陲」，不由地理區位決定，而是文化思想的發展情勢決定的。

　　儒學亦同，在關鍵的時代，具有開創新典範的大儒，他不必然是在中心區域弘學傳道。滿族入主中土，顧亭林自我放逐而遠

1　黃麗生：《邊緣與非漢：儒學及其非主流傳播》，〈導論〉（臺北：臺大出版中心，2010）。

2　蔡日新：《中國禪宗的形成》（臺北：雲龍出版社，2000），頁 119-360。

走河朔，晚歲孤獨住於陝西華山之麓；王船山則隱居於衡陽以西的湘西山林之中而寂寞終老，又如朱舜水更是買舟漂泊於東亞海上，在中越的會安停留，也在日本九州長崎居住，後北上水戶，貴為德川光圀的賓師。前兩者於中華邊陲地區著書立說，成為最偉大的遺民大儒；後者則傳以中國儒家古學予德川時代的日本儒者，對日本儒學影響深遠。[3]

　　傳統時期，立乎「中國中心主義」的東亞儒學研究，習慣性地以中國儒學為中心源頭，而以韓、日、越、琉為儒學的下游邊陲，常以所謂「儒家化」而論說之，譬如說儒家入日本、韓國而使日本、韓國「儒家化」。現代，吾人已明白文化空間和文化生態的區位關係，並非如此幾何性或機械性；並非一定源頭為本而接受區為末。儒學固然源始中國，且在歷史進程中也傳播至東亞地區，可是並非具有如下的死板情形，即：中國儒家立乎核心優位，而韓、日、越、琉儒家則必只居於邊陲劣勢，須知區域的儒學有其區域特性，但並無高下價值之分；再者，日、韓、越、琉固然接受中國儒家文化和思想，但儒家進入這些地區或國家之後，它其實發生了受到當地之區域化、國家化的歷程，因此，吾人應該如此說才是正確的，即：儒學入韓、日、越、琉，而產生

---

[3]　明末大儒顧炎武和王夫之的事蹟和學問，大家已甚熟習，而明末清初還有人品高尚學養深厚的遺民型儒家，如北方的孫奇逢、李二曲，前者在河北蘇門山結寨耕學，後者在陝西華山山腳講學授徒，對於人心教化皆有影響，兩位有《集》流傳於世。而朱舜水，一般人亦多不知曉，後世亦有《集》問世，筆者有兩篇文章論朱舜水，〈朱舜水的民族志節及其海上漂泊〉、〈古學取向的朱舜水儒學〉，皆收入潘朝陽：《家園深情與空間離散——儒家的身心體證》（臺北：臺灣師大出版中心，2013），頁173-298。

了「儒學日本化」、「儒學韓國化」、「儒學越南化」以及「儒學琉球化」的狀況。就此點而言，地理上的中心邊陲之空間性，就沒有確然性或決定性的優勢或劣勢可言。

東亞文化思想的大結構和脈絡，儒學是一個顯著深厚的主流之一，以中韓兩國而言，在歷史上，特別是韓國的朝鮮王朝時期（1392-1897），以朱子學為文化思想學術主體，而在朝鮮王朝的同時，是中國的明清時代（明 1368-1644、清 1644-1911），在中國，則以心學、理學為主軸。然而，縱然如此，就儒家文化思想和學術言，韓國的朝鮮王朝時代，仍有陽明心學的傳入與鼓吹，[4]亦有經世實學的倡導以及西學的輸入和吸收；清朝的中國亦然，朱子學成為朝廷的政教意識形態，文字訓詁考據學（所謂「清朝漢學」或稱「樸學」）成為顯學，但同時亦有經世實學和西方傳來的自然人文科學及哲學思潮。

東亞儒學研究，宜放棄思想流動的中心邊陲觀或上源下游觀。而歸返國家民族的平等性和特立性，從這個立場，以「對比的研究」來詮釋各自的儒家的思想和學術。基於此種取徑，中韓兩國的同一個時代的重要儒家的思想和學理的對比詮釋就會甚有意義，因為他們的思想學理，一方面有縱貫性，即有其從歷史傳

4　韓國陽明心學始於鄭齊斗（霞谷，1649-1736），其時在中國是清初盛世時代，但由於朝鮮王朝以朱子性理學為主體，極端拒斥陽明學說，鄭齊斗晚歲退居江華島，在島上傳陽明心學，十分艱辛，至十九世紀和二十世紀，陽明心學有朴殷植（柏庵，1859-1925）及鄭寅普（為堂，1893-1950）提倡宣揚。見鄭仁在：〈韓國江華陽明學‧導論〉，收入鄭仁在、黃俊傑主編：《韓國江華陽明學》（臺北：臺大出版中心，2005）。

統而下的淵源；一方面則有其橫通性，即受到當代思潮影響。因此，吾人宜注重中韓兩國的儒家的縱橫結構之下的特性之對比，由此可顯出兩國的儒家思想之性質。

二、十八、十九世紀朝鮮王朝後期與清朝乾嘉道的時代狀況和思潮

朝鮮王朝的國祚甚長，由西元一三九二年至一八九七年（1392-1897），若對照中國歷史，則那一大段時間幾乎縱貫了中國的明清兩朝，即明之一三六八年至一六四四年（1368-1644）和清之一六四四年至一九一一年（1644-1911）。十八、十九世紀，是朝鮮王朝逐漸步入動搖變異之晚期，而正好也是清朝從康雍乾之盛世走入開始衰敗墮陷之嘉道年間。兩國具有相當程度的波動不平之雷同性。

（一）朝鮮王朝後期的時代狀況和思潮學風

朝鮮王朝到十七世紀、十八世紀，接連有戰禍、政爭、造反、社會經濟的變動、財政困頓以及兵制改編等等動亂不安之狀況，「兩班」與農民的清楚嚴屬的階級差異逐漸崩解，「兩班」離散衰頹，奴婢制度也明著地動搖，平民的政治經濟社會地位則漸次提升解放。另外，在學術和知識方面，十八世紀前半期，韓人從清朝帶回西學之書，包括火炮、天文、科技、地圖、望遠鏡等之記載及撰述，使知識分子驚嘆不已，且傳進歐洲人的《時憲曆》、《幾何原本》等新學，對於農業、學術、醫術之影響甚大，且擴大了朝鮮知識菁英的世界觀以及實證主義的研究方法的

認知。[5]

　　十八世紀末葉，甚至連天主教也進入朝鮮，在京城和地方均有信徒，這對於以朱子儒學為國家政教主體的朝鮮王朝而言，是十分嚴重的文化異化之現象，許多南人系統的「兩班」、學者、才俊成為天主教徒，只有最重儒學傳統的慶尚道以及中央的「兩班」、儒士，比較拒斥洋教，而不改宗天主教信仰。天主教何以傳入且能擴充其教會？學者指出：「天主教對處境不幸或苦難的庶民，甚至想擺脫身分桎梏的奴婢與賤民階層，相當具有號召力。並且正面挑戰了儒家的倫理道德規範，造成社會組織的解體。傳統的父子、君臣之義以及男女差別與社會貴賤的階級意識，都被天主教帶來的平等觀念打亂。」[6]

　　朝鮮王朝的後期，隨著上述的政治社會思潮與宗教的變異，儒家學術的特性，亦隨之而有顯著的改變，其中，有異於朱子儒學的「實學」漸漸地振興起來。學者指出「壬亂」、「胡亂」以後，社會既有體制崩壞，朱子性理學對於這個危機無法提出任何有效的解決之方，於是強調經世的實學，遂告興起。[7]主張實學的儒者一方面對官僚體制、土地制度、奴婢制度做全盤的批判，一方面也對社會危機提出改革方案。

　　朝鮮實學儒家可以分為三個學派，一是注重政治、社會、經濟等制度之考究與改革的「經世致用派」，此派以柳馨遠、李瀷

5　朱立熙：《韓國史：悲劇的循環與宿命》（臺北：三民書局，2011），頁 141-142。

6　同上注，頁 142-143。

7　簡江作：《韓國歷史與現代韓國》（臺北：臺灣商務印書館，2005），頁 127-128。

為主的南人系統，以居住於近畿農村的學者為中心，彼等始於十七世紀末至十八世紀前半葉創導實學；一是注重工商業、生產技術之考究與改革的「利用厚生派」，此派以朴趾源為主的在京南人、少論系學者為核心，彼等主導了十八世紀後半葉至十九世紀中葉的實學；一是注重經書、金石、典故之考證的「實事求是派」，此派以金正喜為中心的在京任官的學者為主，彼等主導了十九世紀近一世紀的實學。[8]

經世致用派創始人柳馨遠，終身在農村，他深悉農民因為土地制度不合理的弊害之痛，於其著作《隨錄》中指責社會之不公平不正義，而提出匡救之策，主張田制改革，要求公平課稅和徵役，實施俸祿制，廢除身分、職業世襲，實行貢舉制等方案。其學為李瀷繼承，並傳承給門人和族親，造就不少賢儒，如史學有安鼎福，地學有李重煥、尹東奎，經學有李秉休、李孟休，西學有李家煥、李蘗和權哲身等。而傳到茶山丁若鏞則集其大成。丁茶山被視為與柳馨遠、李瀷同為重農主義的制度改編論者。[9]同時，茶山又是天主教信徒，因此受到宗教迫害而被流放。

（二）中國乾嘉道（十八、十九世紀）時期的時代狀況和思潮學風

基本上同一時期的清朝中國的情況如何？可以對比朝鮮王朝而有以明之。乾隆（1735-1796）承康熙雍正兩朝（1661-1722，1722-1735）近八十年的承平富強之國勢，在其前期，仍能勤政

8　同上注，頁 128。
9　同上注，頁 128-129。

奮發，故清朝的盛世可謂長達百年。然而，乾隆晚年驕奢荒誕，揮霍無度，倦怠國事，寵信貪婪無饜的奸臣和珅，政治日趨腐敗而社會對立愈顯激化。乾隆六十年（1795），湘黔苗族和川陝白蓮教暴動造反，這兩大叛亂使清朝盛世劃下了句點。從此進入嘉慶（1796-1820）、道光（1820-1850）以降的衰亂之世，內憂外患接踵而至。中國兩千多年的專制政治至清中葉，亦即從十八世紀下半葉到十九世紀末，已經成為強弩之末，引起了政治、經濟、社會全面崩解的危機。官僚體系墮落成「總體性腐敗」，庶民百姓則沈淪成「全民性饑饉流離」，而在國際關係方面則面對西方資本主義的強勢力之入侵而塌陷為「全盤式的國防喪失」。[10]

　　史家錢穆分析了清中葉乾嘉道三朝衰敗的緣由，有下述四點。[11]

　　1.帝王精神，一代不如一代：乾隆好大喜功，不如雍正之勵精圖治；雍正刻薄，不如康熙寬仁。

　　2.滿族官僚日益貪污腐化：滿族戒心日懈，劣性日顯。以大貪官和珅為例，他為相二十年，其被抄家產，珍珠串二百餘，大珠大於御用冠頂；寶石頂數十，整塊大寶石不計數；藏金錢、衣服逾千萬；夾牆藏金二萬六千餘兩，私庫藏金六千餘兩，地窖埋銀三百餘萬兩。時人謂其家財可抵全國歲入十年以上。諺有曰：「和珅跌倒，嘉慶吃飽」。而當時的各省和邊疆大吏亦貪黷成風。

10　馮天瑜、黃長義：《晚清經世實學》（上海：上海社會科學院出版社，2002），頁46-85。

11　錢穆：《國史大綱》（下冊）（修訂本）（臺北：臺灣商務印書館，2014），頁865-871。

3.漢人志節日衰，吏治日窳：洪亮吉嘉慶四年疏，說：「十餘年來，士大夫漸不顧廉恥。有尚書侍郎甘為宰相屈膝者；有大學士七卿之長，且年長以倍，而求拜門生為私人者；有交宰相之僮隸，並樂與抗禮者；太學三館，風氣之所由出，今則有昏夜乞憐，以求署祭酒者；有人前長跪以求講官者。〔……〕士大夫之行如此，何以責小民之誇詐貪緣？輦轂之下如此，何以責四海九州之營私舞弊？」曾國藩也嘆：「十餘年間，九卿無一人陳時政之得失，司道無一摺言地方之利弊。」此是指出志節之衰敗。次說官之貪腐，洪亮吉曰：「三十年以前，守令之拙者，滿任而歸，或罷任而返，其贏餘雖不多，然恆足以溫飽數世。今則連十舸、盈百車，所得未嘗不十倍於前，而不十年，不五年，及其身已不能支矣。」再說吏之凶惡，洪又說：「吏胥為官者百不得一，登進之途既窮，營利之念益專。世門望族，以及寒畯之室，類不屑為。其為之而不顧者，四民中之奸桀狡偽者耳。〔……〕一室十餘口，皆皆鮮衣飽食，咸不敢忤其意，官府亦畏之。官欲侵漁其民，未有不假手吏胥者。〔……〕家之入於官者十之三，入於吏胥者已十之五矣。〔……〕今州、縣之大者，吏胥至千人，次者七、八百，至少一、二百人。大率十家之民不足以供一吏，至有千吏，則萬家之邑亦囂然矣。〔……〕」劉蓉曰：「天下之吏，未聞有以安民為事者，而賦斂之橫、刑罰之濫，朘民膏而殃民者，天下皆是。」天下幾何不亂？

4.戶口激者，民間經濟情形轉壞：乾嘉之時代中國人口激增，農戶田畝相對愈少，住屋之土地亦愈逼窄，米價和其他物價也愈來愈加昂貴，民生愈見困苦。

基於上述四因，乾隆末年，民變已經數見不鮮，有少數民族

之叛，亦有教民之亂，又有海寇，到道光末年，遂有洪楊太平天
國之亂。

　　梁啟超指出雍正將明末清初的西學斬絕，而雍正、乾隆又大
興文字獄並且焚燒許多著作，此兩位清帝最猜忌防範當時的讀書
人之自由思想，於是學者的聰明才智只有全部用於注釋古典。再
加上自康雍以來，朝廷提倡程朱理學，因此，民間，特別在江
浙，知識分子就以反宋學為其意識而標舉了名為「漢學」的訓詁
考據學來加以對抗。而且稍為時髦一點的闊官乃至富商大賈，在
附庸風雅之下，也紛紛護持當時的大批考據學者，因此，訓詁考
據學遂為清三百年之顯學。[12]

　　然而，如同上述，承平六十年的乾隆盛世已經向嘉道以降的
衰世陷落，於是產生了一批以治國平天下為己任的儒士，他們不
願從事純粹的古籍考據或玄理思辯，他們甚至也輕視以朱子學為
官定版本的科舉之路，而關心活生生、充滿矛盾的現實社會，且
把眼光轉向先秦古典以及西來新學和世界國際之內容，因此之
故，在官方朱子學和主流的訓詁考據的「漢學」之外，沈寂了百多
年的經世致用的以「知性理性」主導的實學之風乃再度興起。[13]

三、丁茶山與魏源的知性實學

　　朝鮮的丁茶山（1762-1836）和清朝的魏源（默深，1794-
1856），是同一時代的儒家，面對彼時的東亞局面有其共通之

12　梁啟超：《中國近三百年學術史》（北京：團結出版社，2006），頁
　　22-26。
13　馮天瑜、黃長義，同前揭書，頁64。

處，一則是儒學主流，如作為官學主體的朱子學已然僵化，而傳統的經學（漢學，即訓詁考據之學）也已瑣碎化，且脫離了經邦定國、拯民濟世的儒家本質；一則是歐西學術和思想已東來入亞，無論清朝或朝鮮的靈敏開通的儒士皆能正視之而嘗試吸收而將傳統與現代予以融合。丁茶山和魏源，是此中具有代表性的重要儒者，本文謹以此兩大儒略加明之。

（一）丁茶山

丁茶山，名若鏞，茶山是他的號。朝鮮王朝重要的實學思想家，他「自幼希學聖，中歲漸希賢」，著作弘富，涉及經學、政治、經濟、法制、史學、地學以及醫學藥學等。是一位朝鮮王朝跨十八世紀至十九世紀的重要博學家思想家。儒學界咸認茶山是朝鮮的實學思想集大成者，他繼承李瀷、權哲身之經世學派的實學傳統，又橫向吸收明清實學和朝鮮北學派之學，再接受天主教義以及歐西之學。茶山提出「興我舊邦」、「為天下國家」，揭舉土地制度、行政制度、科學技術等各種社會政治制度的改革方案，其中蘊含「按勞分配」、「牧為民有」等啟蒙思想，其民權思想亦受到後人之推崇。[14]如此等等之學，皆是以「知性理性」為首出的科學思維取向。

一般視丁茶山的學術屬於「實學」，學者崔英辰對於「茶山實學」有所分析詮釋。崔氏首先說出茶山時代的朱子性理學仍是顯學，性理學者對於佛老之道而標榜自己是「實」，而佛老是「虛」。當時的性理學之所謂「實」，「指的是現實生活中的

---

14 引自 https://zh.wikipedia 丁若鏞條。

『日用平常道理』，而且它具有形而上的基礎，即認為『君臣之義』、『夫婦有別』的人倫以及吃飯、穿衣等日常生活中均有天理顯現。這反映了宋代士大夫即不脫離日常人倫，又追求更高層次、絕對價值的理想境界。」[15]此處指性理學家是以人倫常規和日常生活的踐履儒道就是「實」。而崔氏也進一步說明十七世紀到十九世紀是實學者主要的活動期間，他們不只是從哲學的角度致力性理學的研究，而且也根據朱子的經世論提出了土地制度、身分制度等的改革主張。然而，在同樣的時期，卻也有與性理學者分轍的學者，他們與謹守朱子學的儒家不相同，如許穆就不同於當權的老論派以《朱子注》、《朱子全書》、《朱子語類》為典範，而是試圖上溯《六經》來找出原初的儒學真義，而有一種復古的傾向。譬如老論學者仍然依賴《朱子家禮》以論禮，但許穆卻追索《禮記》、《周禮》、《儀禮》以詮釋禮。而茶山就傳承了許穆的學脈。崔英辰認為其脈絡是退溪→鄭述→許穆→李瀷→權哲身→丁若鏞。[16]

　　若就中國明末以降的經世實學的治學取徑而言，他們仍然有宋明儒學的素養，但卻不限於狹義的宋理學和明心學的為學之方，就儒家本身言，他們主張應該且也是力行上追孔孟《六經》原典來直接認識詮釋。對比來看，丁茶山亦然，他對儒家經典的理解，雖然也有朱子性理學的線索，但也不受宋理學的較狹窄之支配，他提出「洙泗舊觀」，就是經由批判朱子的注經內容而主

---

[15] 崔英辰：《韓國儒學思想研究》，邢麗菊譯（北京：東方出版社，2008），頁 300。

[16] 同上注，頁 300-302。

張回歸孔子的本位精神。[17]如同清朝中葉經世實學家的態度，茶山不滿宋明儒學，也不喜歡乾嘉考據學，他一方面開放而吸收西學，一方面對於經典的認知，也上溯先秦孔孟，他不依宋明儒的形上學之詮釋或考據訓詁學家的文字學層次之敘述，而是依經史而解經，更依自己之心來理解古籍，在其中，亦有了西方移入的一些新觀念新認識，而成為其學的內容。茶山一方面是上溯原典而自己進行經典釋義的「古學者」，一方面他又是信仰天主的基督宗教徒，所以，他的儒家古典的理解，明顯與傳統性理學者或訓詁考據學者不同。

此處謹舉茶山對於孔子的天命觀或天觀，來說明他對於孔子的特別之認知。學者琴章泰特別詮釋了茶山的孔子天論。茲陳述之。

《論語》載，子曰：「莫也知我夫！」子貢曰：「何為其莫知子也？」子曰：「不怨天，不尤人，下學而上達，知我者，其天乎？」[18]如果依宋儒性理學的思想來理解這個「天」，就只是無情感無心靈的「天道」、「天理」。[19]然而，顯然孔子的天觀不只是顯現為「理天」、「純理天」、「但理天」。

茶山理解孔子此句話的「莫也知我夫」的嘆息，並非孔子抱

17　琴章泰：〈《論語》的詮釋與茶山的人格論〉，金海鷹譯，收入黃俊傑主編：《東亞視域中的茶山學與朝鮮儒學》（臺北：臺大出版中心，2006），頁1。

18　《論語‧憲問》。

19　程朱對於孔子此嘆之天，說為「天理」，今人蔣伯潛則說為「天道」。若只是「道理」，孔子奈何對著它而呼求、慨嘆？且孔子體證的這個「天」，是「能知」的，所以帶有清楚深沉的宗教義。

怨別人不知道他的道或學，茶山以孔子另一句話來證明孔子所嘆
的「莫也知我夫」的重點，是「不患人之不己知」，[20]而是以
「知我者，其天乎？」作為結論。所以，茶山將孔子說的「不怨
天，不尤人」解釋為「心之密功，非人所知」。這樣的體認，就
有將修養功夫歸返於心之密契於天的意味，帶有佛門禪淨或基督
教的默禱之義。再者，孔子說的「下學而上達，知我者，其天
乎」的下學上達，孔安國認為是「下學人事，上知天命」，把
「上達」理解為「知天命」。（孔子說他五十知天命。[21]）然
而，顯然這句話不應如此理解，因為此句的重點，根本是「天知
道孔子」，而不在於「孔子知道天」。茶山認為這句孔子的話
語，是孔子從孝弟忠信的學習和實踐開始，不斷提高人格的養
成，最後上達於天，這就是孔子的「事天」，上天由此而知孔
子。此種認知，很類似基督教強調的上帝因耶穌愛世人上了十字
架為世人犧牲而懷抱基督一樣的「神啟」。茶山又舉孔子另一句
重要的贊嘆上天的話語來表達此層意思，他舉出「天」是「無
語」的，關於「不言之天」，出自孔子這句：「天何言哉？四時
行焉，百物生焉，天何言哉？」完整章句是這樣的：

> 子曰：「予欲無言。」子貢曰：「子如不言，則小子何述
> 焉？」子曰：「天何言哉？四時行焉，百物生焉，天何言

20　此句出自〈學而〉，子曰：「不患人之不己知，患不知人也。」尹氏注
　　曰：「君子求在我者也。」

21　孔子自述自己的生命修為過程：「吾十有五而志於學，三十而立，四十
　　而不惑，五十而知天命，六十而耳順，七十而從心所欲，不逾矩。」
　　（《論語‧學而》）。

　　哉？」[22]

　　這是一句非常重要的關於孔子「事天」之章句，而宋儒卻是拉到「天理流行」的存有論上來理解，朱子就解釋說：「學者多以言語觀聖人而不察其天理流行之實有不待言而著者。四時行，百物生，莫非天理發見流行之實不待言，而可見聖人一動一靜莫非妙道精義之發亦天而已，豈待言而顯哉！」[23]朱子居然不解釋天何以「不言」，也將孔子明明指示弟子們去觀察體會天地自然環境的生生不已流行不息的生態律，以此健行之生態來體會上天的「不言之大言」，但朱子卻加以扭轉而說這是觀聖人之境界和氣象。於是此句話語，在宋儒的理解中，變成了是孔子的聖人典範之形容，變成轉一個彎來歌頌孔子的章句。然而，事實上，這句話語的重點在於「天不言」和「四時行焉，百物生焉」。換言之，真理和教化，不是通過言語的，而是通過上天的啟示和模範來表顯的，上天不言，就是「淵默雷聲」之啟示；而四時行百物生，就是天地自然生生不息的恆常性模式，人們應從這個層面來加以證悟，此才是學習。茶山有曰：「但以天道驗之，日月星辰之運而四時不錯，風雷雨露之施而百物以蕃，亦默自主宰而已。若但以理之發見而言之，則理本無知，雖欲言語，得乎？」茶山的詮釋顯然是不同意宋儒的但以「理」的說法，他認識的孔子的天，是「默自主宰的天」，這是帶有明顯的從中國上古傳下來的超越性且具有神聖意志義的「宗教性天」，此層次或性質的天，

22　《論語·陽貨》。
23　朱子：《論語集注》。

在孔子的心靈生命人格中是甚重要的，在《論語》中，筆者檢核了一遍，關於與孔子相關的天或天命之章句，有十四條，而其中多達八條是此種具有終極性神聖性的「宗教性天」。茶山跳脫宋儒性理學的詮釋，而直接上追先秦孔子的本質，故有接近於古義的理解，當然，此或亦與他是天主教徒的宗教情操有關。學者琴章泰特別說：「儒教即是通過『模範』，而非『言語』對人們進行啟示。若說基督教是一種『啟示的宗教』，儒教則稱得上是『模範的宗教』。」[24]

學者鄭仁在敘論了茶山的學術思想，他指出學界對於茶山之學的定位，有兩大派，一是將茶山視為純粹的儒學繼承者，也就是上追「洙泗學」，即孔子學之原初本質，此是內在於孔子之道的發展論，另一是認為在西學（天主教）的影響下，茶山的學術信仰轉向了非性理學的實學。再者，茶山亦是一種橋樑型學者，他連接了儒學和西學，所以有學者視茶山之學為「改新儒學」，亦有學者認為茶山之儒學為「事天之學」，更有學者視茶山之學為「靈肉哲學」。[25]鄭氏自己更提出他對於茶山學本質的深刻詮釋，他說：

> 茶山以本源儒學為立足點對西學進行吸收借鑒，開創了新儒學。〔……〕他把性理、訓詁、文章、科舉、術數等五門學科視為儒學的障礙，並試圖超越訓詁學，復興孔孟時期

24　琴章泰，同前揭書，頁 5-6。
25　鄭仁在：〈西學和丁茶山的「性嗜好」學說〉，收入黃俊傑主編：《東亞視域中的茶山學與朝鮮儒學》（臺北：臺大出版中心，2006），頁177-178。

的本源儒學，還儒學以本來面目。〔……〕這種熱情與文
藝復興時期人們渴望重燃古希臘精神的心情非常相似。[26]

鄭氏點出茶山的新儒學，其實質就是超越宋明清儒學而直接溯源
孔孟原始儒家，此種性格類似學界所言「古學」。而謂此種溯返
古代的學風，類似歐洲之文藝復興運動，此則與梁啟超以文藝復
興運動來界定清儒之反宋明性理心理學之學風，有其相同判斷。

　　然而，鄭仁在對於茶山儒學之詮釋不僅止乎此處。他進一步
申論說：

> 茶山並未駐足漢代經學的領域，他的行為在某種程度上與
> 利瑪竇試圖用西方補儒論瓦解性理學（內在儒學），以期
> 復興原始儒學（超越儒學）的行為是一致的。正如我們在
> 《天主實義》中所見，茶山不僅為《詩經》、《書經》中
> 的「天」釋義，還否定了四書中以朱子學為基準所作的注
> 釋，並提出自己獨到的見解。〔……〕茶山因此成為推翻
> 朱子學內在世界觀（即「理氣論」），引入超越世界觀
> （即「天論」）的唯一一位東亞思想家，茶山學中融彙了
> 西方哲學（繼承亞里斯多德的湯瑪斯・阿奎納斯的神學和
> 哲學思想）。[27]

據此，茶山的儒學觀是將古儒的宗教型的終極和超越關懷與歐洲

26　同上注，頁 178。
27　同上注，頁 179-180。

天主教的天主之義加以會通而建立了古代儒學本有的超越性
「天」之體證之學。顯然這個取徑是宋明儒將孔孟之仁道過分內
在化之性學和心學之路中比較欠缺而已遺忘的古儒之重要精神。
其實，中國儒家的「天」，有三種，即意志天、德性天、氣化
天。茶山從天主教義或神學中獲得思維靈感而重新喚醒了先秦原
始儒家的帶有超越性和神聖性之「意志天」義。

再者，茶山認為儒家的原始經典的精神是為了經邦治民的，
譬如茶山對於《詩經》的認知，與清儒或宋儒是很不一樣的，學
者沈慶昊撰述了丁茶山的「詩經論」，他就敘述了茶山主張《詩
經》所以存在之目的是提供給君主治國理民的，沈氏提到：「丁
若鏞主張〈國風〉與二〈雅〉中作詩的意圖與用詩的方法，與
『對君主的諷諫』有所關聯，因此對朱熹將〈國風〉定義為民間
歌謠的觀點進行了批判，在重視『作詩』的意圖的同時，將諷刺
的對象限定於君主。丁若鏞並列舉出《春秋左氏傳》中的賦詩全
都是『公家之事』，全然未見與閭巷卑微之民相關的內容，作為
其立說的論據。」又說：「丁若鏞認為『微賤之民』的詩是不值
得採集整理的，他之所以認為不能將〈國風〉視為民間歌謠的積
極理由，即是認為〈國風〉通過『託意微言，陳善閑邪』，達到
一種『感發善心，懲創逸志』的效果。」再又說：「丁若鏞認
為：諷人主的主體是《孟子‧離婁篇》中出現的『大人』。
〔……〕『大人』階層與『微賤之民』是有所不同的，根據丁若
鏞的見解，〈國風〉中的詩都是『大人』為實現『一正君』的職
責而創作和使用的」。最後，沈氏說：「丁若鏞以《尚書》只提
及王公之事，《春秋》褒貶並未涉及人民的事情為依據，指出

《詩經》中所涉及者非關人民，而是涉及國家大事的。」[28]以上徵引學者沈慶昊一大段論述丁茶山的「詩經論」，認為茶山對於《詩經》之理解，不是庶民百姓的採風，也就是說不是一般微人細民的文學或歌詩，而是給君主治理國家大事的重要參考和導引，無論全套《詩經》是否就一定只是統治者的經邦治國之經典，但此處反映的則是丁茶山是以經世濟民的實學觀來認識體會先秦原始儒典。

（二）魏源

　　魏源，字默深，清朝湖南邵陽人，他的一生是在清朝由盛而衰的時代。乾隆五十九年（1794），魏源出生，次年，乾隆禪位給嘉慶，乾隆的清室已急速腐敗，嘉慶在位的二十五年期間，中國亂事，特別是教亂，可說無年無之。鴉片戰爭期間（道光二十年至二十二年，1840-1842），清廷屈辱之下被迫簽訂第一個不平等條約之《南京條約》，魏源正在揚州，近戰事中心甚近，憤外侮之日亟，遂發憤著書。其晚年又見太平天國之成立，至其逝世（咸豐六年，1856）時，太天軍已佔據南京。在魏源生活的時期，清帝嘉慶、道光、咸豐，大多優柔懦弱，不如開國的康、雍、乾的英武明察，且政府機構也已腐爛紊亂，綱紀廢弛，貪污橫行，列強入侵，國事已經日壞。此時，奉為正統學術的漢學（樸學）之聲韻訓詁、名物制度、曆算地理等考據學，因與國事民命毫無關係，此輩學者亦對之家國天下毫不關心，故漢學之無

28　沈慶昊：〈丁若鏞的《詩經》論與清朝學術的關係〉，金海鷹譯，收入黃俊傑主編：《東亞視域中的茶山學與朝鮮儒學》（臺北：臺大出版中心，2006），頁 144-146。

用，並不下於科舉之工具的朱子性理學，於是一批新興青年學者，憂時勢之迫切，感漢學之腐朽，於是對於考據學之漢學，失其信仰，於是經世實學遂從此而興起。魏源就是此種關係清中末葉的自強中興的政治、學術運動之經邦安民之實學的健將。[29]

魏源學術思想的核心動力，來自「今文經學」的《春秋公羊學》。茲據學者何信全的論著略以陳之。

清代學術思想有三條脈絡，一是清初遺民儒家之學，如王船山、黃梨洲、顧亭林等大儒的經史大義之學；二是乾嘉時期的「漢學」，即考據學；三是道咸以降的今文經學。今文經學是晚清學術思想主流，魏源就是此學脈中的大儒。[30]

清朝今文經學源自「常州學派」。常州之學開創於莊存與（康熙五十八年至乾隆五十三年，1719-1788），莊氏是乾隆時進士，正逢考據學的黃金時代，但不屑於治考據學，批判此種字紙考據，於時務無補，他治學著重於推求儒家《六經》大義，均有著述，其中最重要的是《春秋》研究，以《公羊傳》為主，採董仲舒《春秋繁露》與何休《公羊解詁》互為印證而闡明《公羊春秋》的微言大義，由此，認定孔子志在經世濟民，而非單純的治理學術而已。[31]

發揚莊氏今文經學者有劉逢祿（乾隆四十一年至道光九年，

---

[29] 齊思和：〈魏源與晚清學風〉，收入周陽山、楊肅獻主編：《近代中國思想人物論——晚清思想》（臺北：時報出版公司，1980），頁 193-195。

[30] 何信全：〈龔魏的經世思想〉，收入周陽山、楊肅獻主編，同前揭書，頁 171-172。

[31] 同上注，頁 173-174。

1776-1829），劉氏是莊存與之外孫，其子莊述祖之外甥。劉盡
得莊氏之學且加以發揮，他主張學者應上求孔子之道，而此道備
乎《五經》，《春秋》則是其中筦鑰，孔孟強調「撥亂反正」，
其旨以《春秋》為中心，故今之儒者研習儒學，不在性理學或文
字考據，而應該是在《春秋》，其要則在《公羊傳》和董生與何
休之詮釋。他認為應由董何之言以解《公羊》，由《公羊》以通
《春秋》，而從《春秋》更推求《五經》而掌握並實踐孔子的微
言大義。劉逢祿之觀點遂確定了「常州學派」的發展方向。晚清
的實學儒家就是依據「常州學派」的《公羊春秋學》的「微言」
來弘揚當時的與經世圖強的心志和思想有關的原始儒學，而有別
於從宋傳下的性理學和清盛世的乾嘉漢學。[32]

　　莊存與到劉逢祿的公羊春秋學之中心思想是什麼？主要是發
揮申論了何休《公羊解詁》的「三科九旨」。何休釋曰：「新
周，故宋，以春秋當新王，此一科三旨也；所見異辭，所聞異
辭，所傳聞異辭，此二科六旨也；內其國而外諸夏，內諸夏而外
夷狄，此三科九旨也。」此一科三旨，即「通三統」；二科六旨
即「張三世」；三科九旨即「異內外」。何信全再進一步闡釋，
說明何休「三科九旨」之觀念源於董仲舒。

　　「通三統」：董生云：「春秋上絀夏，下存周，以春秋當新
王。」依董生，王者受命，應存二王之後，周存殷之後於宋；存
夏之後於杞，以通三統。「三統」之說，實寓孔子以來儒家主張
的「讓國」之義，儒家主張賢人政治，反對以暴易暴，極推許堯
舜禪讓，新王以賢能登位，是受之於天，而非武力征伐而來，孔

32　同上注，頁174-175。

子修《春秋》，既為新王立法，故上紬夏（按言夏即含殷），下存周，而以春秋新王成為「三統之通」。

「張三世」：董生云：「春秋分十二世以為三等，有見、有聞、有傳聞；有見三世、有聞四世、有傳聞五世。」何休據此而進一步闡述：「於所傳聞世，見治起於衰亂之中，用心尚麤觕，故內其國而外諸夏，先詳內而後治外；於所聞之世，見治升平，見治升平，內諸夏而外夷狄；至所見之世，著治太平，夷狄進至於爵，天下遠近若一。」依此，則孔子修《春秋》，據所傳聞、所聞、所見之不同，而將二百四十年分成三個進化階段，從據亂世而升平世，再由升平世而終臻於太平世之理想境界。

「異內外」：即何休所言的「內其國而外諸夏，內諸夏而外夷狄」，以時間言，是「張三世」，是歷史進化；以空間言，則是「異內外」，是地理差異。[33]

嘉慶二十年（1815），魏源二十二歲，到北京，始得結交認識當時大儒碩學，此時，他除問學漢學、宋學之名家，更從劉逢祿受《公羊春秋》，結識了也受學於劉逢祿的龔自珍（1792-1841）。

魏源青少年時期，其實已學習了當時的顯學，對於宋理學和明心學以及乾嘉漢學，皆能通曉。但是因為他追從劉逢祿吸收了「今文經學派」亦即「常州學派」的《春秋公羊家》的「三世論」之經世主義之實學，因此，魏源由《公羊》之實學而見到道咸年間嚴重的社會危機，也感悟漢宋之學之無補於世，他鄙視不關心世事的考據家，也對性理學者之死守朱子之注釋，甚表不

---

[33] 同上注，頁 175-177。

滿。他在其著作中表達了他的反對空疏和瑣碎之當代學術而主張
經世治國濟民的實學態度。魏氏說：「王道至纖至悉，井牧、徭
役、兵賦，皆性命之精微流行其間。使其口心性，躬禮義，動言
萬物一體，而民瘼之不求，吏治之不習，國計邊防之不問，一旦
與人家國，上不足制國用，外不足靖疆圉，下不足蘇民困。舉平
日胞與民物之空談，至此無一事可效諸民物，天下亦安用此無用
之王道哉？《詩》曰：『監觀四方，求民之莫。』」[34]由此，吾
人可見魏源的實學精神來自《公羊》今文經學的注重學術是政道
治道之大用，而非所謂「純粹知識」，他特引《詩》，亦可見在
魏源治學之路上，《公羊春秋》，只是一個動力源，但卻不是只
專注《公羊傳》的一曲專家，他有其廣博深刻的經世實學家的規
模。

　　學者陳其泰、劉蘭肖對於魏源之學思的淵源和推拓，有深入
的看法，他們說：「魏源在提出社會改革主張，歷史著述和倡導
了解外國的迫切要求，介紹世界史地知識方面，都有重要貢獻，
顯示出公羊學派在學術見識和具有行動意義的社會政治主張上，
都具有古文學派無法比擬的敏銳眼光、創造才能和恢宏氣概。他
們的確比樸學家們站得更高，提出的問題更加深刻，這就大大壯
大了公羊學派的聲威，為晚清今文學掀起更大規模的學術波瀾和
發動維新變法運動準備了條件。」[35]魏源的常州學派源流，使他
能有開放以及實學的心胸和眼界，一方面對於中國古代儒家經史

---

[34]　魏源：《魏源集》（一）（臺北：漢京文化事業有限公司，1984），頁
　　36。
[35]　陳其泰、劉蘭肖：《魏源評傳》（南京：南京大學出版社，2006），頁
　　239。

之學有其素養，更能學習吸收西學成為中國學術之一個新成分，而治中國古學以及現代西學之目的，又非樸學家的固執封閉之心態，而是希望能夠為當時清朝日非之國事提供挽救重振之大方針。學者認為魏源之學術思想給晚清變化更革之運動先作了準備。

陳其泰和劉蘭肖更指出十八世紀末葉至十九世紀前葉正值清朝進入衰弱的時期，魏源在那個時期扮演的中國實學型儒家之特色。他們說：

> 魏源所以成為中國幾千年傳統思想向近代思想轉變的代表
> 人物，其〔……〕具有決定意義的是其尊崇公羊學說，並
> 且對它進行了革命性改造。公羊學的「三世說」變易觀啟
> 發他概括出封建統治由治世轉到衰世，「亂將不運」，並
> 進而認識鴉片戰爭這場空前變局；公羊學的政治性特點引
> 導他猛烈批判專制制度，大聲疾呼變革是歷史的必然；公
> 羊學專講「微言大義」，便於發揮引伸的特點，又使之在
> 闡釋儒家經典的名義下敷陳新觀點，導入新價值觀，甚至
> 大膽地跨越「夷夏界限」，贊揚西方民主政體可「垂奕世
> 而無弊」，憧憬著用它代替在中國幾千年來視為天經地
> 義、神聖不可侵犯的專制皇權。[36]

魏源的儒學因為肯定「今文經公羊春秋學」，所以，一方面是經世實學的取徑，一方面則有「古學」的趨向；所謂「古學」之趨

36　同上注。

向，是指他不走宋明儒學之路，也不蹈乾嘉漢學之轍，他是直追上溯先秦儒家以及漢儒經史之學的晚清儒家。所以，他的治學，在其專著《默觚》，有〈學篇〉共十四章，〈治篇〉共十六章，皆綜合地研究詮釋先秦原始儒家《五經》以及孔孟荀之思想，而加以發揮明理與應事之觀點。除此之外，魏源撰述了《書古微》、《詩古微》、《禮記別錄考》、《公羊春秋論》、《庸易通義》、《大學古本敘》、《董子春秋發微》等文章或論述，可說已匯合了儒家古籍而作詮釋。魏源重視孔孟，纂修《孔子年表》和《孟子年表》，對於可為治道的老子亦甚看重，故撰有《老子本義》和《論老子》。

　　經、子之學之外，魏源與古儒一樣，甚注重史學，這方面的研究和著述也甚多，他嘗試修纂過《明史》、《元史》，也有編輯宋之名臣的言行錄以及撰述其他史上名儒名臣之史評，這類文章，不能一一枚舉。[37]本文只略舉一二以明魏源的追溯古義之觀點。他在〈學篇一〉有曰：

> 以鬼神為二氣之良能者，意以為無鬼也。豈知洋洋在上在左右，使天下齋明承祀，「相在爾室，尚不愧於屋漏」，即後儒「天知、地知、人知、我知」之所本，謂天神知、地祇知也。商人尚鬼神，〔……〕，〈皋謨〉、〈洪範〉之言天，無非以命討、刑威、禍福、錫咎皆出上帝之祐怒。聖人敬鬼神而遠之，非闢鬼神而無之也。如曰：「太虛聚為氣，氣散為太虛，賢愚同盡」，則何謂「原始反終

37　參閱魏源：《魏源集》，同前揭書。

故知死生之說」乎？何謂「精氣游魂知鬼神之情狀」乎？
何必朝聞而夕死？何謂「與鬼神合其吉凶」？何謂「帝謂
文王」，「文王陟降，在帝左右」乎？鬼神之說，其有益
於人心，陰輔王教者甚大，王法顯誅所不及者，惟陰教足
以懾之。宋儒矯枉過正，而不知與《六經》相違。[38]

此一大段魏源論鬼神原義，是依據原始儒家經典古義的，他明白
否認宋儒的氣化鬼神觀。魏氏的鬼神觀確實接近孔子、《中庸》
以及古史如《左傳》、《國語》。而若就《論語》孔子話語所及
的鬼神，亦確實是鬼神，而非氣哲學下的陰陽聚散，且《論語》
中記載有與孔子相關的「天」、「天命」等句子，有十四條，其
中八條是明明白白的孔子呼喚天、祈求天的話語，它們就是意志
之天、神聖之天、超越之天，具有濃厚的鬼神宗教義。[39]魏源不
願意依據宋明儒的玄學性詮釋，而返回孔孟先秦原始之義，是古
學風格。

再引一段他的〈治篇三〉之文字：

春秋以前，有流民而無流寇；春秋以後，流寇皆起於流
民，往往毀宗社，痛四海。讀《詩》則〈碩鼠〉「適彼樂
郊」，〈黃鳥〉「復我邦族」，〈鴻雁〉「勞來中澤」，
未聞潢池揭竿之患，此封建長于郡縣者一也。春秋以後，
夷狄與中國為二；春秋以前，夷狄與中國為一。讀《詩》

---

[38] 魏源，同前揭書，頁3。

[39] 筆者整理歸納《論語》的天與天命等孔子相關章句，有十四條，其中八
條是具有宗教超越義之天。

與《春秋》，知古者名山大澤不以封，列國無守險之事，
故西戎、徐戎、陸渾之戎、赤狄、白狄、姜狄、太原之
戎，乘虛得錯處其間。後世關塞險要，盡屬王朝，而長城
以限華、夷，戎、狄攘諸塞外，此郡縣之優乎封建者一
也。[40]

此段魏源論封建與郡縣之長短優劣，於治道好壞有其關係，其論
說正確與否，此處不評斷，但於此看出魏源徵引出自《詩》、
《春秋》，其上追原始儒家經典以明其國家治理之思想，則昭然
明白。魏源不願依據宋明清後世儒家之觀念，於此引述可見一
斑。

　　在擔任實務的幕賓生涯中，魏源據其實證經驗主義的心思，
頗得長官的倚重，故於其間乃有與現實國計民生相關的大著作之
問世，茲據學者王俊義、黃愛平的論著，加以略述：

　　道光二年（1822），魏源中舉，但此之後屢次落第。道光五
年（1825），入江蘇布政史賀長齡幕府，主編《皇朝經世文
編》，此書乃是研究清代政治、經濟、軍事、文化和學術思想的
重要參考資料，也反映了魏源自己的經世濟民之實學觀。同時
期，他還為江蘇巡撫陶澍籌劃海運、水利等實務，又為松江、蘇
州知府編纂了《江蘇海運全案》、《道光丙戌海運記》，自己且
撰述了《籌海篇》，這些編著或專著，皆著重於經世安邦治民之
實務實學。

　　道光九年（1829），魏源赴京考進士不中，捐一個內閣中書

40　魏源，同前揭書，頁42。

舍人，其是清廷檔案圖書資料中心，魏源在裏面閱讀大量的文獻史料，更加熟悉清朝的歷史掌故。此時，他撰述了《詩古微》等系列今文經實學著作，且編校了劉逢祿的集，名《劉禮部遺書》。

道光二十年（1840），鴉片戰爭爆發，魏源到寧波詢問英軍戰俘，寫出《英吉利小記》，其中記述英國的政治、地理、風俗、習慣、宗教信仰等。次年，他與遭貶的林則徐見面長談，林將自己所輯《四州志》付託予魏源，囑予續編。

道光二十二年（1842），魏源撰成《聖武記》，頌揚清朝開國盛世武功，也揭露晚清政治軍事之腐敗，亦提出富國強兵的思想和主張。

道光二十四年（1844），魏源以《四州志》為底本，擴充之而修纂成五十卷的《海國圖志》，此後數年，又再增益為一百卷。這是第一本中國人編著整理而成的世界地理巨著，包括了各主要國家的歷史、地理、政治、經濟、軍事、科技、文化、宗教等文明之綜合記載，在此部巨著中，魏源提出了有名的「師夷長技以制夷」的重要之自強思想。

魏源於咸豐七年（1857）逝於杭州。總結他的一生學術思想，其一是經世實學派的學問與政治之合一觀；其一是第一位提出向西方學習學術、思想、科技的中國儒家；其一是主張歷史進化發展觀以及主張民本主義。[41]魏源是中國儒家從傳統邁向現代的代表人物之一，其精神和學術表現了高度的「知性理性」。

---

[41] 王俊義、黃愛平：《清代學術文化史論》（臺北：文津出版社，1999），頁 312-314。

四、結語

「中心與邊陲」是地理空間的概念，文化思想卻是遷流、動態的，傳統上，中國儒學研究，往往以地理空間的中心邊陲看待中國儒家文化思想和東北亞、東南亞儒家文化思想之關係，此種觀點不免有其上下高低尊卑之扭曲，吾人宜以平等對比之視野看待東亞各重要國家民族的儒家思想和學術。在對比的觀照中，雙方的儒家於同一個時期，面臨類似的或相同的時代課題，他們的儒學是如何各自呼應他們的問題，大儒照面之下予以詮釋，乃是甚有意義且重要的課題。

本文以朝鮮朝實學大儒丁茶山（若鏞）與清朝實學大儒魏源（默深）為例對比同一時代的中韓兩大儒家的學術思想。

兩大儒終身不曾相見甚至互未聽聞，但其心靈是有照面的。那個世代，即十八世紀中末葉至十九世紀前半葉，朝鮮朝和清朝都同樣遭遇傳統學思之典範明顯僵化崩頹而政治社會人心混亂求變之際，且又遭逢李鴻章所謂「三千年來未有之大變局」的西力東來的巨大衝撞，東亞儒家價值體系為之而劇動。於是茶山或魏源，都不約而同地調適發展其與當代其他儒者不一的儒學典範。

兩位都超越當時的性理學傳統、漢學傳統而上追孔孟儒家的原初性經典，不有傍倚地以自己的學問人格來直接詮釋古代原典，如同日儒伊藤仁齋、荻生徂徠標榜「古學」一般，茶山魏源之學術進路，亦可謂之「古學」。

他們都有共通之處，就是儒學不能僅僅是性理學的空疏之心性之論說，亦不能只是訓詁考據的純粹學究且又流於繁瑣無關國計民生。

　　再者，他們的**實學**是與西學相接觸的，心態開放地學習接受西方的宗教神學或自然人文科學，而發生了由東亞傳統的典範轉移會通現代化，故又有新學的風格。

　　無論是韓儒丁茶山或清儒魏源，其溯古**實學**之思維和創述，皆有顯著、倚重的知性心的「外延性」、「架構性」的取徑，這是知識建構之路，背後亦具有科學的態度，而已非純然的「道德心性論」。

　　類似丁茶山和魏源的許多中韓儒者，在那個時代亦即十八到十九世紀以及其後直至二十世紀前半葉，也是存在相同的時代際遇和他們的回應和創造，似乎形成某種具有既主體性又有客觀性的共同潮流和結構，值得進一步對比、照面來深化研究。

伍

論讀經須重理悟且須經史一體

一、經典須讀誦和理悟並行不偏

讀經是儒家教育之初階，亦是終身的心靈之修養，但不能將讀經只限縮於死記經文而不求理悟或體證之功夫和效果；理悟是知性之功，體證是德性之驗。朱子甚重視孩童（八歲入小學之前）啟蒙教育，著有《童蒙須知》，朱子提到：

> 讀書，須整頓几案，令潔淨端正。將書冊整齊頓放，正身體對書冊，詳緩看字，子細分明。讀之，須要讀得字字響亮，不可誤一字，不可少一字，不可多一字，不可倒一字。不可牽強暗記。[1]

讀書，也就是讀經。朱子認為孩童就須給予教養，其方法是讀經書。他在乎的是讀經書時，孩子首要是在端正收斂身心，在整頓

---

[1] 〔南宋〕朱熹：《童蒙須知》，收入《朱子全書》，第十三冊（上海：上海古籍出版社，2002），頁 373-374。

書案、書冊時的凝心靜志。教學過程中，要求孩童朗讀經文，但重點是置於「讀得字字響亮，不可誤一字，不可少一字，不可多一字，不可倒一字。」此教學效果只是讓孩童如唱歌般，在字字之間吟詠玩味，老師或父母要輔導的只是字之秩序，而不先在文章的背記，所以朱子鄭重叮嚀「不可牽強暗記」，意思就是不可勉強孩童死背整篇或整章經文。

莫死背經文，但需導引孩童讀誦經文，再者，讀經之主旨，原非背誦而已，讀經只是開端，其非終點，經之理解和實證，才是終極目的。清儒章學誠曰：

> 《詩》、《書》誦讀，所以求效法之資，而非可即為效法也。然古人不以行事為學，而以《詩》、《書》誦讀為學者，何邪？蓋謂不格物而致知，則不可以誠意，行則如其知而出之也。故以誦讀為學者，推教者之所及而言之，非謂此外無學也。子路曰：「有民人焉，有社稷焉，何必讀書，然後為學？」夫子斥以為佞者，蓋以子羔為宰，不若是說；非謂學必專於誦讀也。專於誦讀而言學，世儒之陋也。[2]

章氏此處只言《詩》、《書》，其實只是簡約地說，而其意是包括了《六經》或《四書五經》。他指出儒士讀誦儒家經典，是追求在人生途中得以效習實踐之思想資源和智慧。並非只指書本文

2　〔清〕章學誠：〈原學上〉，《文史通義》（臺北：史學出版社，1974），頁44-45。

字就是那個思想智慧之本身以及效習實踐之終極性。但古人先儒何以不直接了當說儒士直接到世界和社會之各行各業去加以經驗才是「學習」，卻以後儒讀誦熟悉《詩》、《書》之理乃是儒士之必須之學習，此理安在？乃是「格物致知」的工夫次第，須遵循而累積並成長之。章氏舉《大學》言之，追索道理才是致知之入門，而物格之，知才致，如此，意才能誠而心才能正。讀誦經典之目的，在教育功能上言，是讓儒士具備起碼的德性和知性的工夫和境界，由此往外發用，儒士方能就世上一切事事物物而得熟習磨練，於是世事世物亦即成為儒士終身臨之而學習實踐的對象。這個觀點，朱子理學顯然是肯定的。

　　章學誠在其文中引了《論語》所載孔子和子路的一段對話。此段對話的完整文句需見《論語》章句如下：

> 子路使子羔為費宰。子曰：「賊夫人之子！」子路曰：「有民人焉，有社稷焉，何必讀書，然後為學？」子曰：「是故惡夫佞者！」[3]

子路為季氏宰，舉薦同門子羔出任費邑之主管。孔子知道後責備子路，說這樣隨便做，是害了子羔。孔子何以如此嚴厲指責？朱子指出「（孔子之責）言子羔質美而未學，遽使治民，適以害之。」[4]朱子說出孔子不悅之因乃是子羔還沒有學成（讀好經典之意），子路就冒冒失失地將子羔引介去從事政事，這樣輕率會

3　《論語・先進》。

4　〔南宋〕朱熹：《論語集注》，收入《四書集注》（臺北：世界書局，1997），頁134-135。

害了子羔；子羔也是有父有母的，萬一有任何閃失罪咎，如何向
他父母交代？但子路的個性乃雄辯好諍，他不服氣，向老師頂
嘴，強辯曰：「有民人焉，有社稷焉。」此意思是朱子解釋的
「治民事神皆所以為學」，[5]何必一定需要先讀誦經書，熟習經
文，才是學習？子路的意思是強調「從事務上磨練獲得經驗」，
也是一種學習（即今日所謂「實習」是也）。孔子更加不悅，所
以罵子路只會佞辭狡辯。朱子最後作一結論式的詮釋：

> 治民事神固學者事，然必學之已成，然後可仕，以行其
> 學。若初未嘗學而使之即仕以為學，其不至於慢神而虐民
> 者幾希矣！〔……〕范氏曰：「古者學而後入政，未聞以
> 政學者也。蓋道之本在於修身，而後及於治人，其說具於
> 方冊，讀而知之，然後能行，何可以不讀書也？子路乃欲
> 使子羔以政為學，失先後本末之序矣！不知其過，而以口
> 給禦人，故夫子惡其佞也。」[6]

依此朱子的注解，孔子以至朱子，皆主張儒者之出仕為政，必須
先有一個基礎之學問，否則，既無德操和知識，卻輕率地擔負執
政的重任，焉有不敗之理？而此基礎之學問，是從讀習經典方冊
而建立的，亦即須依「道問學」之路，由知性之能力而就經籍好
好學習，從此獲得知識，才有治世之學。

　　子羔是怎樣的人品？同樣在〈先進〉有載：「柴也愚，參也

魯，師也辟，由也喭。」[7]這裏提到的柴，就是子羔。朱子注釋有云：

> 柴，孔子弟子，姓高，字子羔。愚者，知不足而厚有餘。《家語》記其足不履影，啟蟄不殺，方長不折，執親之喪，泣血三年，未嘗見齒，避難而行，不徑不竇。[8]

由此可知子羔就是高柴，孔子門下大賢之一，他是一位品德敦厚的君子，他宅心仁慈、深有孝心，且行事絕不走旁門邪道，但是智能則有所不足；不足的意思就是戇厚而不那麼敏慧，所以，子羔這樣的人，更需要有足夠較久的時間好好地安靜地誦讀學習經籍，慢慢地才能把經籍中的智慧知識學好，如此才能有基本能力把政界或社會上的事務處理妥善。

　　章學誠在其文章中，特別引錄子羔被子路率爾找去擔任費邑之宰之章句，孔子指責子路，說到子羔還沒讀習經書，不可就這樣去作政治的艱難工作，意思是讀書誦經是重要的前提。但是章氏卻點明了孔子叫弟子必得先讀好經文，並不是專門誦讀經典文句而已，專誦經文，一昧死記，卻不加以理解體悟，此乃俗儒陋見。換言之，聖人要求弟子讀經，主要目的是通過經典的內容的認識而獲得智慧，不是死背。

　　關於這一點，今之儒者亦持相同見地。郭齊勇教授說：

7　《論語‧先進》。
8　〔南宋〕朱熹，同前揭書，頁 132。

> 我們希望孩子們能趁著年輕記性好，多讀些經典，最好能
> 背誦一些蒙學讀物與《四書》等，義理以後可以慢慢領
> 悟。〔……〕我們一直在推動兒童誦讀經典，但是發現目
> 前有的國學培訓機構或書院只是讓孩子們、青少年背誦經
> 典，也大有問題。背誦不能無度，有人把背誦作為學習國
> 學唯一形式，讓孩子乃至青年越學越蠢。只強調背經典，
> 完全在誤人子弟。背那麼多有什麼用？沒有必要。[9]

孩童或青少年，在啟蒙和青少年教育時期，記性好，可以或應該
多讀經典，而經典中的義理，漸次地加以體悟了解。推動兒童讀
經，是可以的也是很好的，但是，郭先生明白指出大陸的讀經班
或書院讀經，多有走火入魔而走上歧路者，那就是很死板地只是
命兒童或青少年沒頭沒腦地死背經文，將經文無度地而囫圇吞棗
地一直背誦，把經文要求在一個限定的時間內死背入腦，而且只
以背記經文為唯一的教學形式，如此違反教育原則和精神的反教
育之死背經文，只會讓孩童或青少年愈來愈成愚蠢之廢人，這樣
搞下去，這些兒童或青少年長大之後很可能既無德性又缺知性。
　　郭齊勇先生又說：

> 根本上，我們要寓教于樂，要有一些辦法讓青少年樂于學
> 習。同時，學國學不是背書就夠了，是要讓青少年通過接
> 觸經典，學會分析與思考問題，提升理解能力與理性思考

---

[9]　郭齊勇：〈當前的國學熱與書院熱〉，收入氏著《中國思想的創造性轉
　　化》（上海：上海教育出版社，2018），頁298。

能力，特別是要做一個好人，有良知、有道德的人。而且
一定要引導青少年學習科學文化知識，學習西方文明，不
能脫離現代社會與現代教育。要全面打好數理化的基礎，
不能偏廢。我們呼籲不能廢了孩子們！[10]

讀經，不可限縮於只是死背經籍，死背經籍豈不成為「書蠹」、
「蛀書蟲」了？孩童和青少年的讀習經典教育，應同時注重經之
智慧的啟發和習得，也需要興發學習之快樂之心，增進思考和理
解，一方面喚起內在本有的良知，造就君子；一方面則需要結合
人文、社會、現代、傳統、世界、自然和數理等知性學問的養
成。換言之，我們的經典教育不能復古倒退返回傳統時代的三家
村私塾之老塾師古板地只教三兩村童反覆死背《三字經》、《增
廣賢文》或《弟子規》而已。自清末民初，中國廢舊教育而興辦
新教育以來，經典學習早與多元學科綜合而成為教育學生的總體
教育中的一環。因此，讀經，切不可只強記死背，而是，其一，
需理解體悟；其二，則是配合其他學科共生共榮，再者，是德性
和知性雙彰之學習之道。

　　或有人主張或強調孩童記誦力強而理解力不強，所以只須反
覆背熟經文，不必理解，因此，老師不可給予解經。此種觀點亦
無學理科學根據，孩童並非無理解力，只是人之理解、認知、體
悟事物、道理的階段性和層次性隨年齡和稟賦而有所差異而已。
因才施教，是儒家教育的基本原理。宋明大儒均自幼就表現了其
理悟體證之能力。茲以朱子、象山、陽明為例以明之。

10　同上注。

先看朱子，《朱子年譜》載：[11]

（高宗紹興）五年乙卯，（朱子）六歲。《語錄》，某六
歲時，心便煩惱：天體是如何？外面是何物？

七年丁巳，八歲。《行狀》，就傅，授以《孝經》，一閱
通之，題其上曰：「不若是，非人也。」嘗從群兒戲沙
上，獨端坐以指畫沙，視之，八卦也。

八年戊午，九歲。《語錄》，孔子曰：「仁遠乎哉？我欲
仁，斯仁至矣。」這個全要人自去做。孟子所謂奕秋，只
是爭這些子，一個進前要做，一個不把當事。某年八九歲
時，讀《孟子》到此，未嘗不慨然奮發，以為為學當如此
做工夫，當時便有這個意思。

九年己未，十歲。《行狀》，少長，屬志聖賢之學，於舉
子業初不經意。《年譜》，時自知力學，聞長者言，輒不
忘。《語錄》，某十數歲時，讀《孟子》至「聖人與我同
類者」，喜不可言，以為聖人亦易做，而今方覺得難。

依王懋竑《朱子年譜》，我們很清楚發現孩童時期的朱子，既有
體悟道理的天分，也有讀誦經典的能力。他是既有記誦性，同時
也有理悟性。以朱子為例，經典對於孩童之教養而言，不可只一
逕地要求死背經文，宜就其天性和稟賦而啟發、喚醒來教育之。
他自然具有能力又是熟習經文又是體悟理解。這才是讀經之正確

---

[11] 文中所引數條，引自〔清〕王懋竑：《朱子年譜》（北京：中華書局，
1998），頁 2-3。

道路。

或說此只是舉朱子孤例而已。豈只是孤例？豈只是朱子天賦而已？且來看看心學大師陸象山如何。據《象山年譜》：[12]

> 紹興十二年壬戌，先生四歲，靜重如成人。
>
> 常侍宣教公行，遇事物必致問，一日忽問天地何所窮際？公笑而不答，遂深思至忘寢食。總角誦經，夕不寐，不脫衣，屨有弊而不壞，指甲甚修，足跡未嘗至庖廚。常自灑掃林下，宴坐終日，立于門，過者駐望稱歎，以其端莊雍容異常兒。
>
> 紹興十四年甲子，先生六歲。侍親會嘉禮，衣以華好，卻不受。季兄復齋先生年十三，舉《禮經》以告，乃受。
>
> 紹興十六年丙寅，先生八歲。
>
> 讀《論語·學而》，即疑〈有子〉三章。及看《孟子》，到曾子不肯師事有子，至「江漢以濯之，秋陽以暴之」等語，因歎曾子見得聖人高明潔白如此。〔……〕梭山嘗云：「子靜弟高明，自幼已不同，遇事逐物皆有省發。嘗聞鼓聲振動窗櫺，亦豁然有覺。其進學每如此。」
>
> 紹興十九年己巳，先生十一歲，讀書有覺。
>
> 從幼讀書便著意，未嘗放過。〔……〕最會一見便有疑，一疑便有覺。〔……〕或問：「曾見先生將聖人與門人語分門，各自錄作一處看。」先生曰：「此是幼小時事。」

12　文中所引數條，引自〔南宋〕陸九淵：《陸九淵集·年譜》（北京：中華書局，1980），頁 481-482。

由上面引述的四條記載而觀，象山從四歲到十一歲，由蒙學至小學，他的學習成長過程，有感通於天地自然現象而引生心靈之思維者，亦有誦記讀習經籍而興發智慧者。在其中，我們可以發現象山經兄長舉《禮》說明嘉會之衣著之規範，他立即明白，又有讀《論語》、《孟子》時，以孩童之心靈，卻能對先賢境界之高低有所判斷，而且亦可掌握體悟大賢曾子的崇高修為以及其心境。這些記載，是告訴我們，少年陸九淵的自幼學習，是同時學自自然人文環境事物以及學自經典章句，他誦讀經句，必然已具熟背之功，但更重要的是他有了解、有理會，更有證悟，此種學習，同時既是德之體證，亦是知之習得。

由此可證讀經的主旨切不可侷促於只要求死背大量經文。莫誤會孩童之心沒有慧敏之領悟力，往往他們的天地宇宙生命之直觀，是最直接最純粹的。

最為世人傳頌的關於陸象山高度體證本體宇宙論和心性論之著名之悟道話語，其實是在他十多歲尚屬青少年時期所說。據《年譜》：

紹興二十一年辛未，先生十三歲，因宇宙字義，篤志聖學。
與李侍郎及權郡書，皆云：「十三志古人之學。」先生自三四歲時，思天地何所窮際不得，至於不食。宣教公呵之，遂姑置，而胸中之疑終在。後十餘歲，因讀古書至宇宙二字，解者曰：「四方上下曰『宇』；往古來今曰『宙』。」忽大省曰：「元來無窮，人與天地萬物，皆在無窮之中者也。」乃援筆書曰：「宇宙內事乃己分內事；

己分內事乃宇宙內事。」又曰：「宇宙便是吾心，吾心即
是宇宙。東海有聖人出焉，此心同也，此理同也；西海有
聖人出焉，此心同也，此理同也；南海北海有聖人出焉，
此心同也，此理同也；千百世之上至千百世之下，有聖人
出焉，此心此理，亦莫不同也。」[13]

上引一大段關於儒家心學的深刻透徹的本體宇宙心性論之文句，
乃是出自一個十三四歲少年之心靈對於天地宇宙和古傳聖賢經典
的綜合升華而來，陸象山固然一定熟習於經典之文，但若非經過
父兄教育之啟發以及他自己的本心之體悟，則絕不可能得出高度
的「形而上學」、「本體宇宙論」之睿智語言，且以此智慧之法
言又啟示開導了往後八百多年的世人。
　　我們再看看明朝心學大儒王陽明是怎樣的情形。依《王陽明
年譜》：

明憲宗成化十有二年，丙申。先生五歲。
一日誦竹軒公所嘗讀過書，訝問之，曰：「聞祖讀時，已
默記矣。」[14]

《年譜》此句記王陽明才五歲髫齡之時，聞其祖父誦書，就能背
熟而可以誦讀出來，證明孩童的記憶力確實屬於天賦。故蒙學教
育，鼓勵獎誘學童讀誦經文，是有正面積極義的，只要莫揠苗助

---

[13]　同上註，頁 482-483。
[14]　〔明〕錢德洪等：《王陽明年譜》，收入《王陽明全集》（臺北：考正
　　　出版社，1972），頁 1。

長、走火入魔即可。然而，經典之功，應不僅止於熟背經文而已，而是在於提撕喚醒青少年的本心之虛靈明覺及其敏穎的領悟力。《年譜》又載：

> 憲宗十有八年，壬寅。先生十一歲，寓京師。
> 龍山公迎養竹軒翁，因攜先生如京師，先生年才十一。翁過金山寺，與客酒酣，擬賦詩未成。先生從旁賦曰：
> 金山一點大如拳，打破維揚水底天；
> 醉倚妙高臺上月，玉蕭吹徹洞龍眠。
> 客大驚異，復命賦蔽月山房詩，先生隨口應曰：
> 山近月遠覺月小，便道此山大於月；
> 若人有眼大如天，還見山小月更闊。[15]

一個十一歲的小男生，居然能夠在大人席中，即席隨心誦出千古絕唱的名詩，兩詩帶有高玄之妙理。此點證明了幼童或少年，若能生活在經典人文之家，於此環境中，薰染以書香，加上自己又能喜歡而讀習，久之，生命和心靈自能體證領悟，顯現高度深遠的智慧。

據上所引朱子、象山和陽明之例，孩童和青少年的經典學習，一則隨順自然的背誦是入門之教學法，而恰適且靈活的因才施教，更是必須實踐之方。

15　同上注，頁 1-2。

二、讀經須經史兼備：即經即史、即史即經

很多人將讀經教育視為道德啟蒙以及青少年倫理教育。將讀經的指定經典，縮小成《四書》，或者，只限為《四書五經》，而且將經典只視為「道德修養論」之範本。儒家經典當然是誠意正心修身之道德倫常之教科書，是中國人修身養性的典範和方針。但如果僅僅只把經籍如此看待，最多是背熟經文並依之而在本心中臻至內聖境，似乎以為儒家聖經如同佛經，只是內證本心佛性而已。然而，儒家經典之思想不是只內向而無外拓的，它的智慧和境界，必須合內外一致，合「內在作用性」和「外延架構性」為一體，也就是內聖外王一個體系，缺一端不可，換言之，「內聖必行外王，外王依據內聖」。所以，我們推展讀經教育，並非宗教式的或煉心術的讀經，僅僅使學子通過經文而得證心之「虛靈不昧」以及心之超越義為滿足。儒家《六經》，它是經也同時是史，經史兩端一致，不可分開理解。經典教化，原本就是「即經即史、即史即經」之教。此理古人早已明白說出。茲闡明於下。

章學誠曰：

> 《六經》皆史也。古人不著書，古人未嘗離事而言理，《六經》皆先王之政典也。或曰：《詩》、《書》、《禮》、《樂》、《春秋》，則既聞命矣，《易》以道陰陽，願聞所以為政典而與史同科之義焉。曰：聞諸夫子之言矣：「夫易開物成務，冒天下之道，知來藏往，吉凶與民同患。」其道蓋包政教典章之所不及矣；「象天法地，

是興神物，以前民用。」其教蓋出政教典章之先矣。

〔……〕夫子曰：「我觀夏道，杞不足徵，吾得夏時焉；我觀殷道，宋不足徵，吾得坤乾焉。」夫夏時，《夏正》，書也；坤乾，《易》類也。夫子憾夏商之文獻無所徵矣，而坤乾乃與《夏正》之書同為觀於夏商之所得，則其所以厚民生與利民用者，蓋與治憲明時同為一代之法憲，而非聖人一己之心思，離事物而特著一書，以謂明道也。夫懸象設教與治憲授時，天道也；禮、樂、詩、書與刑政、教令，人事也。天與人參，王者治世之大權也。韓宣子之聘魯也，觀書於太史氏，得見《易象》、《春秋》，以為周禮在魯。夫《春秋》乃周公之舊典，謂周禮之在魯可也，《易象》亦稱周禮，其為政教典章，切於民用而非一己空言，自垂昭代而非相沿舊制，則又明矣。〔……〕若夫《六經》，皆先王得位行道，經緯世宙之跡，而非託於空言，故以夫子之聖，猶且述而不作。[16]

上引一大段清儒章學誠的論述，充分表達了儒家經籍本來就是遠源於中國上古的政教文明的經驗記錄和文獻，這些關於中國上古的政教文明的經驗，加以累積、整理、解釋，依其性質而自然演進逐有所分類，故形成了後世所稱之《六經》。其實，《六經》就是中國的文明史、政治史、教化史、思想史、學術史的統合而形成的中國文明總體，在春秋戰國之前，均屬「王官」，周公制

---

[16]　〔清〕章學誠：《文史通義‧易教上》（臺北：史學出版社，1974），頁 1-3。

禮作樂，建立封建制度，亦非憑空而來，乃是承繼夏商之人文內容，有所損益，而建立了「周文」，到春秋時代，周文疲弊、禮崩樂壞，「王官」之文獻、學術、人物散之天下，孔子晚年，返魯依據「周文」之豐富文獻加以整理、詮釋，其中既有傳統亦有新義，其中所謂「新義」，特別是晚年的「贊《周易》」和「著《春秋》」，有孔子自己賦予的微言大義。自孔子的纂修整理再予詮釋之後，才是後來中國人認識的《六經》。基於上述，我們乃可明白，原來儒家的《經》並非宗教或文學之想像的創述，它其實是中國人的祖先聖賢依實際事物和經驗而得到的事實和智慧的記載，欲令此事實和智慧可垂諸久遠以為後代子孫生存之取法。就此延續性面向言，它就是歷史，就其記載性面向言，它就是經典。

　　關於上古經典的性質，並非晚至清儒章學誠才如此闡明。我們試舉古典以明之。莊子的〈天下篇〉，被視為莊子本人撰寫的自序，其中反映了上古學術和道術因周文疲弊而裂解的情形。文之開首即曰：

> 天下之治方術者多矣，皆以其有，為不可加矣。古之所謂道術者，果惡乎在？曰：「無乎不在。」曰：「神何由降？明何由出？」「聖有所生，王有所成，皆原於一。」[17]

方術就是學術，即後世所言之「諸子百家」，莊子是戰國末期之人，其時已是諸子百家發達的時代，每家學派皆認為自己的學術

---

[17]　《莊子・天下篇》。

已達最高點，是最完備之學，沒有其他之方可以有所增益了。然而，莊子卻從此雜多之狀況中撥開亂相而指出「大道是一」的觀點。「大道之術源於一」，這個觀點，也就是儒道兩家皆能體證的「常道」；「經」者「常道」也。所以，莊子能認識聖王之道才是「一」之道，而此「一」之常道，原即儒家所有，而儒家常道，載記於孔子傳承「周文」之傳統而加以弘揚新創以「仁」的經典中。莊子曰：

> 古之人其備乎！配神明，醇天地，育萬物，和天下，澤及百姓，明於本數，係於末度，六通四辟，小大精粗，其運無乎不在。其明而在數度者，舊法世傳之史尚多有之；其在於《詩》、《書》、《禮》、《樂》者，鄒魯之士搢紳先生多能明之。《詩》以道志，《書》以道事，《禮》以道行，《樂》以道和，《易》以道陰陽，《春秋》以道名分。其數散於天下而設於中國者，百家之學，時或稱而道之。[18]

學者認為「《詩》以道志，《書》以道事，《禮》以道行，《樂》以道和，《易》以道陰陽，《春秋》以道名分。」這一句是後來之注《莊子》者的注疏之文摻入正文中。[19]此說有據，但縱然如此，莊子後學的注疏之文的思想亦能整合於莊子在〈天下篇〉的這一段文章的思想中，而共同顯示一個事實，即：首先莊

18　同上注。
19　水渭松：《新譯莊子本義》（臺北：三民書局，2007），頁 526。

子高度稱頌「古人」以及其傳承延續的這個上古而來的文明典章禮制，且皆載於史冊，鄒魯儒家甚為熟悉而能加以運用。莊子本人特別標舉了《詩》、《書》、《禮》、《樂》。其後學則增補了《易》與《春秋》，且甚清楚地說出《六經》在文明、思想、歷史之總體中，分明扮演或具備的主旨、方針或其本質。此論述，其實是指出周公至孔子以至於後來的儒家之道術體系，它既是中國人的經，也是中國人的史，兩者一而二、二而一，是中國文化、生命、心靈的常道。後來「王官」裂解而分散於天下，逐漸形成諸子百家之學，但是對於上古傳來的經史常道，雖然只取一隅之說的百家或諸子，也會有所傳承而就其所擇取者有所敘論。

莊子是晚周時代的始創型道家大師，他也承認肯定從「周文」而降而由孔子在傳統中新創以「仁」的「經之常道」，同時也點明經的史之性質。所以，讀經教育，一則不宜止於狹隘的死記強背，造成生命心靈的僵化，而須追悟其內在的道術，再則，亦須從歷史結構的深度廣度中就其傳統存有性加以認識，認識自己的文化思想道術史，就是認識自己。

另外，再看看儒家的孟子如何？我們讀《孟子》，會發現孟子的文化意識很強。茲舉一例以明之，孟子曰：

> 天下之生久矣，一治一亂，當堯之時，水逆行，氾濫於中國，蛇龍居之，民無所定，下者為巢，上者為營窟。《書》曰：「洚水警余」。洚水者洪水也。使禹治之，禹掘地而注之海，驅蛇龍而放之菹。水由地中行，江淮河漢是也。險阻既遠，鳥獸之害人者消，然後人得平土而居

之。[20]

孟子此段之言，是歷史論述，他提及的是中國甚古時代（以堯稱之）遭逢的大洪水。同時，他也引用《書經》之言來印證其時的大洪災現象。再者，孟子復又提到大禹依據水利工程之法來有效地治理了洪水，使世人得以平地安居。

　　孟子提到的堯時大水而終由舜時之禹治好的史事，在《尚書‧堯典》中亦見到相同的敘述。大洪水，不止中國古典中有鄭重其事的記載，在猶太民族的《聖經‧舊約》也有「諾亞方舟」之神啟。此現象可能是地質史中最近一次冰河期發展到融冰期而山岳冰河大量融冰引起的大水氾濫有關。

> 堯舜既沒，聖人之道衰，暴君代作，壞宮室以為汙池，民無所安息，棄田以為園囿，使民不得衣食，邪說暴行又作，園囿汙池沛澤多而禽獸至，及紂之身，天下又大亂。周公相武王，誅紂伐奄，三年討其君，驅飛廉於海隅而戮之，滅國者五十，驅虎豹犀象而遠之，天下大悅。《書》曰：「丕顯哉！文王謨；丕承哉！武王烈！佑啟我後人，咸以正無缺。」[21]

此段論說，也是歷史敘述，孟子談到的乃是上古夏商兩代政治敗壞，而周公相武王興師滅紂，建立周天下之後，周公在其後數年

20　《孟子‧滕文公下》。

21　同上注。

的東征南討，逐次平定安頓了中國的氏族部落而建立周之封建制度。在此整治華夏之過程中，也同步墾闢自然荒野，使人民皆能農耕安居。於是孟子又引《書經》來稱美文王武王，肯定聖君賢相的禮制人文。孟子此段述說，也是歷史的詮釋。

上引的兩段論述，顯示孟子很重視歷史脈絡和結構。我們讀《孟子》，其實就是讀孟子之前及其當代的中國史事，但是，在《四書》中，《孟子》是被視為「經」的。換言之，儒家典籍往往是經史合一，即經即史、即史即經。史事，不是僅僅背熟而已，它必須講解、認知、體悟，因為史事的智慧是存在於其脈絡和結構的內容中，如果純以背誦為教育之方，而未有對歷史之絲毫解釋，則學子必得不到任何的道德和實事之啟悟和認識。我們教導學子讀習《孟子》時，應作如是觀。

孔子晚年整理古文獻而成《六經》，經典即是歷史，司馬遷說得最明確。茲依司馬遷之言而略加明之。

> 太史公曰：「先人有言：『自周公卒，五百歲而有孔子。孔子卒後，至於今五百歲，有能紹明世，正《易傳》，繼《春秋》，本《詩》、《書》、《禮》、《樂》之際。意在斯乎？意在斯乎？』小子何敢讓焉！」[22]

其先人就是其父司馬談，他嘗期許司馬遷應發大願，繼承周公之「周文」以及孔子之「仁道」，而整理並創述歷史。太史公後來發憤纂述的《太史公書》（《史記》），就是他秉承其父遺志，

---

[22]　〔漢〕司馬遷：〈太史公自序〉，《史記》。

而繼續太史氏的世家之學，既是傳統又有新創的中國最偉大的通史巨著。由上引的內容而觀，顯然，司馬父子都有相同的思想，就是從「周文」到孔子，這個華夏文化之道不可斷滅，它是依據史著而延續不絕的，而這樣的史著，其精神則是《六經》。依此，則儒家的經就是中國的史，同樣的，中國的史就是儒家的經；經史是兩面而一體，缺一不可。太史公再曰：

> 夫《春秋》上明三王之道，下辨人事之紀，別嫌疑，明是非，定猶豫，善善惡惡，賢賢賤不肖，存亡國，繼絕世，補敝起廢，王道之大者也。
>
> 《易》著天地、陰陽、四時、五行，故長於變；《禮》經紀人倫，故長於行；《書》記先王之事，故長於政；《詩》記山川、谿谷、禽獸、草木、牝牡、雌雄，故長於風；《樂》，樂所以立，故長於和；《春秋》辯是非，故長於治人。
>
> 是故，《禮》以節人，《樂》以發和，《書》以道事，《詩》以達意，《易》以道化，《春秋》以道義。[23]

司馬遷在上述一段中暢論了《六經》，首重具有歷史褒貶大義的《春秋》，認為是「王者」最大最重之典要。接著，他說出《書》、《詩》、《禮》、《樂》、《易》、《春秋》等六部儒家經典的特色，分別給予中國人各種人生、政治、學術、禮法、天地自然等經驗智慧，就此點而言，《六經》就是中國人的常

---

[23] 同上注。

道，也就是中國人的「大經巨典」，其中的內容就是古代中國人之知識體系、學術核心，如果就《六經》的傳承之和源流之長久而為太史公如此重視的這一點來說，則《六經》都是史冊，它們包含或被包含於中國的歷史傳統之中，使經典之智慧和歷史之精神合而為一而不能分離。

三、王船山以史證經及唐君毅的相關詮釋

儒家從孔子始，就同時重視經史，若僅就《六經》的《春秋》和《尚書》而言，即是依史論經，即依時序流變之事而彰著恆常不變之道。至於《詩》、《禮》、《易》，其內容亦多記事記言，具有時間脈絡的歷史義。儒家重經史的兩端又一體的特性，到宋明儒，亦多有大儒遵循。晚明的顧黃王三大遺民儒家以及其他同時代一樣志節的大儒，如孫夏峰、李二曲、朱舜水，皆是重經亦重史。

王船山終身竄居湘西山林，最終以「六經責我開生面，七尺從天乞活埋」之堂聯表明一生心志而完成其崇高節操。

船山是一位著作宏富的近世大儒，他的著作，幾乎將《四書五經》註解詮釋完畢，且擴及於宋儒著作之研究，又關心老莊道家之思想而予以解析。同時，更重要的是，船山深厭明末儒者之以玄談儒家經典為尚，他也不認同朱子的理先氣後之形而上論。他主張理氣相即，理以氣顯；體用不二，體以用著。此種思想落實下來，就是須正視具體的歷史事變本身的存在性，而於此才能照顯天理常道，否則天理常道虛懸，成為純粹抽象體，而於人世意義無干係，而相對來看，則人文歷史的世界也會因之崩塌。所

以，船山的著作中，除了以其理氣相即觀來詮釋儒家經典之外，他更耗費大量的心力來從事實際歷史的評論批判式撰述，所以才有《宋論》、《讀通鑑論》、《永曆實錄》、《籜史》、《蓮峰志》以及其他依史事而說儒家哲理的著作，如《俟解》、《黃書》、《噩夢》、《識小錄》、《搔首問》、《龍源夜話》等，皆是多有擇故史而深談暢論其文化觀念和道德判斷者。[24]

　　然則，王船山何以重視史籍的學習和體認？他在其許多著作中均於文句裏隨機論及，須用心費神蒐羅整理歸納才能形成一個完整的詮釋體系，此處只能引出其一段文章而簡約明之。有人問船山曰：「董生有言：『天不變，道亦不變。』謂道之不變，是也；謂世之不變，不得也。以世言變；世變，道不得執。率子之所論，以治秦漢以降之天下，可乎？」[25]此質問者的觀點，是說天道是恆常之道，它固然不變，但世事卻是變化的，說世事不變，是不可以的，那麼，常道如何可以貫達世事而為其主？這是不通的。如果根據先生的思想和論述，先生認為天道恆常，來對治秦漢以來的歷史變化遷移，這可以嗎？船山回答曰：

　　　　奚為其不可也？後世之變，紛紜詭譎，莫循其故，以要言之，廢封建，置郡縣，其大端已。漢之七國，晉之八王，非齊鄭宋魯也。〔……〕天子以一人守天下，盜夷以猝起爭天子，推其所以殊治，封建之廢盡之矣。郡縣變，天下

24　關於王夫之的著作類型和數量，請看 1996 年，由長沙之嶽麓書社出版的《船山全書》。

25　〔明〕王夫之：〈春秋世論・敘〉，收入《船山全書》，第五冊（長沙：嶽麓書社，1996），頁 385。

之勢接跡而變。〔……〕不知《春秋》之義者，守經事而不知宜，遭變事而不知權。知其義，酌其理，綱之以天道，即之以人心，揣其所以失，遠其所以異，正之以人禽之類，坊之以君臣之制，策之以補救之宜。[26]

船山此段文章是典型史論，就是依據歷史世事之變而有以論之。他敘論封建制崩潰而轉為郡縣制，故郡縣制中的「七國」、「八王」，當然不等同於東周封建制中的諸侯國。郡縣制衰敗，則天下大局也會隨之而變。船山論此之際，是表述了世事之權變，這是歷史的詮釋，但史變的衡量，則須有其標準，這個標準何在？依船山，就是經之常道，在儒家而言，判準歷史變遷之是非曲直者，是孔子修纂的《春秋》。然而，船山固重經典之常道，但他毋寧是很重視歷史權變的影響的，在他而言，具體的歷史世界中的變化多端所顯現出來的人之正邪黑白等現實性狀況，才是我們更需注重更需警惕的。而儒家是以經典的恆常真理來釐清評斷並且糾正歷史世事的內容，使其無邪曲而皆能歸於正道。

基於上論，船山提示後儒，經史的重視與讀習，不可偏廢。再者，知義酌理，更是要點，知經典之天道天理之義，也須明史籍所載世事變化遷移之升沈。而這兩者，必賴我們進行認知和體悟之功，不能只是背誦而已。因此，船山對於讀習經史的心態，亦有一種看法，此點茲論述於下：

船山經史並重，最惡一般人以「玩物」之態度讀經和史。他說：

---

[26] 同上注，頁385-386。

讀史亦博文之事，而程子斥謝上蔡為玩物喪志。所惡於喪
志者，玩也。玩者，喜而弄之之謂。如《史記》〈項羽本
紀〉及〈竇嬰灌夫傳〉之類，淋漓痛快，讀者流連不舍，
則有代為悲喜，神飛魂蕩而不自持。於斯時也，其素所志
尚者不知何往，此之謂尚志，以其志氣橫發，無益於身心
也。豈獨讀史為然哉？經亦有可玩者，玩之亦有所喪。如
玩〈七月〉之詩，則且沈溺於婦子生計、鹽米布帛之中；
玩〈東山〉之詩，則且淫泆於室家嚅唲、寒溫拊摩之內。
《春秋傳》此類尤眾。故必約之以禮，皆以肅然之心臨
之，一節一目、一字一句，皆引歸身心，求合於所志之大
者，則博可弗畔，而禮無不在矣。[27]

依上引文，船山主張經和史，不免會涉及「博文」之功，也就是
須熟讀背誦經典史籍，甚至於浸潤潛泳久之，很容易陷溺於文字
章句之中而形成玩物之弊病，換言之，很多讀書人在學習經史過
程中，皆犯了一個病症，就是把讀經史之文，當作外在於身心而
成為一種玩賞風雅之時尚，但卻不在乎經典史籍之中含具的本旨
和意義，然而只有本旨和意義的認識和體悟，才是我們讀習經史
的目的，船山痛斥俗儒陋儒卻用玩物遊心的態度來讀習經史，如
此，經史皆成廢料，讀經人也成為廢物。

　　船山此處所批判的，正是中國傳統文人雅士或窮酸秀才的大
病，傳統時代多如江鯽而到處林立的譬如「文社」、「詩社」、

27　〔明〕王夫之：〈俟解〉，收入《船山全書》，第十二冊（長沙：嶽麓
　　書社，1996），頁 477-478。

「吟社」，會集一大堆文人秀士於其中，飽食終日，整天吟哦咕嗶，作詩寫文而誦玩之，搞到四肢不勤、五穀不分，其讀習聖人經史，完全與生命道德和實學實功毫無關係，當然亦無本事治理家國天下。

此種遊玩耍弄經典史籍的買櫝還珠、取沙棄金的痴昧病態，在現代的讀經運動和教育中，恐怕也是存在或甚至是嚴重的。凡關心儒學儒教弘揚實踐之人士，不可不引為戒懼。

關於王船山此種從史事之變遷來證顯經典中所載之天理常道的思想智慧，當代新儒家唐君毅先生詮釋深刻。謹將唐先生之論述，簡單鋪陳於下。唐先生曰：

> 船山之學，得力于引申橫渠之思想，以論天人性命，而其歸宗則在存中華民族之歷史文化之統緒。〔……〕于中國之學術文化各方面，經史子集四部之典籍，皆有所論述。而尤邃力於《六經》之訓釋。[28]

此句話重點是「歸宗則在存中華民族之歷史文化之統緒」，是說船山治學，固然亦不外於論天人性命，然而他的精神或方向，卻是通過前之大儒張載之思想的開啟，而且邃力探賾於《六經》之義理，惟歸宗於中國之歷史文化的體系之詮釋和彰明。此種論述是有其特殊義的，看看唐君毅先生的說法，他指出就王船山所著書之體類以觀，即知其精神所涵潤者，實在中國歷史文化之全

---

[28]　唐君毅：《中國哲學原論・原教篇》，收入《唐君毅全集》，卷十七（臺北：臺灣學生書局，2014），頁 623。

體。秦漢而還，朱子之外，更無第二人足以相擬。[29]然而船山卻顯然與前儒有所不同。唐先生評斷曰：

> 象山陽明良知之教，高明則高明矣，然徒以六經注我，而不知我注六經，終不能致廣大。六經注我，反一切事理于一心，東西南北之聖，同此一心，似亦極廣大矣，然此心果前無古人，後無來者，悠悠天地，終成孤露。唯復知我注六經，乃上有所承，下有所開，旁皇周浹于古人之言之教，守先以待後，精神斯充實而彌綸于歷史文化之長流。此乃朱子船山精神之所以為大也。然朱子之學，以理為本，循理而進，論性與天道，與道德上之當然者，固可曲盡其致，然論文化歷史，則徒循理之概念，便仍嫌不足。[30]

唐君毅先生於此評論了心學家的治學，將一切都收納到一心之中，則不免失去了橫通鋪展的客觀義、架構義的文化歷史之正視和肯定，若大家都趨向於心之孤明內證，則世界必無光明普照，而將成為幽暗，心學之所以有此弊，乃因輕忽了《六經》之實學實功性之研讀，而只是以我為主體而說《六經》，《六經》喪失其主體性和客觀性，心學者無法貫通中國文化歷史之具體世界，於是其心最終乃是「前無古人，後無來者，悠悠天地，終成孤露」，不免向佛門禪宗之出世境界滑順而去。同時，唐先生雖也肯定朱子重視《六經》之實教實學，然而朱子主張理先氣後，將

29　同上注，頁 624。

30　同上注。

一切存有者之本體皆歸向形上天理，因而會忽視人文歷史世界的
具體，雖是形下現象，但它才是主體。船山遭逢宋理學的瑣碎化
和明心學的空虛化之學術思想之流弊之害之後，於亡國亡天下的
慘痛人生之際遇中，啟悟出文化歷史的總體之熟習、認知以及體
悟，是最重要的。

　　再者，宋明儒家之學以「唯道德主義」為首出，此種傾向亦
存在應該予以省思檢討之處。唐先生指出道德與文化歷史之分
際，他說：「後儒之論文化與歷史者，亦多以道德上所立之當然
之理為權衡，而文化與歷史之論，皆道德論中之道德原理之運
用。唯道德論與文化歷史論之一貫，是一事，而道德與文化歷史
之名之涵義固不同。徒直接以道德上之原理，應用于文化與歷
史，對于文化與歷史之意義與價值，將不能有充分之了解。」[31]
宋明儒就是對此分際弄不清楚，或相混而為一，或以道德律來宰
制牢籠文化歷史之總體內容。唐君毅先生說明兩者之範疇須有所
釐清以及其中之關聯性：[32]首先，道德固然可以屬於純粹主體內
在的自證，而不必具有客觀外延性，但道德之在文化歷史，則必
須是道德之實踐出去而化成天下之後，具有客觀性、架構性以及
實質的文化和歷史影響，才可說道德對於文化歷史有其關係。再
者，文化歷史的內容十分多元，其中雖然不可缺少道德的實踐而
形成或造出的文化歷史之客觀內容，但文化歷史之中還有很多不
是道德之產物，如文藝、科學之創成，它們卻是離道德而獨立
的。復次，道德本身的具有意義和價值，實須人能先充分肯定文

31　同上注，頁 624-625。
32　同上注，頁 625-627。

化歷史之客觀存在對於道德之重要性，因為文化歷史的客觀架構性，是實踐道德的載體。最後，評論道德，可就作下事件之人的心理之邪正善惡加以評斷，但此種個體式評斷，尚非通往其人所作之事件之影響於外延而客觀存在的文化、社會、歷史，相對而言，文化社會歷史之價值，是客觀的，其人之事件之道德性，展開在文化社會歷史之時，它是會與後者交織互動的，所以，我們對重要人物的道德判斷，需與外在的文化、社會、歷史共構，才能得到較客觀超然的判準。

　　唐君毅先生所論的文化歷史之客觀架構性之意義，船山是正面積極重視的，他不用現代學術之術語，而是以傳統的關鍵字有以表之，即「氣」。唐先生說：

　　「船山言心理與生命物質之氣，而復重此精神上之氣，即船山之善論文化歷史之關鍵也。〔……〕吾人于歷史文化〔……〕視之為客觀存在，超乎吾人、包乎吾人之實事，當恭敬以承之，悉心殫志以考究之者矣。」[33]於是，唐先生如此闡釋船山重氣即重文化歷史之意義：

> 　　一重氣而崇敬宇宙之宗教意識，〔……〕一重氣而禮之分量重，〔……〕一重氣而表現于情之詩樂，在文化中為確定，而知程子為文害道之說，不免于隘矣，〔……〕一重氣而政治經濟之重要性益顯矣，一重氣而論歷史不止於褒貶，而可論一事之社會價值、文化價值、歷史價值及世運之升降，〔……〕一重氣而吾國之歷史文化，吾民族創

---

[33]　同上注，頁 628-629。

之，則吾民族當自保其民族，復自保其歷史文化，二義不
可分，華夏夷狄之心同理同，而歷史文化不同，則民族之
氣不必同，其辨遂不可不有矣。[34]

重氣就是重具體客觀的文化歷史之總體文明之展現、成就以及延
續。唐先生肯定船山的文化歷史之具體氣顯之哲學，而於此也就
能夠明白宋明儒家在過重心性論以及形而上天道的思維中，會有
一種弊病，即以為《六經》只是先聖先祖留給後人的道德心性修
養入門之典冊，而忽略甚或不明白《六經》何止是心性修養之教
科用書，它其實是中國文明的總體之大藍圖大方策大智慧。所
以，讀經教育必須體悟認知，除了德性之教之外，知性之教，也
一樣重要，絕對不可偏廢。

四、結論

讀經是終身的志業，此教化，從自我之教到教他之教，是學
不厭、誨不倦之生命心性修養之工夫和境界，其實它不是外在於
生命，而就是生命的自照且照世的意義實踐。故如果離開經典之
生活，就等於不曾真正地活著、活過。

但讀經並非孩童或青少年之求學階段之功而已，孔子說過活
到老就學到老，其意思即讀經不息而惟至乎臨終才止。

讀經亦非無解釋、無體悟的死背經文，人只要一誕生世間，
他就有認識心和體悟心，其中差異只是認識和體悟之層次和類型

---

[34]　同上注，頁 629。

有別，再者則是依個人之根器資質不一而有參差。因此，幼教到青少年教育以及高教，須依齡因才而給予教育，包括禮樂射御書數等六教之誦習、講解以及啟發。若以為孩童和少年之經典教育，只是誦記背熟經文而已，這不是正確的讀經教育法則。

　　再者，讀經之路莫只限定於道德倫理之教學，文化歷史之總體教化，亦應從孩童之教開展。儒家《六經》，本即是經史之一體性文本，即經即史、即史即經。經史既有尊德性之教化內容，亦有道問學之教化智慧，兩者本即一體之兩面，不可剖開分裂而成為偏廢扭曲不健全之教學。

陸
中國儒家的政治文化理想形式

一、前言

　　中華民國之締造及其發展、延續，是建立於一個中心思想和精神的，此即孫中山先生的《三民主義》。《三民主義》的本質，不是西化之舶來品，它既非源發於「資本主義」意識形態，也不等同於「馬列主義」意識形態。孫先生自己在其著作中明言其思想來自中國儒家之「道統」；此所謂「道統」，其實就是孔孟荀先秦原始儒家開創而歷代傳承的中國政治文化理想形式，其精神同時是中國儒家的德性，亦是儒家的知性；孫中山先生的政治理想及其實踐，是尊德性與道問學雙彰朗現的儒家內聖外王型的現代中國大政治家、大思想家。文化與政治是國家、國族的一體兩面的表顯，故中國文明體中，必究其政治之最高理想型。且現代中國之民主共和制，亦不可能全盤照搬歐美文明制度的那一套形態和內容，而是必須立足於中國傳統智慧和實質，以此為本位來吸收他邦之優秀內容為自身之養分。孫中山先生創立民國且為民國提供了理論、學術以及經典，此即《三民主義》，其主要的理想精神，是《禮記·禮運·大同篇》，而順此上追歷史文化

之統緒，乃是接續孔子的「公天下」之政治文化理想形式，在孔子之後兩千數百年，通過國民革命創立民國，中國的政治文化之最高形式，亦即中國的民主共和，才真正獲得實踐。

中華民國之存續發展乃至於繁盛，必須遵循孫中山先生遺教，因此，也就必須歸返中國儒家的政治文化理想形式之傳統。近年中華民國之最大危機，其主因就是中國國民黨黨人乃至國民多已背棄了孫先生的教化以及中國文化之本位，而更甚者，則是主張臺灣獨立且一直走向這條崎嶇之險徑的民進黨，不但鄙視孫中山先生，同時也背叛中華的民主共和政體，更輕侮中華文化。此種下墮，是臺灣的沉淪。

學習明白儒家的政治文化理想形式之為何，並將其與孫中山先生遺教相結合會通，對於當前中華民國之重返自己，進而邁向二十一世紀一個總體完整的民主共和中國，十分重要。本文是依據孔孟荀之智言以及儒家經典來詮釋中國儒家的政治文化理想形式，此形式在孫中山先生思想中存有其傳承的精神，在這個大脈絡中，孫先生的遺教乃有其深刻的意義。

二、孔子的政治文化理想

孔子的政治文化理想歷經三個階段。最早時期，他肯定「周文」，他說「周監於二代，郁郁乎文哉，吾從周。」[1]朱子註釋此章曰：「監，視也；二代，夏商也。言其視二代之禮而損益之。郁郁，文盛貌。尹氏曰，三代之禮，至周大備，夫子美其文

---

[1]　《論語・八佾》。

而從之。」[2]依朱子詮釋，孔子認為周之禮樂是對周之前的夏商一脈傳承下來的華夏文化的損益發展而形成的，到了周朝，「禮樂文統」最是發達完備。孔子雖是殷人之後代，卻對周之文化大加肯定，其肯定的周之禮樂文統，稱為「周文」；所謂「周文」，就是周公為周而建立的「禮樂文統」，史稱周公「制禮作樂」，為周創立封建政治和文化，孔子對於「制禮作樂」的周公最為尊崇。

　　周公與「周文」，宜從史事敘述來加以理解。胡秋原先生指出當夏人自西而東拓展夏文化以及之後商人自東而西拓展殷文化的時代，雖然夏商文化有了交流，但其王權範圍，只限於王之領域。然而，周人興起，其文化交流意義就有所不同。胡先生說：

> 商人有六百年之天下，文化甚高。周人實邊區之民，其初文化程度遠較殷人為低，特乘商政腐敗而起。如恃武力，難免兵連禍結。周人東進以後，繼之以高度自治之治，並吸收殷人文化，促成了東西的融合，並使諸夏文化結晶起來。孟子說：「舜，東夷之人也；文王，西夷之人也，〔……〕先聖後聖，其揆一也。」說明了當時東西文化融會的消息。[3]

周人東進滅殷，他們做了一件文化融合的工作，就是以和平妥協

---

[2] 〔南宋〕朱熹：《四書集註・論語章句》（臺北：世界書局，1997），頁76。

[3] 胡秋原：《古代中國文化與中國知識分子》（上冊）（臺北：學術出版社，1978），頁73。

的方式，尊重原有的東方殷文化傳統，予華夏之內的各邦國高度
自治，同時，自己又吸收殷文化而轉化成一種新的華夏文明，孟
子所言的東西方的聖人模範之性質是同一的，即是在此基礎和結
果中的體認。孔子接受的禮樂文統，其實即是融合了殷周而發展
的既有傳統又是新生的文化新典範。胡秋原先生指出武王剪除殷
商建立周朝之際，面對的中國政治局勢是大小邦林立，引顧祖禹
《讀史方輿紀要》，說武王觀兵時，所謂「諸侯」多達千八百之
多。而這些邦國，依劉獻廷之言，「即今之土司也。」而周初
時，又往往稱諸侯為「友邦君」，其意是指當時民族中心的勢力
尚未建立，中國仍然華戎夏夷雜處，為了和平而定國，因此周公
創造適應新時代局面的新的封建體制，[4]胡先生繼續說：

> 周公對這些土司式國家，或封之，或羈縻之，或合併之。
> 他承認舊貴族的權力，不過又增封其宗室，而在共主之天
> 子與諸侯間設定了一定權利義務關係，這關係是一種禮貌
> 的君子協定。這一方面維持了中國的和平秩序，一方面使
> 國家有一個中心和規模。在這秩序與規模中，使諸夏文化
> 完成而且擴張；夷狄同化於諸夏，使中國民族滋大。[5]

此處所言，就是周公的「制禮作樂」，也就是周公為周朝新制定
的封建制度。換言之，周公給周朝創制了行之八百年之久的封建
之禮法。胡先生說明周公制作的周之封建政治之「禮樂文統」的

4　同上注，頁 73-74。
5　同上注，頁 74。

精神，曰：

> 武力，即為封建秩序之破壞。周公之封建秩序，乃偃干戈
> 而恃德恃禮的。《國語・周語》載祭公謀父反對穆王對犬
> 戎用兵云：「先王耀德不觀兵，兵戢而時動，動則威，觀
> 則玩。先王之於民也，正其德而厚其性，阜其財求而利其
> 器用。明利害之向，以文修之。故能保世以滋大。」[6]

周公之「禮樂文統」，由祭公說出其基本原則和精神，是「恃德
恃禮」且「修之以文」的「道德主義」與「和平主義」；中國或
華夏的秩序，不在於耀武揚威，而是在於和平之道德治理，這在
孔子而言，就是仁心和仁政。周文之核心價值在此。

　　據上所述，孔子肯定並且加以弘揚的「周文」，即周公制定
下來的封建政治體系之中的天下之上下有差等且諧和的秩序，其
中心思想是禮和仁。

　　然而，孔子不是西周時人，而是春秋時人，其時，周公的封
建體系已經「禮壞樂崩」，「周文」已然疲弊；孔子周遊列國遍
干諸侯十四年，其目的本想找到有崇高心志和禮樂教養的諸侯
王，能夠恢復周之天下「禮樂文統」的原有秩序，但顯然失敗，
當世並無這樣的諸侯。所以孔子嘆曰：「甚矣吾衰也！久矣吾不
復夢見周公！」[7]孔子顯然認為周文的封建政治制度已經喪失其
剛健的生命力，須乘時而更正改變。所以，孔子的政治觀有所更

6　同上注，頁 75-76。
7　《論語・述而》。

動。《論語》記載了孔子欲參與政變舉事。茲陳述其一項於下：

> 公山弗擾以費畔（叛），召，子欲往。子路不悅，曰：
> 「末之也已！何必公山氏之之也！」子曰：「夫召我者，
> 而豈徒哉？如有用我者，吾其為東周乎？」[8]

公山弗擾是魯國公族，費是魯國權臣大夫季氏的邑，公山氏時為季氏宰，也就是季氏大夫家的陪臣，以費邑叛，綁架季桓子，且召孔子。孔子想去看看，或可以有一番作為。子路大大反對，所謂「末之也已」，是指夫子欲行仁道於天下，但證明已無法實現。而所謂「何必公山氏之之也」，是說夫子何必應公山氏的召請而去參加？在子路，一方面慨嘆孔子仁政理想不得實行，一方面認為公山氏根本就是叛賊，夫子奈何去支持叛亂！孔子回答子路，把自己內心之理想吐露出來，即其欲超越封建政治的僵固崩壞性，此僵固崩壞性，是天子、王、大夫、卿、士都已失禮無文的固死就木之狀態，因此，他欲找尋一切可能性而給予中國一種新的政治文化理想。所以，孔子回答子路，告訴他，如果有任何人找我去實踐理想，我就會把握，我難道一定要為東周而賣命嗎？（另外還有一種解釋，是說孔子回答子路，我欲重振周道於東方。筆者按：應以前注為宜，蓋若是興周道於東方，則可以說「余應該重建周道於東方」，而不會稱「為東周」，語法不合。）

　　王船山對這一章有深刻的詮釋。船山曰：

8　《論語·陽貨》。

> 天子失其治統，而王道廢。下而諸侯也，大夫也，陪臣
> 也，皆竊天子之柄以廢一王之治者也。天子不能興矣，諸
> 侯匡之則興。諸侯失道，大夫可匡諸侯，以匡天子。大夫
> 不足有為，而逆彌甚，陪臣可矯大夫扶諸侯，以輔天子。
> 故欲正其分，則諸侯不可用，而況大夫！欲因之以大有
> 為，則諸侯大夫可用，而何獨棄於陪臣！[9]

船山指出春秋時代，封建政治的禮制全然崩壞，周天子實質上已
喪失有效統治周天下的真正權柄。而際此種局面，若欲恢復天下
秩序，也就是欲重振天下「禮樂文統」，在諸侯、大夫、陪臣等
階層皆可加以試驗之。因此，孔子提醒子路，莫以為天下權柄只
能歸於周天子，或一定得歸於諸侯王、卿大夫。天下政權又不是
天授的或是周王授的，政治的目的是為庶民百姓的，如果有一個
人物，他的身分只是陪臣，或甚至是平民，只要是大賢且能，若
有行仁踐義的理想，為何不能去試試看這樣的機會呢！船山又再
暢論曰：

> 聖人曠觀三代以降，知其皆不可用而皆可用也。而當時習
> 於諸侯大夫之逆，而陪臣始盛，而斥之為叛，橫立分義，
> 以為士君子之從違，故公山弗擾獨以叛稱。[10]

聖人即是孔子。船山認為孔子洞察夏商周三代以來的「血統世襲

9　〔明〕王夫之：《四書訓義》（上冊），《船山全書》，第七冊（長
　　沙：嶽麓書社，1998），頁 906。
10　同上注。

主義」的君王、諸侯封建制，其禮制已然僵化崩壞，世人甚至包括孔子自己的高足子路，卻都還以為必須死死地遵從封建名分，不可逾越。然而，統治階層的諸侯、大夫在周天子勢微以後，多有破毀封建之名分者，而世人卻亦居然漸漸而視為當然，可是對於從底層而上升到較高層之陪臣（家臣）之反抗和爭奪諸侯、大夫之權柄者，則又視為叛逆。船山於此指出對於封建禮制崩壞的春秋時代之此種政治和思想之混亂情況，孔子是立於「仁」之道統的高層次來加以觀照的，而不是死守已經僵硬崩壞的封建禮制虛名。

船山擬孔子之言，孔子這樣告訴子路而曰：

> 夫召我者，豈徒修其好賢之名哉？無亦疑於名之不正，而思我為之名也；無亦嫌於義之未順，而思我徙於義也；則必用我矣。有用我者，吾何擇乎？諸侯用我，我即用諸侯；大夫用我，我即用大夫；家臣用我，我即用家臣。吾為之，吾有所以為之。[11]

船山假擬孔子這段話語，顯示孔子之志是在於正天下禮之大名，思欲行仁政而恢復中國之「禮樂文統」，但此新的禮制卻不必是周公原來的封建政治。所以，無論諸侯、大夫或陪臣，若有願重用孔子者，孔子則樂於前往參與，而運用彼之力量，來加以旋轉天下大局，重新安頓天下秩序。因此，船山給一結語，說：「子路所習知者，當時諸侯大夫之分義，而夫子所志者，禮樂征伐一

11　同上注。

統之盛治。」[12]由此，證明孔子於其晚年，對於疲弊之「周文」，已然喪失認同和肯定，在孔子而言，必須為中國建立新法新政矣。[13]其新法新政的理想，顯現在修《春秋》的微言大義。

三、從《春秋》起始而觀儒家的公天下政治思想

孔子最後規劃設定的政治理想形態，從其晚年修《春秋》可以把握。[14]關於孔子修《春秋》之心志，始載於《孟子》。

孟子首先提到堯舜之道衰微之後，夏、商兩代，「暴君代作，壞宮室以為汙池，民無所安息；棄田以為園囿，使民不得衣食。邪說暴行又作，園囿、汙池、沛澤多而禽獸至。及紂之身，天下又大亂」。[15]孟子這一段敘述，主要是說出夏商兩代已非堯舜公天下的仁政，而是「血統世襲主義」的私天下政治，因而不能擔保在位執政者皆是聖賢或賢良者，因此，暴亂之君時時有之，「民無所安息且不得衣食」，是孟子提出來的控訴，又再加

12　同上注。

13　與欲往公山弗擾之召的記載相同的事蹟，還有一個，《論語》：佛肸召，子欲往。子路曰：「昔者，由也聞諸夫子曰：『親於其身為不善者，君子不入也。』佛肸以中牟叛。子之往也，如之何？」子曰：「然，有是言也。不曰堅乎？磨而不磷；不曰白乎？涅而不緇。吾豈匏瓜也哉？焉能繫而不食！」見《論語‧陽貨》。此章主旨與公山弗擾以費叛召孔子往之章相同。證明孔子之政治理想主義，已不肯定認同周公的封建政治制度。

14　太史公則說孔子是「著《春秋》」，按史家的工作是「修史」而非「著史」，但孔子只是拿《魯史》來撰述其一家之言的《春秋》，在此層面言，是「經」而不是「史」，所以是著作而不是編修。

15　《孟子‧滕文公下》。

上統治階級以邪說暴行為其暴虐之政，加上彼等強佔天下土地改為統治階級的園囿、汙池、沛澤，而在庶民生存的環境中則是禽獸橫行。至商紂時代尤其慘烈。

接著，孟子高度肯定了周公創立的「周文」之「封建形式的禮樂文統」，孟子說：「周公相武王，誅紂，伐奄，三年討其君，驅飛廉於海隅而戮之。滅國者五十。驅虎、豹、犀、象而遠之。天下大悅。《書》曰：『丕顯哉！文王謨！丕承哉！武王烈！佑啟我後人，咸以正無缺。』」[16]此段是孟子贊頌周公、文王、武王之文句。其意思是指文武時代，周公輔佐，為民伐罪，滅了商紂，同時討平天下之暴亂之國，而又「驅虎、豹、犀、象而遠之。」使中土從蠻野之自然環境轉化為農耕之人文環境。孟子於此明白肯定了「周文」之下的「聖君賢相」形態之優良政治。換言之，孟子接受「血統世襲主義」中的聖賢式君相共治天下之政道，但是，他也是反對此種制度之下卻出暴君奸相的，所以才會主張革命權；昏暴的政權，孟子斥之為獨夫之惡政，理當武力鏟除。

然而，戰國時代較春秋時代更形禮崩樂壞，因此，孟子提出他最終極的政治文化理想，他是藉孔子修《春秋》而言孔子之志，而孟子是認同且善學孔子的。孟子說：

> 世衰道微，邪說暴行有作。臣弒其君者有之，子弒其父者有之。孔子懼，作《春秋》。《春秋》，天子之事也。是故孔子曰：「知我者其惟《春秋》乎！罪我者其惟《春

16　同上注。

秋》乎！」[17]

朱子在其《集註》中這樣說：

> 胡氏曰：「仲尼作《春秋》以寓王法，惇典、庸禮、命
> 德、討罪，其大要皆天子之事也。知孔子者，謂此書之
> 作，遏人欲於橫流，存天理於既滅，為後世慮至深遠也。
> 罪孔子者，以謂無其位而託二百四十二年南面之權，使亂
> 臣賊子禁其欲而不得肆，則戚矣。」愚謂：孔子作《春
> 秋》以討亂賊，則致治之法垂於萬世，是亦一治也。[18]

胡氏和朱子的詮釋均很清楚地道出，孔子修《春秋》，是否定了
周天子及其封建制度中的那一套「政治禮樂文統」，而自居為
「無位的天子」（後世稱孔子為「素王」），以王者的德和學，
透過《春秋》裏面的筆法，而將其政治理想創作出來，他的理想
就是仁政的充分實現，若實現，那就是「太平世」或「大同世」
的境界，當然是依德能而得位的「公天下」制度。

在〈離婁下〉，又記載了另一段孟子談到孔子修《春秋》的
章句：

> 孟子曰：「王者之跡熄而《詩》亡，《詩》亡然後《春
> 秋》作。晉之《乘》，楚之《檮杌》，魯之《春秋》，一

17　同上注。

18　〔南宋〕朱熹：《四書集註‧孟子集註》（臺北：世界書局，1997），
　　頁294。

也。其事則齊桓、晉文，其文則史。孔子曰：『其義則丘
竊取之矣。』」[19]

當代新儒家熊十力先生據此而有深刻論述，他說：

> 《詩》亡，則人民之公好公惡，不得宣達；不平之制度，
> 不良之習俗，皆莫得改革。故《春秋》不得不作。孔子依
> 魯史記而作《春秋》，其貶削天子，黜退諸侯，誅討大夫
> 及改革亂制諸義，則是孔子自發明之。由孟軻所述，則孔
> 子之意，蓋曰有威權勢力者將罪我也，孔子作《春秋》，
> 本欲改亂制，廢黜天子諸侯大夫，達乎天下為公而已，故
> 知之者，當為天下勞苦庶民，罪之者，必為上層有權力
> 者。[20]

據熊先生的詮釋，孔子修《春秋》，乃是為了中國庶民百姓建立
新之「禮樂文統」，在政治文化和禮制上，廢棄陳腐的君王世襲
制，而追求「天下為公」的「公天下」之禮樂世界，所以，必須
將《春秋》與其他重要的儒家經典結合在一起來加以觀看、省
思，則能顯出孔子的政治文化理想形式，並不屬於「血統世襲主
義」，此包括周之封建制，秦以後的帝王中央集權天下郡縣制，
若孔子得見，亦必不會同意。在孔子，理想政治文化形式，須是
定期依人之賢德和能力而選舉、推薦的「公天下」制度，人民擁

19　《孟子·離婁下》。

20　熊十力：《原儒》（臺北：明文書局，1988），頁123。

有政權，行政者的「君相」（現代，就是總統、總理），只是人民直接或間接選出的治權行使實施者。可惜此真義，由於遭中國的帝王專制政治積塵兩千年之久，遂長久湮沒而不彰，後儒最多只敢提出「血統世襲主義」的「賢君良相制」而已。

四、歷史脈絡中的儒家之政治文化理想形式

中國自秦一統天下，兩千年來是「血統世襲主義」的帝王專制政治。明末大儒黃宗羲痛感如此之大的明朝居然亡於東北如此之小的女真；明以華夏之泱泱大國居然亡於關外東北之小小「夷狄」，此種滅亡豈只是易姓而已，其乃是中國文化道統之滅亡，顧亭林、黃宗羲皆痛呼為「亡天下」。黃氏以其慘痛絕望之心，深刻追思華夏所以「亡天下」之故，發憤著述《明夷待訪錄》，在書中，黃氏率直批判帝王專制政治。其曰：

> 人君以為天下利害之權皆出於我，我以天下之利盡歸於己，以天下之害盡歸於人，亦無不可。〔……〕以我之大私為天下之大公。〔……〕視天下為莫大之產業，傳之子孫，受享無窮。漢高帝所謂「某業所就，孰與仲多」者，其逐利之情不覺溢之於辭矣。此無他，古者以天下為主，君為客，凡君之所畢世而經營者，為天下也。今之以君為主，天下為客，凡天下之無地而得安寧者，為君也。是以其未得之也，屠毒天下之肝腦，離散天下之子女，以博我一人之產業，曾不慘然！曰：「我固為子孫創業也」。其既得之也，敲剝天下之骨髓，離散天下之子女，以奉我一

　　　人之淫樂，視為當然，曰：「此我產業之花息也」。然則
　　　為天下之大害者，君而已矣！²¹

帝王專制政治始於秦始皇以法家之術滅六國而統一天下，從此垂
二千年，中國的政統成為「血統世襲主義」的帝王專制政治。天
下淪落為一姓的私產、一姓之血緣帝王代代相傳，不止息地「屠
毒天下之肝腦，敲剝天下之骨髓，離散天下之子女」，其目標就
是一姓之私的專制帝王藉此而「博我一人之產業，奉我一人之淫
樂」。兩千年來的帝王專政，黃宗羲視之為中國之大害，因為此
種帝王專政，基本上是孟子所斥責的「視民為土芥」²²的全民之
寇讎，換言之，兩千年來的帝王，絕無文武，更非堯舜，而都只
是桀紂而已，依孟子，是人人可以誅殺的獨夫。²³換言之，黃宗
羲在政道的本質上，否定中國帝王專制政治的合理性和合法性。
而黃氏之此種否定帝王專制之批判宏論，其傳統乃是孔子、孟子
最核心的儒家之政治理想文化形式。

21　〔明〕黃宗羲：〈原君〉，《明夷待訪錄》，收入：沈善洪主編、吳光
　　執行主編《黃宗羲全集》，第一冊（杭州：浙江古籍出版社，2005），
　　頁 2-3。
22　孟子曰：「君之視臣如手足，則臣視君如腹心；君之視臣如犬馬，則臣
　　視君如國人；君之視臣如土芥，則臣視君如寇讎。」（《孟子·離婁
　　下》）。將臣字更易為民，其理一也。
23　《孟子》載齊宣王與孟子一段對話。齊宣王問曰：「湯放桀，武王伐
　　紂，有諸？」孟子對曰：「於傳有之。」曰：「臣弒其君可乎？」曰：
　　「賊仁者謂之賊，賊義者謂之殘，殘賊之人謂之一夫。聞誅一夫紂矣，
　　未聞弒君也！」（《孟子·梁惠王下》）。一夫就是獨夫；單言紂，即
　　包括桀，乃至含天下歷來所有暴虐殘酷之專制帝王。

荀子對於帝王專政之不合理不合義，亦有深刻的批判。茲引
〈正論〉以明其義。荀子曰：

> 世俗之為說者曰：「桀紂有天下，湯武篡而奪之。」是不
> 然。以桀紂為常有天下之籍，則然；親有天下之籍，則不
> 然；天下謂在桀紂，則不然。[24]

此段之「常」，當為「嘗」；「籍」就是「位」；「天下」是
「天子」之誤植；而其中的「則不然」的「不」是衍字，應是
「則然」。此句意指桀紂曾經佔居天子之大位。一般人認為湯武
推翻夏桀和商紂是臣下篡竊的行為，而荀子告訴世俗無知之人真
正的政治道理，他指出，如果說桀紂曾經擁有天子之位，可以；
親身曾具有天子之權，亦可。但是如果說天下之人都屬於桀紂，
這樣說就不可以。[25]顯然，荀子很清楚地區分政道的兩層分別，
一是說夏桀和商紂曾經承襲而有政權，但一則明白說出「天下」
不屬於桀紂等帝王所有，亦即隱含「主權在民」之意思，其實，
若加以推衍荀子的思想，帝王只能組成政府來運作「治道」，上
層的「政道」之權柄屬於人民。在此處，荀子似乎已多少有「天
下者天下人之天下」，帝王只是擁有治理天下的權力而已之政治
觀。
　　荀子接著又更加深入闡明，他說：

> 聖王沒，有勢籍者罷不足以懸天下，天下無君。諸侯有能
> 德明威積，海內之民莫不願得以為君師。然而暴國獨侈安
> 能誅之，必不傷害無罪之民，誅暴國之君若誅獨夫，若
> 是，則可謂能用天下矣，能用天下之謂王。[26]

聖王指大禹、商湯等聖王而言，中國在桀紂之時，政治已非仁義
之政，掌控政權的桀紂是昏愚腐敗的殘暴之君，他們根本沒資格
擁有大位而來治理天下，實質上，天下已無聖君賢王，換言之，
中國已經不存在真實的政治。此時，庶民為了生存，必在全中國
尋找道德和能力皆是崇高的諸侯，願他出來負擔全天下庶民百姓
的君師（政治上為君，而在文教上為師，上古政教合一）。一旦
有此賢能聖德之諸侯，他就能征討昏暴之在位者，且對無辜受苦
的庶民百姓無有損傷，而此弔民伐罪之舉，為「誅殺獨夫」，無
所謂「弒君」，這種諸侯遂能以仁義而治理天下，如文武、商
湯，他們才配稱為「王」。

　　荀子在此段講明人群社會必須有政治結構和內容，然而如果
是昏愚暴弱之人控制政治，那種情形並非「有君」，也就是說那
種情形其實就是人群社會已無政治之保障。然而，人群社會是需
要「有君」的，是需要有某種有格之人以及一種有德之團體來建
立政治而實行治理的。在荀子而言，此即聖王出來誅除沒資格的
敗德無能者之佔有政權，同時，也唯有聖王有資格和能力在政治
中，行使治道和教化。

　　荀子接著闡明曰：

---

[26]　《荀子·正論》。

> 湯武非取天下也，修其道，行其義，興天下之同利，除天下之同害，而天下歸之也。桀紂非去天下也，反禹湯之德，亂禮義之分，禽獸之行，積其凶，全其惡，而天下去之也。天下歸之之謂王，天下去之之謂亡。故桀紂無天下，而湯武不弒君，由此效之也。湯武者，民之父母也；桀紂者，民之怨賊也。[27]

荀子指出政權不是哪一個個人自己可以擅取的，而且政權之失去也不是哪一個個人自己將其丟棄的。政權的得失之主體能動的力量，源自全天下的庶民百姓。人民決定政權之給予，而其標準是為政者須「能修其道，行其義，興天下之同利，除天下之同害」，能達此標準，庶民百姓就將治理天下的政權託付給他。人民也決定政權之革除，其標準則是為政者「反禹湯之德，亂禮義之分，禽獸之行，積其凶，全其惡」，若犯此規範，則庶民百姓有權力將這種敗德亂政者之權柄奪除。因此，荀子才說湯武只是誅殺獨夫而未弒君，而湯武之政是行愛民如子的仁政，相對照之下，桀紂不是君，而是人民的怨賊寇讎。

荀子強調「天下不可以奪取，不可以竊據」，但是天下又必得有政治的治理，不能像道家一樣放諸自然，而治理天下政治的人卻不是任何人，只有「聖人」具有這個資格。[28]

上述荀子的政治觀，其實與孟子雷同，兩人之見解可會合之

27　同上注。

28　荀子曰：「可以有奪人國，不可以有奪人天下；可以有竊國，不可以有竊天下也。〔……〕國者，小人可以有之，然而未必不亡也，天下者，至大也，非聖人莫之能有也。」見《荀子‧正論》。

而為中國上古儒家最基本的政治之思想系統。黃宗羲的論述，與
孟荀之道，是貫穿而為一的。

　　然而，孟荀在戰國時代遍干諸侯，希望推行儒家的理想政
治，仍然存在一種認定，那就是「聖王觀」，可是，儒家的聖王
是有兩型，必須釐清。其經典出自《禮記》，先儒創作〈禮運〉
一文，其中提出兩型政治的理想形式，一是「大同世」，一是
「小康世」。這篇重要的文章，如同儒家其他經典，不是出於一
人之手筆，也不是一個短時間創作完成，而是陸續累積出來的。
武漢大學國學院郭齊勇院長引學者任銘善、王鍔的考證，認為
「〈禮運〉全篇是孔子與子游討論禮制的文字，主體部分是子游
記錄的，大概寫於戰國初期，在流傳過程中，約於戰國晚期摻入
了陰陽五行家言，又經後人整理而成為我們看到的樣子。」[29]依
此，郭氏認為全文是孔子和子游師徒兩人的對話錄，但又說後來
摻入了陰陽五行觀之敘論，所以分明是有兩大部分，而師徒對話
錄成於戰國之初，陰陽家摻入之文，則是成於戰國晚期。王夢鷗
說：

　　　「運」字可有二義：一為演變，一為旋轉。演變者，是就
　　時代生活的沿革而言；旋轉者，是就五行四時之更迭而
　　言。四時更、周而復始，禮治依此而行，故一年一週轉。
　　以此觀察〈禮運〉，則本篇有似〈月令〉的說明文。但是
　　篇中既言大同小康亂世的演變，又言檜巢營窟的生活變為

29　郭齊勇：〈《禮記》哲學詮釋的四個向度〉，收入氏著《儒者的智慧》
　　（北京：北京出版社，2019），頁 123-159。

宮室臺榭的生活等等，這都是隨時沿革而非周而復始的。
二者基本的觀念不同，今混為一篇，乃不能不分割「禮」
為內容與形式，內容即禮之「義」，形式即禮之「數」；
數是演變的，義是旋轉的，所以在後起的禮數中，仍可找
到原始的禮義。這種思想，好像是荀子學派和鄒衍學派的
調和，疑其寫作時代當在西漢時代，古文學漸起而替代今
文學，遂出現了這樣不相干的調和論。[30]

王氏認為〈禮運〉一文，其題為「運」，是作此文的儒者主張自
然天地之道以及文明禮制之道均具有兩種發用，一是隨時的由古
及今以至未來的演化，一是如日月星辰四時季節以及人文制度的
循環往復。而王氏以為二者是不同的概念，一是直線觀念，一是
圓形觀念，但是此文顯然非一人一時之作，故先儒遂混合禮義和
禮數而成為一體，然而，畢竟其中學派不同，王氏指出有荀子學
派和鄒衍學派的思想結合於其中。

　　王夢鷗認為〈禮運〉一文，是西漢古文經學和今文經學的調
和，而將荀子學派的「禮制文統觀」和鄒衍學派的「陰陽五行
論」雜揉成一文，而統以「禮」的「義」和「數」。古儒往往有
一傾向，即試圖把文明發展而多元的觀點和學理予以統一為一貫
之道，在此文，則以「禮」之運行觀念來加以統一。吾人看看
〈禮運〉的文章結構，事實上有兩大部分，一是孔子對子游（言
偃）論政道的禮制，即「大同世」和「小康世」。但接在後面的

30　王夢鷗：《禮記今註今譯》（上冊）（臺北：臺灣商務印書館，
　　1992），頁 361。

「言偃（子游）復問曰」起始，一直到文章結束，則根本是作者表達古人的宗教、生態等領域之文明、思想、儀式內容，是中國上古的文明之某些重要成分之敘述，與此文前面孔子之暢論大同小康之世，完全不同範疇。若就孔子論政治禮制文統之言，則其精神確實顯現了荀子重禮統之思路，再者，何以說是子游與孔子之對話錄，而非其他弟子？可以合理推測，子游在大賢之中是以禮制為其專業的。因此，如今收在《禮記》一書中的〈禮運〉一文，並非出自一人一時的文章，而是多人且是不同時期、不同學派的雜文。

　　筆者關心的是〈禮運〉中，孔子提出來的政治理想型之思想，即「大同世」和「小康世」。茲引其文：

> 昔者仲尼與於蜡賓，事畢，出遊於觀之上，喟然而嘆。
> 言偃在側，曰：「君子何嘆？」
> 孔子曰：「大道之行也，天下為公。選賢與能，講信修睦。故人不獨親其親，不獨子其子，使老有所終，壯有所用，幼有所長，矜寡孤獨廢疾者，皆有所養。男有分，女有歸。貨惡其棄於地也，不必藏於己；力惡其不出於身也，不必為己。是故，謀閉而不興，盜竊亂賊而不作，故外戶而不閉，是謂大同。」[31]

創作此文的儒者記述孔子參與魯國十二月祭饗鬼神之典禮，[32]祭

---

[31]　《禮記・禮運》。

[32]　蜡，是周代的一種統治階層之祭典，在十二月舉行，主旨是祭饗鬼神。見王夢鷗：《禮記今註今譯》（上冊），同前揭書，頁362。

禮結束後，孔子在宗廟的門樓上遊覽而有感而嘆。陪在身旁的弟子們，有一對話者言偃。言偃就是子游。在這篇重要的儒家政治理想形式的文獻中，作者以子游扮演引言人的角色。按子游在孔門中列為大賢，《論語》載：

> 子曰：「從我於陳蔡者，皆不及門也。」德行：顏淵、閔子騫、冉伯牛、仲弓；言語：宰我、子貢；政事：冉有、季路；文學：子游、子夏。[33]

蔣伯潛解釋說：「孔子之學，是學做人。所以，德行列在第一。言語，列第二者，因孔子時列國並立，做官的人，常要出國辦外交，所以說話極其注重。政事，是有政治學識而能從政的人才。文學者，能讀《詩》、《書》，知典則的人。」[34]子游和子夏在孔門十哲中，是以「文學」專長，但此所云「文學」，不是當代所言的文學創作，而是指熟於《詩》和《書》經典，且熟知典則，此所謂「典則」，是指禮制。

　　在另外一則記載，也顯示子游熟習禮制，而依此施展地方治理：

> 子之武城，聞弦歌之聲，夫子莞爾而笑曰：「割雞焉用牛刀？」子游對曰：「昔者，偃也聞諸夫子曰：『君子學道，則愛人；小人學道，則易使也。』」子曰：「二三

33　《論語・先進》。

34　蔣伯潛：《廣解語譯四書讀本・論語》（臺北：啟明書局，未註年份），頁154。

　　子，偃之言是也，前言戲之耳！」[35]

朱子注釋此章，提到：「弦，琴瑟也。」[36]蔣伯潛補充而曰：
「『弦』，是樂器，如琴瑟之類；『歌』，是歌詩。」[37]言偃為
武城宰，其教化邑中居民以詩樂吟唱，這即是「以禮樂為教，故
邑人皆弦歌也。」換言之，子游是使武城之人民皆習禮樂，依此
而得禮制文統的文化教養。

　　言偃（子游）在〈禮運〉之問孔子用「君子何嘆」一詞，分
明顯示此文並非孔子和子游在春秋魯國某年祭典之後之對話情
況，因為若是，則子游之提問必是「夫子何嘆」。此乃反映了後
儒撰寫〈禮運〉，乃是拿善於禮制文統論的言偃來引出孔子（是
否真是孔子所言不是要點，而是孔門的重要思想）表達了「大同
世」和「小康世」的政治理想形式觀。

　　「大同世」是怎樣的政教社會？其最前提是「選賢舉能且講
信修睦的公天下」之政治制度。天下的擁有者是「公群」而非
「私姓」，且主持政權來行使治權者，是根據其賢能的標準來加
以選舉而產生，不是什麼人可以擁有權力而得以宰制掌控的。此
政治是禮樂興盛且為整體文明之核心的公天下之道德政治，它具
有雙重性，一是人人皆有道德教養，一是貨貿興而經濟好，換言
之，立基於健全的教和養，而社會治安優良，天下人，無論其是
勞心層或勞力層，皆無有違犯法律者。

　　然而，孔子接著又提及另一個政治境界，即「小康世」，孔

35　《論語·陽貨》。

36　〔南宋〕朱熹：《四書集注·論語章句》。

37　蔣伯潛，同前揭書，頁263。

子曰：

> 今大道既隱，天下為家，各親其親，各子其子，貨力為
> 己，大人世及以為禮，城郭溝池以為固，禮義以為紀，以
> 正君臣，以篤父子，以睦兄弟，以和夫婦，以設制度，以
> 立田里，以賢勇知，以功為己。故謀用是作，而兵由此
> 起。禹湯文武成王周公，由此其選也。此六君子者，未有
> 不謹於禮者也。以著其義，以考其信，著有過，刑仁講
> 讓，示民有常。如有不由此者，在勢者去，眾以為殃，是
> 謂小康。[38]

孔子所言「小康世」，是在「大道既隱」的時代和世界，不得已
的退而求其次的政治內容。所謂「大道既隱」是什麼意思？那就
是喪失了「天下為公」的依據選舉執政者的「公天下」之政制、
禮制以及文明形式，即是「大同世」已不復存在，而下墜為不純
粹非理想但仍有其一套禮制文統之另一種政治文化形式。由上引
這段孔子的陳述，其與「大同世」最大的差別是天下是被一家一
姓主宰，而且以「血統世襲主義」為其本質，天下不是一個諧和
一統之體，而是分裂為諸邦國，政權是世襲的，經濟財物之體
系，亦是各邦國各自獨立擁有的，且各國有其國防建設，有其軍
備和軍力，有其土地生產管理，並且各邦國自己獨立發展教育，
且建立自己一套禮制法規文統，因此，各國之間，可能有衝突和
戰爭，換言之，天下之內的邦國之際並不是一定和平的。

---

[38] 《禮記‧禮運》。

　　孔子所說的這種時代和現況，其實就是諸侯國分裂紛爭的春秋戰國的一種投射。可見，這篇文章不必然是孔子親口所說，很可能是戰國後儒思考並認定的中國的政治理想和現實的形式。但是，他又在此種形式中，以一種理想來加以規約，那就是舉出「禹湯文武周公成王」等「六君子」，以此「六君子」居於政權的地位，有其治理天下或國家的權柄，他們其實已經是「血統世襲主義」的執政者，但卻賦予他們道德的內容，這樣的思想就是以後垂兩千年中國帝王專制時代的儒家對於統治階級要求的「聖君賢相」的典範。如果在「血統世襲主義」的帝王專政中，缺少了「聖君賢相」，則就非「小康世」，而是「劇亂世」。春秋戰國時代，正是周朝從「小康世」往「劇亂世」下墮的歷史發展，而「大同世」，其實只是一種理想政治境界之想像，在中國史以及現世上，它從來沒有實現。

　　《禮記・禮運》的「大同世」之「公天下」理想，在《尚書》之中，就是以堯舜二帝之禪讓政治表達出來。〈堯典〉的有關堯之籌劃讓出執政權之一大段論述，是有深義的。茲敘述於下。

　　關於〈堯典〉的成文，屈萬里曰：「堯典文辭平易，與佶屈聱牙之周誥，絕不相似。篇首云『曰若稽古』，是堯典作者，已明言係後人追述古事。篇中不但有帝堯之稱，且單稱一『帝』字以指時君。又『考妣』對稱，而不稱『祖妣』。且所述命羲和居四方觀日事，與述舜四時巡守四方事，皆以四方配四時，凡此，皆戰國以來之習慣。可知本篇之著成，最早亦不能前於戰國之世。而孟子既引述之，可知其著成時代，當在孟子之前也。」[39]

---

[39] 屈萬里：《尚書今註今譯》（臺北：臺灣商務印書館，1979），頁3。

依屈氏所述，則〈堯典〉的成文時期，約與〈禮運〉成文時期相
當，或較前，就是前者在戰國中期，而後者在戰國末期。但基本
上，都是政事多亂的禮崩樂壞的時代，其時，儒家遂有託古史傳
說以論清明和平之政治文化理想形式及其境界之言論和文字出
現。

　　堯想退位，試圖找到適合的政權繼承者，〈堯典〉在此段論
述中顯現了儒家的非血統世襲的「道德、能力與知識繼承主義」
之「禪讓政治觀」。後世之人皆熟知堯是禪讓帝位給舜的，但此
之前，〈堯典〉已經先用三則事蹟表示堯之政權的出讓，是經由
政府成員之會議和協商的，並非堯帝一人得以專擅，亦非父傳子
的血統世襲。本文茲根據〈堯典〉，敘述此三次政權轉移之諮
商：

　　（一）帝曰：「疇咨若時登庸？」放齊曰：「胤子朱啟
　　明。」帝曰：「吁！嚚訟，可乎？」

　　（二）帝曰：「疇咨若予采？」驩兜曰：「都！共工方鳩
　　僝功。」帝曰：「吁！靜言庸違，象恭，滔天。」[40]

堯帝要退位了，諮詢大臣有誰適合接續政權。大臣名放齊者推薦
堯的兒子丹朱，理由是丹朱開明。可是堯則認為丹朱言論荒謬且
又喜好爭執，豈有德和能來執政？因此協商不果。再又會議協
商，大臣名驩兜者推薦共工，理由是共工有能力承攬眾多工作且

---

[40]　以上兩則，見《尚書・堯典》。

有功績。然而，堯卻從道德品行方面去評斷，認為共工總是排擠善言，貌似恭敬順謹於德，但實質上連老天，他都予以怠慢輕侮。所以，第二次諮詢結果也失敗。[41]

以上兩則，〈堯典〉作者是在表達一個前提，即道德人品有問題的人，沒有資格承繼政權，同時，縱許丹朱是堯的兒子，連血統性的關係，亦被排斥。此處顯示儒家的公天下禪讓政治之思想，首先，不考慮血統世襲，第二，必須優先考核道德修養而非工作或行政能力。

> （三）帝曰：「咨！四岳。湯湯洪水方割，蕩蕩懷山襄陵，浩浩滔天。下民其咨。有能俾乂？」僉曰：「於！鯀哉！」帝曰：「吁！咈哉！方命圮族。」岳曰：「异哉！試可，乃已。」帝曰：「往，欽哉！」九載，績用弗成。[42]

此是第三次諮詢，在此段，儒者提及中國遙古的大洪水現象。在許多典籍中都有相關的記錄或敘述，如孔子、孟子均有提及大禹治水之功，如同基督宗教在其經典中提到的諾亞方舟的神話，中國也有關於大洪水的上古史之傳說和記載。可能是最後冰期之末期山岳冰河大量溶冰造成的大水患之記實。在希伯來，則以宗教神話反映，在中國則以族群之治水的實功來反映。

此次諮詢會議反映了幾項政權轉移之時的共同薦選繼承者的方式，一是合議的，故以「僉」（眾也）的共推來表達之，也就

---

[41] 以上據屈萬里之詮釋。見屈萬里：《尚書今註今譯》，同前揭書，頁6-7。

[42] 同上注，頁7。

是堯任主席，而有多人聚會協商此事。再者，鯀雖然是一個驕傲的習慣違逆命令且又會攻擊善人的兇悍惡德者，但由於他必有與水有關的專長，所以就其專業知識和技能來加以考量，堯遂決定先行試用以觀後效。此點顯示古代儒家對於能否執政之觀點，存在一種想法，就是在正式接任前，應該先有一段時間的實習和試用，並且據之而考察其成效。鯀被考察了九年，完全無功，遂被否決。又，何以治水是鯀而非其他人呢？其實中國遙古傳說史，帶有神話或概括的敘述風格，上古典籍提到的很多大人物，不必然是確定的一個自然人，他很可能代表著一個特定的氏族或部落，就鯀而言，這個「鯀」字，左邊是魚右邊是系，指出是在河湖大澤旁居住而其生活方式是以魚網捕撈魚蝦的水邊氏族部落，因為他們的環境生態，所以被其他氏族部落認為鯀或「鯀族」應該善水親水，於是大家都推舉鯀整治洪水，乃是十分自然的思慮。

　　鯀治水失敗之後，〈堯典〉的主旨方才出現，此即關於堯禪讓給舜的一大段論述。它表現了古代儒家的「以德性和知能領有政統和政權」的「公天下」政治文化理想形式及其政權轉移之流程。茲陳述於下：

　　　　帝曰：「咨！四岳。朕在位七十載，汝能庸命，巽朕
　　　　位。」岳曰：「否德忝帝位。」曰：「明明揚側陋。」師
　　　　錫帝曰：「有鰥在下，曰虞舜。」帝曰：「俞，予聞，如
　　　　何？」岳曰：「瞽子，父頑，母嚚，象傲。克諧，以孝烝
　　　　烝，乂不格姦。」帝曰：「我其試哉。」女于時，觀厥刑

　　　于二女，釐降二女于媯汭，嬪于虞。帝曰：「欽哉！」[43]

堯執掌政權已經七十年了，他想將政權轉移給「四岳」，所謂
「四」，不必是「四個」，而是指「四方」，所謂「岳」，傳統
經學家解為「諸侯」，其實在堯的傳說史之時代，宜以氏族長或
部落長來看待較為合乎人類學上的事實。此句的意思，應該是說
堯作為當時的氏族部落聯盟之共主，已經長達七十年，由此亦可
隱然了解，「堯」亦不必然是指特定的一個自然人，此很可能亦
是某一承擔天下氏族部落聯盟的共主之領袖型氏族部落，由其族
長擔任盟主，而族長不會是一直都是同一人，蓋無一個自然人可
以在位七十年那麼長遠。但既然〈堯典〉是戰國時代追溯遙古傳
說史而凝練創作的文本，此文之內容遂轉化為成文時期之政治社
會制度的形式，而久而久之，以為堯舜二帝是兩位「皇帝」矣。
然而，暫且不必管此種文義之變化，此文重點是一個長久的政
權，它面臨須轉移之時，是可以轉移成「集體領導制」的，堯要
將政權交給「四岳」，就是由「單一領導」而轉移成「集體領
導」。事實上，當代的民主共和政治，就是「集體領導制」，如
今世界上，還有哪個有規模和規範的國家之政體，是絕對的一人
獨裁制呢？
　　「四岳」沒有同意此種無首的集體領導制，換言之，大家共
同參與的政道，依然需有共同推舉的元首。所以，他們共同推舉
了身在下層社會但卻以德性聞名的虞舜。舜聞名四方的德性，有
二，一是真誠的孝道；一則是確能以其德性感化了無德、缺德或

43　《尚書‧堯典》。

敗德的父母及弟弟。

　　總之，在這一大段的敘述中，創作〈堯典〉的古代儒家，他們是透過堯禪讓的傳說表達了一項重要的儒家的政道理念，它是：政權的掌有和行使，是由集體共議而推舉形成，是有一位領導人為首而組成的集體領導制，這位領導人的舉薦不論其出身，但須以明確的德行操守為其前提。

　　此之後，〈堯典〉（偽《古文尚書》將文章隔開而為〈舜典〉）的文章，開始敘述舜先襄助堯治理天下，堯以各類行政來考驗、檢核舜的執政之德操和知能，並實質要求其效果。據〈堯典〉所述，舜襄助堯掌理天下大政，一直作了二十八年，堯帝才崩殂，舜正式繼承中國天子之大位，堯舜禪讓才告完成。[44]

　　《尚書・堯典》論述的禪讓政治之故事中，舜開始並非直接就據有天子大位。堯舜的關係，若以今日政治制度而言，堯就是虛君或虛位元首，舜就是首相、總理或行政院長，前者是政權或國體象徵，後者則是政治執行者，是治權之政府機關。在兩千年前構想而建立的儒家之政治哲學以及上古歷史之闡釋的經典《尚書》，有此高度肯定「政治在聖賢」的「禪讓主義公天下」的思想，證明中國儒家的真實之政治文化理想性格，只是遺憾中國政治史的發展卻是法家思想宰制的帝王專制政治。

　　當代，吾人從歷史大河之中反顧先聖先賢的仁政王道之本質，宜將儒家許多相關經典合而觀照，即可掌握中國傳統之政治理想中，原本就具有民本到民主政治的性質，現代中國的民主政治，固然其衝擊和啟發源於晚清以及往後五四新文化運動時代的

---

[44]　其相關內容，見〈堯典〉。

歐洲式之「德先生」，但中國政治文化之理想形式的深厚根基，
則仍然必須從中國文化思想的本位中尋得。

五、結論

　　如果吾人說中國的公天下或天下為公的政治理想之思想模
式，可以上溯至孔子、孟子、荀子以及儒家經典如《論語》、
《孟子》、《荀子》、《禮記》、《尚書》等，但這個理想只是
一個理想型態，它並無真正的實現，兩千多年來成為中國人的鄉
愁。這個理想鄉愁，一直要到孫中山先生出來領導國民革命，推
翻了兩千年的帝王專制政治，而創建了民主共和國之後，在實際
上，中國政治理想的漫長鄉愁才告結束，中國人才真正回到了自
己應有的公天下之家園。或說孫中山的民主理論源於西方，這種
看法十分膚淺。只要細看並深思孫先生的遺教，特別是《三民主
義》，必然能夠體悟孫中山先生乃是一位既有中國儒家德知並顯
之智慧亦能付諸湯武革命行動的偉大實踐型政治家。兩千數百年
前孔子的原始理想，是由孫中山先生力行之而實現在現代的。[45]

---

[45] 關於孫中山先生的民族主義和民權主義的傳統中國儒家政治理想性，參
　　閱潘朝陽：〈中國政道的傳統理想和問題及現代民主：熊十力、徐復觀
　　和孫中山〉、〈道統、文化意識、孫中山的民族主義〉，兩文皆收入氏
　　著：《沈思儒家：儒學儒教的鉤深致遠》（臺北：臺灣學生書局，
　　2017），頁 405-490。

柒　清康熙時代臺灣方志和
文士著作中的臺灣地理空間生態

一、地理的事實和想像：環境空間的雙重性

　　自有人類文明以來，地球的「原生底自然」就已不存在，因為自然環境是人類發展其文化和歷史的基本資源和架構，人類在其中也在其內，與自然交互作用，自然已屬於「人文底自然」。自然地理學，有兩重性，一重就是原初本有的自然，另一重就是人文因素參與、干涉、影響、改變之下的自然。舉例而言，臺灣嘉南平原的自然環境和生態，在原住民族平埔族生存活動之前，它就是原生洪荒，有其氣象、地質、地形、氣候、土壤、水文等本質，此即第一重自然，而臺灣平埔族在其上近萬年以來從事漁獵、採集、原始耕作，在此自然環境生態中開創發展其生活世界。「鹿場」之景觀、空間、生態，是臺灣平埔族腳下的第二重意義下的自然；而閩粵漢族從明鄭及清以降，大批大批來到嘉南平原，逐漸以「水稻田和甘蔗園」之景觀、空間、生態取代了原來的平埔族之生活世界而形成漢族腳下的第二重意義下的自然。

　　再者，自然既已融入或嵌入了人文內容，因此，在自然地理中，必呈現了人文的形貌及其結構與內蘊。於是地理遂有人文地

理的性質，它有人文地理的空間性、生態性以及區域性，由於人文是總體而多元的，所以，有文化地理、政治地理、經濟地理、社會地理、村落地理、都市地理等等表象和系統。

　　自然本身之第一重，無主體價值觀和價值性，但其第二重既有人文介入，遂依不同的人文體系，遂有不一樣的主體價值觀和價值性，譬如臺灣地理上的宗教景觀，是隨宗教不同而有差異，臺灣原住民族的宗教是泛靈信仰、祖靈信仰，其崇祀之建物、景觀、空間，依族別而呈現其特性；閩粵漢族進入臺灣，開始在臺灣土地上建築了大陸原鄉的主要神祇的大廟，形成城邑、村莊的神聖中心，如泉州人的保生大帝廟、漳州人的開漳聖王廟、客家人的三山國王廟。由於宗教崇祀的系統和神祇差異，呈現出來的宗教景觀與空間當然不相同。

　　復次，人之地理，就是在雙重的自然環境中建立屬於他自己可以安身立命的空間，這種帶有主體性意義的空間，稱為「存在空間」，其依其存在性價值核心和系統而生活所及的範圍，就是「生活世界」，對於此個人或群體而言，既然以此空間為其安身立命以及文明、族裔延續發展之處，故其景觀、生態乃是合於他們的身心之安頓的，此即其主體性場所、主體性地方，可以稱為「我家場所」。

　　中國人從明鄭開臺，再經歷清朝治理，其地理歷史的過程，就是上述的此種主體性價值系統之「我家場所」的建構化。原住民在臺灣長遠以降的他們之「我家場所」，相對於漢族，即是陌生的「異域」。相反而言，亦然。

　　最後，對任何人而言，無論古今，也無論個人或群體，地理的自然性與文化性，並非全然在當下呈現臨在，它永遠具有客觀

的認知之真實的那一部分，卻同時又湧現無法以足夠的客觀條件和狀況而能認知的那個神祕深奧，它是陌生者、他者、未能預測者或不可確定者，因此，人對此領域，多傾向於運用識覺而對地理環境給予想像，依據想像而賦以存在之意義。此種領城，我們稱為「想像的地理」或「地理的想像」。

　　上述的數種情形，對中國人到臺灣的初始經驗來說，均在其地理認知和識覺中，表現出來。本文擬就康熙時期的兩部最早的《臺灣府志》和最早的儒士遊記《裨海紀遊》為基本文本對於上述之意義加以詮釋。[1]

二、蔣毓英《臺灣府志》的臺灣
——臺灣自然地理環境的識覺和認知

（一）蔣毓英的《臺灣府志》是第一部臺灣方志

　　康熙二十二年（1683），臺灣入清版圖，次年，清廷設一府三縣（臺灣府、臺灣縣、鳳山縣、諸羅縣），派官正式治理臺

---

[1]　本文前言的理論依據，參考盧姿麟譯，Steve Hinchliffe：《自然地理學：社會、環境與生態》（臺北：韋伯文化國際出版有限公司，2009）；黃春芳譯，羅伯特‧戴維‧薩克：《社會思想中的空間觀：一種地理學的視角》（北京：北京師大出版社，2010）。另外參考筆者以下專書：《出離與歸返：淨土空間論》（臺北：臺灣師大地理系，2001）、《心靈、空間、環境：人文主義的地理思想》（臺北：五南圖書出版有限公司，2005）、《家園深情與空間離散：儒家的身心體證》（臺北：臺灣師大出版中心，2013）、《天地人和諧：儒家的環境空間倫理與關懷》（臺北：臺灣學生書局，2016）。

灣。第一部《臺灣府志》是首任臺灣知府的蔣毓英主修而成的。史家陳捷先對於清之臺灣方志言之甚詳，他引第一任諸羅縣知縣季麒光的文章說明首部《臺灣府志》之成書情形。陳氏提到季麒光所撰〈臺灣志書前序〉說：「〔……〕癸亥六月，大將軍施公奉命專征，〔……〕八月鄭克塽〔……〕納款輸誠，聖天子〔……〕郡縣其地。〔……〕越二年，〔……〕特命史臣大修一統志書，詔天下各進其郡縣之志，以資修葺。〔……〕郡守暨陽蔣君經始其事，鳳山楊令芳聲、諸羅季令麒光，廣為搜討，閱三月而蔣君董其成。〔……〕余為之旁搜遠證，參之見聞，覆之耆老，書成上之方伯，貢之史館，猗歟休哉！〔……〕」又引季氏另一文〈臺灣志序〉有云：「〔……〕臺灣既入版圖，例得附載。但洪荒初闢，文獻無徵，太守暨陽蔣公召耆老、集儒生，自沿革、分野以及草木飛潛、分條晰分，就所見聞，詳加蒐集，余小子亦得珥筆於其後，書成上之太守，從而旁參博考，訂異較訛，歷兩月而竣事。〔……〕」據此，陳捷先認為蔣毓英是在康熙二十四年（1685）開始纂修《臺灣府志》，三個月就完成初稿，可能再花兩個月「訂異較訛」。而這本臺灣第一部方志，是由蔣毓英、楊芳聲、季麒光等官吏再加上耆老、儒生共同參與的，而季氏顯然是實際的纂志之總其成者。[2]

　　根據上述，蔣毓英主修的《臺灣府志》之內容可資以反映清朝入主臺灣初期的臺灣地理，亦可顯示當時中國人對於這個陌生的海島臺灣的環境識覺和認知。

---

[2]　陳捷先：〈臺灣古方志的拓荒者〉，收入氏著：《清代臺灣方志研究》（臺北：臺灣學生書局，1996），頁 16-18。

（二）蔣修《臺灣府志》的臺灣自然地理敘述

《臺灣府志》敘述臺灣的自然地理環境的篇章不少，本文謹就其〈分野〉、〈氣候〉和〈山勢〉等加以說明清初的臺灣自然地理觀。

1.分野

中國人初治臺灣，對於臺灣的地理空間區位，仍然模糊，其〈分野〉曰：

> 按考臺灣地勢，極于南而迤于東，計其道里，當在女虛之交，為南紀之極。亦當附于揚州之境，以彰一統之盛焉。[3]

文中說到的「女虛」，是中國古代「黃道」中的「北方七宿」之「女」與「虛」兩個星宿，其文曰：「當在女虛之交，為南紀之極。」其意大概是說臺灣的空間區位，在於中國的東南之極端處，而若以道里計，則是從天上望見女虛星宿為北而到中國領域之最南方為其極至。

《尚書・禹貢》提及中國劃分「九州」，中國的東南地區即「揚州」，《禹貢》曰：「淮海惟揚州」，曾運乾釋曰：「孔傳云，北據淮，南距海；杜佑通典云，揚州東南距海，自晉以後，皆以五嶺之南至于海為揚州域。今按揚以距海為界，貢以沿海為道。又陽鳥攸居，島夷卉服，皆指附海各島，則州界自以孔傳南

3　〔清〕蔣毓英、季麒光：《臺灣府志》，收入《臺灣府志・三種》（上冊）（北京：中華書局，1985），頁11。

距海為正。」⁴依此，清康熙時代，是將臺灣視為《尚書·禹貢》中提到的「九州」之中的揚州之海上的一個附屬島嶼，其區位是在中國之東南的海上。

清朝之人對於地圖和空間區位，仍無經緯線的座標法，所以，其對新闢的臺灣島的地理方位，只能使用傳統的〈禹貢〉和星宿之敘述法來加以說明。今人若缺乏此種古代認知，閱讀方志中的此種傳統分野描述，根本無法明白。

2.氣候

關於臺灣氣候之了解如何呢？茲析而述其〈氣候〉章：⁵

> 臺灣僻在東南隅地，地勢最下，其去中州最遠，故氣候與內地每不相同。

清初中國人之地理區域差異觀不如今人精細，臺灣的氣候狀況並非「去中州最遠」之故而遂「與內地每不相同」。中國幅員廣大，以中土言，就有華北、華中、華南之不相同氣候形態，此乃由於緯度差異使然，而又有華東和華西之氣候差別，此則與距海之遠近有關。臺灣是在副熱帶和熱帶的海洋上，它一方面海洋性強，一方面已入低緯熱帶，所以，有豐富的熱帶海洋性的氣候內容，但更重要的則又有西太平洋的夏冬兩季的相反季風吹拂，所以臺灣具有它自己的獨特的東亞季風氣候形態。這種現代的臺灣氣候地理學之知識，清康熙時人或許並不具備。

4　曾運乾：《尚書正讀》（臺北：宏業書局，1973），頁 59。

5　同注 3，頁 11-12。

　　大約熱多于寒，恆十之七，故有四時皆是夏、一雨便成秋
　　之說。秋無霜，冬無雪，獸炭貂裘，無所用也。

「四時皆夏、一雨成秋」主要指的是南臺灣，也就是熱帶的臺灣
（嘉義北回歸線以南），然而中北部臺灣，是副熱帶，就沒那麼
明顯的「四時皆夏」，其四季分明，當然，中秋之後明顯入秋，
若又有雨，則已是東北季風雨，則進入秋冬季節即已顯著。唯
「秋無霜，冬無雪」卻又不必然，臺灣秋冬若北方冷氣團較強
時，北臺亦會下霜，而高山也常有降雪，否則就不會有雪山山
脈，甚至臺北的「郊山」的大屯山彙，雖然海拔沒有那麼高聳，
若氣候冷，也會降雪結冰。

　　康熙時期，漢人開拓的地區以南臺灣為主，主體是在北回歸
線以南的嘉義一部分、臺南以及今高雄一部分，無論是官或民，
對於這個地理區之外的臺灣其他地區之自然環境，必然仍然陌
生，故其敘述，當然只憑對於全臺灣很有限而僅有南臺灣的識覺
和認知而已。

　　花卉則不時常開，木葉則經年未落，瓜蒲蔬茹之類，雖窮
　　冬花秀。

花卉瓜果蔬菜，經年皆有，此是全臺普遍的農圃景觀和耘植。而
樹木之終年不落葉，則屬熱帶為主的常綠植物，南臺灣較普及，
中北臺灣，則亦多有秋時葉黃而冬則落葉的樹木。

　　此敘述，顯然也是觀察和記錄多限於諸羅臺灣鳳山等南臺灣
三縣而已。是地理的有限性認知。

　　　　春頻旱，秋頻潦；東南雲蒸則滂沱，西北密雲鮮潤澤。所
　　　　以雲行雨施，必在南風盛發之時，而田穀之登歲不能再
　　　　熟，此雨暘之氣候不同也。

這句敘述，則顯示康熙時期已能觀察判斷臺灣季風氣候的降雨情
形，春天由於東北季風已弱，而西南季風還未發揮，所以，海上
水氣無法登陸，因此經常乾旱，必須等到夏季西南季風盛發，臺
灣才有豐沛的雨水。而到夏秋之季，西南季風規模最大，若再加
上颱風襲臺，則很易發生洪災。其所言「東南雲蒸則滂沱，西北
密雲鮮潤澤。」其實就是指夏日西南季風帶來豐富水氣而容易降
下午後暴雷巨雨，冬日雖然吹東北季風，可是大陸冷氣團卻不易
成雨，特別是南臺灣，冬季季風的水氣常常過不了大安溪以南，
因此，雖然望見北方是烏黑黑，但卻沒有雨水，多為半年的旱
季。而且，南臺灣平原之水稻應可二種，而冬時可再植其他作物
如蕃薯或蔬菜瓜類，成為三種。但此處敘述卻說田穀登歲不能再
熟，顯然，康熙剛剛平臺，臺灣納入版圖，許多明鄭軍民遣返內
地，臺灣田地為之荒蕪，農耕衰退，並非氣候條件不適。

　　據此，我們也可明白清康熙時期，臺人對於臺灣之季風及其
降水與否，多少也有一些了解，然而還欠深入周詳的因果關係之
知識。同時，在臺之仕儒，多屬渡海來者，對於當時農穫一收乃
肇因於人文而非自然之情形未能正解，故有錯誤的判斷，由此可
證清朝仕儒對於新塊新領土臺灣具有積極性的「知性理性」之思
維性，惟因相關的知識系統建構及其發展尚未充分，故仍多有不
正確的認知。

> 颶風多七八月間，因風擊浪，檝為摧、檣為傾，其淘沙之
> 聲遠聞數百里外，曉東暮西，風之所自，與中土又大異
> 矣。

此段所述就是颶風。農曆七八月，是陽曆八九月。在臺灣西南沿
海，颶風之勢力尤其嚇人，海潮怒吼可傳達「數百里外」。而
且，早晨從東來，傍晚從西去，甚合乎臺灣颶風的多數吹襲路
徑。這是《臺灣方志》編纂或採風者之親身經歷。是寫實記錄。

> 自府治至鳳山，氣候與臺邑等；鳳山以南至下淡水諸處，
> 早夜東風盛發，及晡鬱熱，入夜寒涼，冷熱失宜，又水土
> 多瘴，人民易染疾病。

這一段敘述是指從臺灣府城往南至鳳山縣，即今之臺南市至高雄
市，《臺灣府志》說其氣候狀況，與府治（包括臺灣縣）一樣。
可是從鳳山縣往南，到下淡水地區，即從今之高雄市南下至今之
屏東縣，則夜晚很早就盛吹東風，到了下午三、四點時，天氣就
變得非常沈鬱悶熱，一至晚上，氣溫又陡降轉涼，冷熱溫差大，
環境多瘴癘，所以人多水土不服而常染病。

　　據此，臺灣府縣和鳳山縣，氣候狀況一致，人民已能調適；
可是鳳山之南則是下淡水地區，前去開發定居的漢人相對稀少，
依然是荒郊野外，或只有原住民族的部落分佈，《臺灣方志》描
述當地的氣候情形，十分正確，確是熱帶季風之形態，又由於當
地在康熙初始，漢人還沒有規模入墾，依然草萊，所以對少數進
入該地區（屏東）的漢人而言，乃是濕鬱悶熱且冷熱失宜的瘴氣

之鄉，當然易染當地的疾疫。

> 自府治直抵諸羅之半線，氣候亦與臺邑等；半線以北，山
> 愈深、土愈燥、烟瘴愈屬，人民鮮至。雞籠地方，孤懸海
> 口，地高風冽，冬春之際，時有霜雪。

此句則是敘述從臺灣府城往北到諸羅縣的半線，也就是從今之臺
南市北上直至今之彰化市，依據蔣毓英、季麒光之描述，此區的
氣候與臺灣府縣是一樣的，其實已從熱帶臺灣跨越至副熱帶臺
灣，但由於漢人在這片地區已漸有開墾，所以，人文和自然逐漸
協合，漢人已能適應半線以南的諸羅縣（康熙時代，整個諸羅縣
是從臺灣縣界往北直至雞籠地區）之氣候地理環境。然而，半線
以北的諸羅縣境，其實也就是從彰化市以北的今之臺中市、苗
栗、新竹、桃園、臺北和基隆等大面積的北臺灣，在當時，漢人
根本鮮至，尚未開拓墾闢，對當時來臺漢人而言，仍屬蠻荒不文
之地理區，所以，他們主觀上會識覺該區乃是「山愈深、土愈
燥、烟瘴愈屬」的大荒野，而其實此片廣闊地理區，不必然皆是
深山密林，土地也不必然皆屬乾燥，而也不必然都是烟瘴厲害；
它自古屬於臺灣平埔族的許多氏族生活的地區。

　　由此敘述，顯示古人（其實今人亦同）面對自己完全陌生的
或沒有親歷親見的地理環境，會用想像的方式去加以描述，成為
想像的不完整不客觀的地理環境識覺，此即是「地理的想像」或
「想像的地理」，它有知識的理性成分，亦有感性的想像。

3.山勢

　　本文再舉其對山勢的描寫之章，名曰〈敘山〉，略加詮釋。

其文曰：

> 臺灣之山，巍然而截嶹者，不可勝計。因鴻濛初啟，多無
> 名號，今舉其可紀者紀之，誠未得十之一也。

此句告訴世人，清朝初治臺灣，知臺灣地形是崇山峻嶺，但山之
十分之九的絕大多數，仍未命名。臺灣既入中國版圖，其地理命
名當然會依中國文化而命名，而多有山地未有其名，顯示彼時臺
灣地理，對中國人言，其內部仍屬洪荒未闢。

> 其形勢則自福省之五虎門，蜿蜒渡海，東至大洋中，起二
> 山曰「關同」、曰「白畎」者，是臺灣諸山腦龍處也。隱
> 伏波濤，穿海渡洋，至臺之雞籠山，始結一腦。〔……〕

此段顯示的山脈地形論述，實為中國文化中的「風水觀」，以
「龍脈」來說明地理中的山脈走向，在風水觀中，山和水的陰陽
靜動顯現出來的地形之中的「氣」，是風水地理之好壞吉凶之依
據。清康熙時代之在臺菁英和庶民，對於自己行政治理以及居住
活動的地區之地理環境，必依「陰陽五行說」傳衍的「風水觀」
來加以詮釋、判斷而有所取捨。此種地理思想和行為，在《臺灣
府志・敘山》之敘述中表顯無遺。

　　此句所言兩個海島，可能是馬祖列島，《蔣志》纂修者認為
臺灣地形的龍脈是源出自福建五虎門，此即臺灣風水地勢的「太
祖山」，而在閩江口外浮出洋面的馬祖列島，就是「腦龍」之
處，亦即是臺灣風水地勢的「少祖山」，此龍脈在海峽中潛延渡

海，於臺灣北端的頭部出海隆起，形成雞籠山，也就是今之基隆
之基隆山，修志者認為這就是臺灣風水地勢的「祖山」。[6]

> 諸山頓起，聳出雲霄矣，龍嵷之勢，不可紀極，〔……〕
> 必天清氣朗始睹眾山之形，然遠望之峰嵐重疊，近者青，
> 遠者碧，碧之外更有尤碧者，峙乎雲谷日池之鄉，如是者
> 起伏二千餘里，到郎嬌沙馬磯頭，而山始盡。

古人並非依據科學實測來了解臺灣山脈地形，纂修方志者並無科
學體系如今之「臺灣地形學」、「臺灣地質學」的學術資料來說
明臺灣山脈地勢，其敘述成為一種文學浪漫之描寫。只有最後面
的結句：「到郎嬌沙馬磯頭，而山始盡。」才屬於實證之敘述。
郎嬌，就是今屏東南端之恆春半島，是臺灣島的尾巴，而沙馬磯
頭，即今屏東恆春半島的貓鼻頭，是臺灣最南端山勢的最南端。

> 深山之中，人跡罕至，其間人形獸面、鳥喙鳥嘴、鹿豕猴
> 獐、涵淹卵育、魑魅魍魎、山妖水怪，亦時出沒焉。相傳
> 有金山，每啟人以涎羨之情，然在層巒疊嶂之內。

這一段純粹是完全幻想的陌生野地之敘述，既是人無法進入的深

---

[6] 「風水說」重視地形山水走向，形成龍脈，中國人受風水地理觀影響甚
深遠，是中國文化中一種很核心性的地理環境空間之識覺與認知。關於
中國風水說之著作不少，本文參考程建軍：《變理陰陽：中國傳統建築
與周易哲學》（北京：中國電影出版社，2005）；俞孔堅：《理想景觀
探源——風水的文化意義》（北京：商務印書館，1998）。

山之內，又如何知道其中的奇特生物或妖魔鬼怪？又如何知道是否蘊藏金礦？於此段關於臺灣內山之形容，非是實際踏察或入探所得的客觀科學之成果，而是憑空想像的地理環境空間敘述，這在中國文學史中有此傳統，如《山海經》、《西遊記》等，乃至於如陶淵明創作的〈桃花源記〉。

　　由此，我們亦可得悉，方志史籍的採風和記載，其許多內容不必然是真確實然之客觀性，它也會保存非實證科學得出的材料和說法，此種敘述，不可譏訕為胡言亂語，此中敘述表現的是一種人群對於其所在的環境空間之永遠具有的不確定性之想像，它是主觀的識覺，是一種「我們的場所」與「他者異域」之相對峙的雙元空間性之描述，對於熟悉的空間，依據和表現的是科學體系的知識系統論述；對於陌生的空間，依據和表現的是感性想像的詩詞小說形態創作。

　　　　山外係化外野番巢穴，番獰路險，人蹤罕到，亦不知山在
　　　　何處與山之高大幾何也。至如仙人之山，云有絳衣黑衣仙
　　　　子，時常下遊，石蹬棋盤，儼然在焉，則別一洞天世界
　　　　也。

此段則全然是以中國傳統的「蓬萊仙島」神話的美麗仙境來想像臺灣的林深山遠的地理環境。然而，由此敘述也顯出當時在臺灣的菁英庶民大概都能或聞或見於臺灣中央大山之內的地區存在活動的異族，他們以「野番」或「生番」稱之，這些深山原住民族是客觀實有的部落氏族，雖然文字敘述以「猙獰」形容，但多少已建立在實際觀察和發現之經驗，而非純粹幻想。因此，康熙末

年，遂在重要路口，沿線豎立大石碑，在石碑上刻下官方文字，
嚴禁平地漢人越界開發，此即清初治臺時代著名的「漢番界
碑」，在此碑之外面的廣闊山野，稱為「生番界」。[7]

三、高拱乾《臺灣府志》的臺灣
——臺灣人文主體性的地理實踐

（一）高拱乾的《臺灣府志》是第二部臺灣方志

　　學者周憲文在整理編纂《臺灣文獻叢刊》時，蔣毓英修的
《臺灣府志》尚未為世人和學者知曉，所以，周氏才這樣說：

> 有清一代，臺灣府修志，先後凡五次，最早是康熙三十三
> 年高拱乾修的（通稱《高志》，康熙三十五年刊行），其
> 次是康熙四十九年周元文重修的（通稱《周志》），其次
> 是乾隆五、六年間劉良璧重修的（通稱《劉志》），其次
> 是乾隆十一年范咸重修的（通稱《范志》），最後是乾隆
> 二十五年余文儀續修的（通稱《余志》，康熙）。這五種
> 臺灣府志，以《高志》為最早，亦最難得。[8]

7　以上關於臺灣的自然地理現象，現代地理學家之敘述，就與傳統時代之
　　文人，具有不一樣的典範，現代地理學家是根據田野科學典範來認知並
　　且敘述區域地理中的自然現象。關於臺灣的自然地理之現代性敘述，可
　　參考謝覺民：〈臺灣之自然地理〉，收入薛光前、朱建民編：《近代的
　　臺灣》（臺北：正中書局，1977），頁1-14。

8　周憲文：《臺灣府志・弁言》，收入《臺灣府志、臺灣府賦役冊》（合

由於高拱乾纂修這本《臺灣府志》，距蔣毓英主修的那個第一本《臺灣府志》之時間甚近。且其撰述內容特別是人文事象較《蔣志》詳細，故本文依據之來詮釋康熙初治臺灣時期在臺灣島的地理空間和環境之人文性。

（二）《高志》中的人文敘述之真偽性

方志初纂，許多史地材料源於傳說和采風，故有真有偽摻雜其中。《高志》曰：

> 所得故老傳聞者，近自明始。〔……〕嘉靖四十二年，流寇林道乾擾亂沿海，都督俞大猷征之，追及澎湖，道乾遁入臺，〔……〕道乾以臺無居人，非久居所，恣殺土番，取膏血造舟，從安平鎮二鯤鯓隙間遁去占城。〔……〕[9]

高拱乾先說明其記載，乃「得自傳聞者」，譬如海盜林道乾在臺的描述，有一些是史實，如其擾亂東南，被俞大猷驅離，此為明朝抗拒海盜和倭寇史中的事實，而一些則顯然只是傳說，其是否嘗至臺灣，此可存疑，而所謂「恣殺土番，取膏血造舟」，則根本是無稽之荒唐言，但何以有這樣的誕妄之語？此即反映造謠者或傳聞者之心態，他一方面欲藉此形容在其時，或是在時代的事實上或是在人們的心理中，林道乾這個大海盜及其集團之殘酷冷血；另一方面則在潛意識中反映了他對於臺灣原住民族的陌生、

訂本），《臺灣文獻史料叢刊》，第一輯（臺北：大通書局，未刊年份），頁 1-2。

[9] 〔清〕高拱乾：《臺灣府志》（臺北：大通書局，未刊年份），頁 2。

抵斥和歧視的偏見。

　　依據林道乾在臺灣之歷史敘述，可以見到事實和想像的雙元地理之人文描述。其中存在的「真」是真確的史料，以確然之知為基礎；其中存在的「假」，卻不是純然的假，裏面仍然藏著一些「真實」，此即：明中葉猖獗狂亂的海盜和倭寇，是兇殘的盜匪殺人集團，再者則是對臺灣的原住民族十分陌生，以為他們是「非我族類」，其「膏血」居然可以「造舟」。

　　《高志》又有這樣的早期臺灣敘述，其曰：

> 天啟元年，顏思齊為東洋國甲螺（高志原註：東洋，即今日本。甲螺者，即漢人所謂頭目是也；彝人立漢人為甲螺，以管漢人。）引倭屯聚於臺，鄭芝龍附之，始有居民。[10]

此段提到旅日的顏思齊，從日本帶領倭人到臺灣屯墾，而鄭芝龍遂依附他。這樣的敘述，亦是訛傳謬說。顏思齊是明代著名的海盜兼海商之豪強，他避居日本，後來也亡命日本的鄭芝龍追隨顏氏，為顏氏倚重，兩者整合成顏鄭海上集團。鄭氏並非顏氏率眾來臺之後在臺灣相遇而附從他，而且，顏氏本籍漳州，鄭氏本籍泉州，顏鄭兩人的徒眾並非倭人（日本人），乃多是福建人，以閩南人為主體。因此，跟從顏鄭來臺的群體，其實是中國人，不會是日本人。

　　高拱乾的此種敘述，顯示了修纂者只擇取訛傳謬說，卻未加

10　同上注，頁3。

釐正，就率爾入史的粗疏態度。而由於《高志》如此敘述，遂使後人真以為明天啟時代，日本人就有規模地移墾臺灣，而這種錯誤敘史，易使有人認為臺灣早期人文地理之「動力因」，是日本人而不是中國人，日倭在明朝時期，雖亦有渡海來臺者，但都是日籍海上浪人集團之點狀式之接觸臺灣，並非長期、計劃式的入佔臺灣，實則日本真正覦覬臺灣，乃是遲至清同治十三年（1874），藉口琉球人在臺灣恆春被原住民殺害事件而首次興兵入侵臺灣，此即史書上記載的「牡丹社事件」。[11]

再者，《高志》又說：

> 既而，荷蘭人舟遭颶風飄此。甫登岸，愛其地，借居於倭；倭不可，荷蘭人紿之曰：「只得地大如牛皮，多金不借。」倭許之。紅彝將牛皮剪如繩縷，周圍圈匝，已有數十丈地，久假不歸，日繁月熾，無何而鵲巢鳩居矣。尋與倭約：而全與臺地，歲願貢鹿皮三萬張，倭嗜利，從其約。[12]

這一大段敘述，可謂十分錯謬。荷蘭人在當時的大航海科技，是全世界航海國家之前茅，其來臺，是其「荷屬東印度公司」從印尼巴達維亞（今之雅加達）出發東來的商業貿易之殖民運動的一環，其艦隊順南海而北上，必會接觸西太平洋十字路口的臺灣，荷人本來試圖與明朝進行口岸貿易，但鎖國之明朝不允，而荷人

11　安然：《臺灣民眾抗日史》（臺北：海峽學術出版社，2005），頁 18-19。
12　高拱乾：《臺灣府志》，頁 3。

遂抵澎湖群島，又被明軍驅逐，此即明朝名將沈有容以和平方式
驅退韋麻郎及其荷軍之史事。荷人因勢力導，居然在臺灣登陸，
開啟荷蘭短暫商貿殖民臺灣的歷史，時為西元一六二四年
（1624-1661）。荷蘭人航海據臺，並非「遭颶風飄此」。然而
志書之所以會以為荷船遭遇颶風才至臺灣，此即顯出纂修府志者
對於海峽的颶風必有深刻難忘的印象；颶風的確是臺灣氣候的常
態。

　　再者，此文最大的謬言是論及荷人與倭人交涉居地，用牛皮
一張的詭計欺騙倭人，而倭人居然被騙。再又認為荷蘭人用鹿皮
三萬張來換取全臺土地，倭人嗜利同意，因此荷蘭人得逞，乃佔
有全臺。其實，荷蘭人在今之安平登岸，遇見的並非日本人，因
為當時隨顏鄭來臺的並非日本人而是中國閩南人，荷人見面而交
涉的是臺南地區的原住民族，名為「西拉雅」。臺灣史書所說荷
人用牛皮計騙西拉雅族的說法，根本就是歧視臺灣原住民族的謬
論，且三萬張鹿皮騙取全臺灣，更是荒唐之謊言。真正的歷史
是，荷人在臺南一帶，以先進武力鎮服西拉雅族，順從者則誘之
以基督宗教之教化，傳教士以羅馬字母教原住民識字，其存留下
來的文本，稱為《新港文書》（因為是以臺南的西拉雅族之新港
社為中心施以基督宗教之教育而以羅馬字母拼音留下此類文本，
故稱之。）荷人殖民經濟之活動，其中一項是獵取彼時滿山遍野
的臺灣鹿，在十七世紀，臺灣鹿的鹿茸、鹿皮、鹿肉均是國際商
貿的好貨品，協助荷蘭人捕獵臺灣鹿的獵人正是西拉雅族，而何
況其時荷蘭人也不可能佔有全臺灣。

　　從以上的不合乎客觀史實的《高志》之說，可以明白清人初
入臺灣之際的「臺灣地理歷史」和「臺灣歷史地理」，充滿誤寫

以及臆說。這即是虛假的地理判斷，也當然是虛假的歷史判斷。

　　據此，我們須區分兩種情形，即其一，虛假錯謬的地理歷史或歷史地理的論述，是源於資料實證取徑之不科學而未能具有客觀性；其二，通過主體性的價值觀之主觀性想像和識覺之下的地理歷史觀和歷史地理觀，卻是在主觀想像中的虛幻中帶有一種真實，譬如風水觀對於臺灣山勢的詮釋，「風水龍脈」不是科學實證之物，它是一種玄學之詮釋，但其敘述反映了古人對臺灣的山勢之巨大規模之實質上的認知。

（三）《高志》顯示的中國人將臺灣從「異域」轉變成「我家場所」

　　然而，高拱乾於康熙三十一年派任來臺任臺廈兵備道兼提督學政，其時臺灣入清版圖已近十年，因此，中華文化和政教，在臺灣已漸啟其緒，所以，就以中國人之來臺開拓居住而言，也漸漸地表現出「在家」（at-homeness）的主體性的「地方感」（place-ness），此即個人或群體，於一個地理環境之中，會依據其本有的文化價值核心思想，將此地區從原本陌生的異域轉變成為自己可以安身立命的環境空間，此個人或群體就於此建立了「我家場所」。

　　在《高志》中，首先表現在其論判明鄭之文：

　　　成功改臺灣（其實應為「熱蘭遮城」）為安平鎮，赤嵌
　　　（荷人之「普羅民遮城」）為承天府，總名「東都」；設
　　　府曰承天府，設縣曰天興縣、萬年縣。〔……〕經嗣立，
　　　改「東都」為「東寧」，改二縣為二州，設安撫司三：南

> 北路、澎湖各一。興市廛、搆廟宇，招納流民，漸近中國
> 風土矣。[13]

鄭成功逝於西元一六六二年，世子鄭經繼位，重用陳永華，展開
文教之建構，《高志》此說「搆廟宇」，是明鄭到臺灣經營中國
人土地的一個重大景觀和空間之構築。引文所言設行政機關和區
劃，這是中國人之國家形式之在臺灣的第一步，一旦國家形式的
機構和行政區域成立，則臺灣就可稱為中國的「國土」。這是政
治地理學之意義，是形式要件，但其內容要件，有待更進一層的
規劃和建設，此即「廟宇」的建立，而其中包括了文廟、民間宗
教之公廟以及佛寺或道觀，這些建築之景觀、空間，是中國人的
人文性之落實具現，形成臺灣之中華文化的內容，是文化地理學
之意義。

連橫在其《臺灣通史》有曰：

> 永曆十九年〔……〕八月，以諮議參軍陳永華為勇衛。永
> 華親視南北，鎮撫諸番，勸各鎮墾田，植蔗熬糖，煮海為
> 鹽，以興貿易，而歲又大熟，民用殷富，請建聖廟，立學
> 校，從之。擇地於寧南坊，面魁斗山，旁建明倫堂。
> 二十年春正月，聖廟成，經率文武行釋菜之禮，環泮宮而
> 觀者數千人，雍雍穆穆，皆有禮讓之風焉。〔……〕
> 三月，以永華為學院，葉亨為國子助教。教之、養之，臺

13　同上注，頁4。

人自是始奮學。[14]

這座聖廟和明倫堂一體而建成的明鄭儒學儒教中心，就在東寧寧南坊，即今之臺南市內，臺灣入清，此明鄭陳永華興建的文廟，就是臺灣府的文廟，廟學合一，故被稱為「全臺首學」。明鄭的文廟和太學的成立，等於是中國文教中心的儒學教育之神聖景觀和空間在臺灣創始，此即中國人已將臺灣視為「我們的主體性之地方」，如此，居住於此，才可以認同為「我家」，此時是在西元一六六六年。

　　文廟或廟學之場所，是用來教育菁英分子的，代表高層次的神聖空間之中心。對於從閩粵地區跟隨延平王渡海來臺的庶民而言，他們的「我家場所」，就不是孔廟，而是民間宗教的公廟以及佛寺或道觀。這些地方，才是他們崇祀神祇而寄託心靈之空間，才是中國人在臺灣建立了中國人之「在家性」之「所在」。茲據連橫《臺灣通史》的〈臺灣廟宇表〉簡略明之：

　　　　小南天，在府治番薯崎上，祀「社公」，當荷人時，華人
　　　　多居於此。〔……〕其後漸建市廛，而廟仍在。[15]

這個「小南天祠」，是荷據時期（1624-1661），移民來臺的漢人，應以閩南人為主，於其聚居的府治之內的番薯崎之地方，大

<hr />

14　連橫：《臺灣通史‧建國紀》（臺中：臺灣文獻委員會，1976），頁28-29。

15　連橫：《臺灣通史‧宗教志》（臺中：臺灣文獻委員會，1976），頁454。

家共同崇祀的地方守護神「社公」之祠廟。「社公」之社，即「社稷」之社，所以「社公」就是社區聚落之神是也。其時屬荷人統治，故當地尚無承天府，亦無臺灣府，因此，崇祀社公的小南天祠，就是來臺漢人最早的「我家場所」的神聖空間之中心。

> 開山宮，在府治內新街，鄭氏時建，祀隋虎賁中郎將陳稜。〔……〕鄭氏之時，追溯往哲，以稜有開臺之功，故建此廟。[16]

明鄭延平王，一六六一年開臺，在東都立開山宮，主祀隋朝虎賁中郎將陳稜。陳稜，乃隋煬帝時之武將，曾奉旨領軍出海征「流求國」。此說出自《隋書‧流求國傳》：

> 流求國，居海島之中，當建安郡東，水行五日而至，土多山洞。其王姓歡斯氏，〔……〕妻曰多拔荼。所居曰波羅檀洞，塹柵三重，環以流水，樹棘為藩。〔……〕國有四五帥，統諸洞，洞有小王。往往有村，村有鳥了帥，並以善戰者為之，自相樹立，理一村之事。〔……〕
> 大業元年，海師何蠻等，每春秋二時，天清風靜，東望依希，似有煙霧之氣，亦不知幾千里。三年，煬帝令羽騎尉朱寬入海求訪異俗，何蠻言之，遂與蠻俱往，因到流求國。言不相通，掠一人而返。明年，帝復令寬慰撫之，流求不從，寬取其布甲而還。時，倭國使來朝，見之曰：

16　同上注。

「此夷邪久國人所用也。」帝遣武賁郎將陳稜、朝請大夫
張鎮州率兵自義安浮海擊之。〔……〕初，稜將南方諸國
人從軍，有崑崙人頗解其語，遣人慰諭之，流求不從，拒
逆官軍，稜擊走之，進至其都，頻戰皆敗，焚其宮室，虜
其男女數千人，載軍實而還，自爾遂絕。[17]

史家方豪提到《隋書・流求國》的前後敘述有些矛盾，其前面說
的建安，就是福州，說從建安浮海往東，五日可至。而文後又說
陳稜和張鎮州領兵從義安出海，義安卻是廣東潮州，不可能五日
可達。我們不能確定流求是臺灣或琉球。但由於文中提到所謂
「崑崙人」，方豪解釋曰：

> 所謂有「崑崙人頗解其語」，崑崙人是黑色皮膚人的代名
> 詞。中南半島外有崑崙島，島人擅長造船，亦多航海；印
> 度人以及南洋群島人，亦多被稱崑崙人，現在臺灣山胞的
> 語言，就是屬於馬來－波利尼西亞語系（Malay-
> polynesian），或簡稱馬來語系。所以這位崑崙人能和山
> 胞通話。[18]

由此得一證據，即流求國，不會是今之琉球，而應是臺灣，因為
琉球民族的語言不是馬來語系語言。
　　再者，〈流求國傳〉的文章以甚大篇幅描寫了其族的男女衣

---

[17]　〔唐〕魏徵：《隋書・東夷・流求國》，收入楊家駱主編《新校本隋
　　　書》（二）（臺北：鼎文書局，1993），頁 1823-1825。
[18]　方豪：《臺灣早期史綱》（臺北：臺灣學生書局，1994），頁 24。

著服飾和髮型，均屬臺灣原住民族的主要徵候，如曰：「男女皆
以白紵繩纏髮，從項後盤繞至額。其男子用鳥羽為冠，裝以珠
具，飾以赤毛，形製不同。婦人以羅紋白布為帽，其形正方。織
鬥鏤皮并雜色紵及雜毛以為衣，製裁不一。綴毛垂螺為飾，雜色
相間，下垂小貝，其聲如珮。綴鐺施釧，懸珠於頸。織藤為笠，
飾以毛羽。〔……〕」[19]此一大段敘述和說明，十分具體寫實，
此史料的最原初撰寫者，必是做了田野實察的參與觀察法，才能
如實細緻寫出，此乃是真確的文化人類學和文化地理學的論述，
同時，由此段敘說，亦可證明隋時中國人抵達、接觸、發現的那
個東海上的大島就是臺灣。若再加上前面引文提及的其居住之形
式，此即部落的大社、小社的組織，而且其巫師亦用鳥占進行占
卜（鳥了師），這些描寫，也證明陳稜軍征之地，是臺灣而非琉
球。

　　本文以較大篇幅來說明明鄭立開山宮祭祀隋朝虎賁中郎將，
就是明鄭之人明白開臺的始祖起碼應上推至隋煬帝時代。當然，
隋代陳稜之來臺是入侵征服，並未在臺灣入居開發而納入中國版
圖，但是對於倉皇渡海的延平王以及那些不願臣於清朝的明鄭遺
民而言，追溯中國人陳稜之開臺，可以在主體價值體系中，認同
臺灣為「我群的鄉土或國土」，也就是「我家場所」，才可於此
新土地上安身立命。

　　　　興濟宮，在府治鎮北坊，鄭氏時建，祀吳真人，稱保生大
　　　　帝。福建同安白礁人，生於宋太平興國四年，茹素絕色，

19　《隋書・流求國》，頁 1823。

精醫術，以藥濟人，廉恕不苟取。景祐二年卒。里人祀之。[20]

保生大帝是渡海來臺的泉州籍移民之主要守護神，有泉州人特別是泉州府同安縣人士的地方，往往崇祀保生大帝，而建有保生大帝的廟宇，如臺北市大龍峒的保安宮，就是臺北的泉州人的在地認同之神聖景觀和空間。鄭成功及其部屬大多數為泉州人，故於東都（東寧）建廟以祀其守護神之保生大帝，是十分自然的文化現象。

北極殿，在東安坊，鄭氏時建，祀北極真君，或稱玄天上帝。[21]

明朝的護國安邦大神是北極真君或稱玄天上帝、真武大帝。由於明太祖的反元革命以及明成祖的「靖難之變」，都有武當山道士集團的參與和協助，所以，武當山鎮山大神之玄天上帝遂成為明朝的守護神，而鄭成功奉明正朔，又因航海以玄天上帝的星宿即北方七宿為導航之星，故明鄭崇奉玄天上帝，其在東都立廟供奉玄天神，乃是我群認同的神聖空間和場所之建構。

　　以上所述，指明臺灣從明鄭治臺開始，中國人就已依據崇祀神的神廟的建築和神祇之崇拜，將原屬異地之臺灣，透過存在空間之主體化和神聖化而轉變成我族認同、識覺以及實體建構的

20　連橫，頁 454。
21　同上注。

「我家場所」。

返回《高志》，我們查看臺灣入清版圖之初期，其文教的烙印，主要是「學校」之建設，在其〈學校〉條文如此記載：

> 府學，在寧南坊（仍鄭氏基築）。康熙二十三年，臺廈道周昌、知府蔣毓英修，改額曰「先師廟」；懸御書「萬世師表」龍匾於殿中，廟貌煥然。
>
> 臺灣縣學，在東安坊。康熙二十三年，知縣沈朝聘建。二十九年，知縣王兆陞捐俸重修，改砌欞星門，偉然壯觀。
>
> 鳳山縣學，在縣治興隆莊。康熙二十三年，知縣楊芳聲建。
>
> 諸羅縣學，在縣治善化里西堡。茅茨數椽，規制未備。[22]

據此，清朝既將臺灣納入版圖，設官治理，傳統儒吏重視儒教，學校就是廟學，也就是官學，地方儒吏最重視其轄區的文化教育，因此，康熙二十三年，遂建立臺灣府、臺灣縣、鳳山縣的文廟，而其中即是官學之所在，有廟有學，一方面是代表國家治理的神聖殿宇之建立於新的地方，一方面則是代表國家治理的莊嚴教化也因此而推展。換言之，南臺灣的臺灣府、臺灣縣、鳳山縣，也就是今之臺南市和高雄市的區域，在康熙二十三年時，以文廟學校之成立，就顯示其文化地理學意義上的這個地方，已具足漢民族的中國人之地方性。

復次，臺灣府學，其舊物就是明鄭的文廟，轉為清朝的臺灣

22　〔清〕高拱乾：《臺灣府志·學校》，頁32。

府之府學文廟，由臺灣官員向康熙皇帝請來龍匾，大書「萬世師表」，這象徵了人文政教禮制的源頭是清朝北京中央，而其體系是一貫的，由中央一線傳下而到最後的版圖臺灣，其本質是儒家，臺灣歸屬大清治理，臺灣也就自然是清朝儒學意識形態的朱子儒學教化的地理空間。

再則我們也發現諸羅縣基本是無有人文政教的建設和佈局的。由此，亦可知當時，清朝的中國性臺灣，只在今之臺南市和高雄市範圍。臺灣中北部大多數地區，依然是「他者之異域」，而不是中國人的「我家場所」。

四、文人遊記《裨海紀遊》筆下的兩種臺灣

（一）郁永河遊臺緣由

史家方豪為《臺灣文獻叢刊》編輯整理《裨海紀遊》，撰寫一篇〈弁言〉，其中補有清人羅以智的〈跋裨海紀遊略〉，其中有曰：「郁氏永河裨海紀遊略一卷，〔……〕永河字滄浪，仁和諸生，久客閩中，遍遊八閩。康熙三十六年丁丑春，會當事採硫黃於臺灣之雞籠淡水。〔……〕備述山川形勢，物產土風，番民情狀，歷歷如繪。〔……〕」[23]

依此，康熙三十六年（1697），籍貫浙江仁和（杭州）的儒士郁永河，久居福建，奉派來臺灣的淡水一帶探採硫磺礦。因有北臺之遊，故撰述了這篇最早的文人臺灣遊記。它是一本傑出的關於早期臺灣的自然人文地理著作。他自己說了何以有此一遊臺

---

[23]　方豪：《裨海紀遊・弁言》（臺北：大通書局，未刊年份），頁7。

灣的機緣，他說：「余性耽遠遊，不避阻險，常謂臺灣已入版圖，乃不得一覽其概，以為未愜。會丙子冬，榕城藥庫災，煅硫磺火藥五十餘萬，無纖介遺。有旨責償典守者，而臺灣之雞籠、淡水，實產石硫磺，將往採之。余欣然笑曰：『吾事濟矣！』丁丑春王，遂戒裝行。〔……〕」[24]據此所述，郁永河是因為福州火藥庫大爆炸，煅了大量的火藥，官方必須補回，聞臺灣的雞籠淡水一帶有硫磺礦，可以採取，大家視臺灣為蠻荒，不敢承擔，但深有探險旅行之心的郁氏欣然把此巨任挑起，遂有臺灣的旅遊。而文中言雞籠淡水，是一個較大範圍的地理區，乃泛指臺灣北端，就是今基隆臺北區，其採硫地點，是大屯山彙的陽明山區。

　　遊記，是一種文學體，帶有文人的感性抒寫，亦是一種知性之作，因其多有記實，所以也會具有知識甚至科學的內容。郁永河的《裨海紀遊》正是同時是文學又同時是實錄之著作。

（二）郁永河實察康熙臺灣

　　郁永河來臺灣是在康熙三十六年，其時距清朝統治臺灣，已有十三年，他卻發現：

> 海外初闢，規模草創，城廓未築，官署悉無垣牆，惟編竹為籬，蔽內外而已。
>
> 街市以一折三，中通車行，傍列市肆，彷彿京師大街，但隘陋耳。

24　〔清〕郁永河：《裨海紀遊》（臺北：大通書局，未刊年份），頁1。

> 文武各官乘肩輿，自正印以下，出入皆騎黃犢。市中挽運
> 百物，民間男婦遠適者，皆用犢車。[25]

郁永河是寫實主義或實證主義的田野實察旅行家，他如實指出清朝初治的臺灣，在府治中心地，連官署都無垣牆、無城廓，只有竹籬隔出內外，街市也隘陋，大小官吏、庶民、貨運，都使用黃牛拉車。[26]

　　根據郁氏的寫實描述，我們就不能再對康熙時期的臺灣府城有都市城邑之過分想像，其實彼時的中國已經治理管轄的南臺灣，其實仍然落後簡單。茲引數句郁氏創作的「竹枝詞」以明其人文地理情況：

> 鐵板沙連到七鯤，鯤身沒激浪海天昏；任教巨舶難輕犯，
> 天險生成鹿耳門。
> 　　（郁氏自注：安平城旁，自一鯤身至七鯤身，[27]皆沙崗也。鐵板沙

---

[25] 同上注，頁 11-13。

[26] 乾隆初年來臺清吏范咸曰：「水牛自內地來，研蔗煮糖，黃牛近山，多有取而馴習之，用以耕田駕車。」其「附考」曰：「臺灣多野牛，千百為群，欲取之，先置木城四面，一面開門，驅之急則皆入，入則扃閉而饑餓之，然後徐施羈勒，豢之芻豆，與家牛無異矣。」見〔清〕范咸：《重修臺灣府志》，收入《臺灣府志·三種》（下冊）（北京：中華書局，1984），頁 2320。

[27] 鯤鯓，指圍繞潟湖、內海仔外的沙洲，即「濱海沙洲」，亦可略稱為「沙汕地形」，或簡稱「汕」。在臺灣，由於西南沿海以強盛西南季風以及海流，故堆積有發達的沙洲和潟湖地形，尤其在臺南海濱，遂多有以鯤鯓為名的沙洲地形的地名。從一至七，成為當地著名的地形和地名。參考：《維基百科·鯤鯓條》，https//zh.wikipedia.org,zh-tw，鯤鯓。

性重，得水則堅如石，舟泊沙上，風浪掀擲，舟底立碎矣。牛車千

百，日行水中，曾無軌跡，其堅可知。）

雪浪排空小艇橫，紅毛城勢獨崢嶸；渡頭更上牛車坐，日

暮還過赤嵌城。

（郁氏自注：渡船皆小艇也。紅毛城即今安平城，渡船往來絡繹，

皆在安平、赤嵌之間。沙堅水淺，雖小艇不能達岸，必藉牛車挽

之。赤嵌在郡治海岸，與安平城對峙。）**28**

若無郁氏的實際經驗的歌詠，我們無法明白在康熙時代，從唐山

過臺灣的旅人，抵達鹿耳門安平港時是如何上岸的。郁氏描寫出

當地海邊鯤鯓之沙洲海岸地形之特色。海上大船根本無法靠港，

必須換搭小艇進來，可是進入鯤鯓內海時，則必得換乘黃牛車從

安平涉水而走到赤嵌。郁氏說行程費時，須從早上至黃昏。

郁永河的竹枝詞表現了十足寫實的人文地理文學，他細緻地

告訴我們當時臺灣精華區的海港交通的狀態。

蔗田萬頃碧萋萋，一望籠蔥路欲迷；綑載都來糖廍裏，只

留蔗葉餉群犀。

（郁氏自注：取蔗漿煎糖處曰糖廍，蔗梢飼牛，牛嗜食之。）**29**

郁永河在其詞中提到的蔗田和糖廍，應屬最早經由實地觀察而有

的記錄。在《蔣志》、《高志》中皆不重視。郁氏告訴我們，他

28　郁永河：《裨海紀遊》，頁 14。

29　同上注。

在今臺南平原上，看到了萬頃碧波的甘蔗田，走在其中，惟恐迷路，且他也提到傳統的製糖廠，又提及蔗葉用以飼牛的自然生態法。

　　其實，中國人在臺灣植蔗製糖，成為國家或官員重視的經濟農業，最早始於陳永華。連橫說：「陳永華，〔……〕勸農桑，〔……〕其高燥者，教民植蔗，製糖之利，販運國外，歲得數十萬金。〔……〕」[30]此種蔗糖農業，屬於熱帶栽培業的一種，於赤道和熱帶地理區，西方殖民主義者早就發展，而荷人據臺時期，南臺西部平原，既屬熱帶地理區，故也發展蔗業，延平王驅荷開臺，陳永華重經世濟民之實學和實政，故在臺南延續甘蔗製糖的熱帶栽培業，清初治臺的官吏顯然未能留意此種經濟地理的特色，故史籍不載，而郁氏是一位懷抱實學經世之志的儒者，故甫至臺灣立刻發現臺灣熱帶地區的經濟資源和生態。

　　臺灣的植蔗製糖業，歷史甚早。學者吳田泉說：

> 臺灣早在十四世紀中葉即已栽培甘蔗，一三四九年（元至正九年）汪大淵著《島夷志略》中，即曾述及臺灣原住民「煮海水為鹽，釀蔗漿為酒。」由此可知臺灣種植甘蔗，是有悠久的歷史。迨荷蘭人佔領臺灣，曾獎勵種蔗，砂糖已成為重要輸出品；明鄭時期，更由福建輸入蔗苗，以屯田制開發蔗糖業，並將製糖方法廣授農民。[31]

30　連橫，頁 587。

31　吳田泉：《臺灣農業史》（臺北：自立晚報社文化出版部，1993），頁424-425。

依此敘論，更可證明郁永河在臺灣親眼所見的南臺灣平原上的綠油油的茂盛之蔗田之甘蔗，以及以黃牛拖運前往傳統壓榨蔗汁並且熬煮黑糖的製糖工場之田園景觀，以及由此而形成的經濟空間，已經是由原住民時代經荷蘭殖民統治時代而至明鄭時代之文明累積。郁氏所言，是實際觀察而作的寫實之詩詞。

此篇《竹枝詞》還撰寫了當時郁氏發現的數種臺灣南部普遍的木本植物，其詞如下：

> 青蔥大葉似枇杷，臃腫枝頭著白花；看到花心黃欲滴，家家一樹倚籬笆。（按：番花樹。）
>
> 芭蕉幾樹植牆陰，蕉子纍纍冷沁心；不為臨池堪代紙，因貪結子種成林。（按：芭蕉樹，亦應包括香蕉樹。）
>
> 獨幹凌霄不作枝，垂垂青子任紛披；摘來還共蔞根嚼，贏得唇間盡染脂。（按：檳榔樹。）
>
> 惡竹參差透碧霄，叢生如棘任風搖；那堪節節都生刺，把臂林間血已漂。（按：竹，臺灣竹類甚多，莿竹是主要竹種，節節生刺，且甚高聳粗大，故臺灣傳統時代，鄉莊、村落，甚至城邑，往往以莿竹密集圍植於周匝，形成莿竹之牆或城，為防衛之用。）
>
> 不是哀梨不是楂，酸香滋味似甜瓜；枇杷不見黃金果，番樣何勞向客誇？（按：芒果樹。）[32]

郁氏在南臺灣觀察到的主要木本植物，就是番花樹、芭蕉、檳

椰、莿竹、芒果等。當然，此並非意指臺灣南部只有這五種樹木，譬如亦應有椰子、番石榴、龍眼、木瓜等。但是郁氏將上述五類高大喬木寫入詩詞，就表示它們的確在植被和作物景觀上，具有顯目性，換言之，它們與聚落、家屋的空間似乎有一種親近性，是當時郁氏居留和行走時，最常在村莊、民屋周遭發現的主要且特別的植物。

　　然而，郁氏親嚐了當時當地的水果，其品質如何？他說：

> 荔枝酸澀，龍眼似佳，然皆絕少，市中不可多見；楊梅如豆，桃李澀口，不足珍。獨番石榴不種自生，臭不可耐，而味又甚惡；蕉子冷沁心脾，膩齒不快，又產於冬月，尤見違時。[33]

由此可見郁氏對於南臺灣的常見水果，完全不欣賞，甚至多有惡評。與現在美稱臺灣為「水果王國」的情形，差之懸遠。

　　可是，農作卻有其優點，他說：

> 雖沿海沙岸，實平壤沃土，但土性輕浮，風起揚塵蔽天，雨過流為深坑。然宜種植，凡樹藝芃芃鬱茂，稻米有粒大如豆者；露重如雨，旱歲過夜轉潤，又近海無潦患，秋成納稼倍內地；更產糖蔗雜糧，有種必穫。[34]

33　同上注，頁 12。
34　同上注。

臺灣初闢，土壤肥沃，適宜植物繁茂生長，所以稻米「粒大如豆」，其收穫量，內地無法相比，臺灣成為中國水稻盛產地區。[35]除了水稻之外，臺灣也是蔗糖的豐產之區域。

　　郁永河於康熙初治臺灣時來臺，以其敏銳細緻的觀察，寫下了對於臺灣植物生態和農耕作物，最早的且是第一手的記錄和評斷。

（三） 郁永河的「族群比較的文化地理」

　　《裨海紀遊》對於臺灣的自然人文地理的實證敘述，十分豐富，在其敘述中，又可看到漢族和平埔族的文化差異。本文僅舉例而略述之。

　　先看郁氏寫實描述的臺灣漢族之生活世界之情狀。他說：

> 襄鄭氏之治臺，立法尚嚴，犯姦與盜賊，不赦；有盜伐民
> 間一竹者，立斬之。民承峻法後，猶有道不拾遺之風。市
> 肆百貨露積，委之門外，無敢竊者。〔……〕
> 近者海內恆苦貧，斗米百錢，民多飢色；賈人責負聲，日
> 沸闤闠。臺郡獨似富庶，市中百物價倍，購者無吝色，貿
> 易之肆，期約不愆；傭人計日百錢，□□不應召；屠兒牧

35　據臺灣農業史學者吳田泉的說法，荷人據臺之前，臺灣平埔族只懂粟或稗的原始耕作，不知水稻耕種，荷人教原住民族定耕性農業，在今佳里、麻豆等地，有水稻的生產。而臺灣的在來米水稻業，是明鄭時漢族從閩粵等地帶到臺灣。但，吳氏指出彼時稻米品種類型很雜，影響產量和品質。臺灣大量水田化以及培育雙冬稻作，是乾隆初年之事。見吳田泉：《臺灣農業史》，頁 421-422。

　　豎，腰纏常數十金，每遇摴蒲，浪棄一擲間，意不甚惜。
　　〔……〕茲地自鄭氏割踞至今，民間積貯有年矣。[36]

郁氏發現明鄭用法嚴明，[37]社會治安甚好，因此，臺灣民間經營
買賣生意都甚順遂流暢，因此，庶民社會的財富豐厚，甚至販夫
走卒都甚有現金，因而賭風流行。雖然賭博之風實甚奢靡，但亦
反映明鄭至康熙入臺此段時期，臺灣清廷治理管轄所及的範圍，
是中國人生活相對繁榮富裕的地區。

　　植蔗為糖，歲產五六十萬，商舶購之，以資日本、呂宋諸
　　國。又米、穀、麻、豆、鹿皮、鹿脯，運之四方者十餘
　　萬。是臺灣一區，歲入賦七八十萬，自康熙癸亥削平以
　　來，十五六年間，總計一千二三百萬。入多而出少，
　　〔……〕又臺土宜稼，收穫倍蓰，治田千畝，給數萬人，
　　日食有餘。為貿販通外洋諸國，則財用不匱。民富土沃，

36　郁永河，頁 13-30。

37　關於鄭氏父子立法嚴明，是否過酷，史家黃典權有其看法，黃氏說：
　　「鄭成功復臺的另一樣政教重績是『立法尚嚴』。〔……〕鄭成功是個
　　儒生，他理宜主張政寬。可是他的治軍治民卻多是霜凜嚴肅，犯者雖親
　　無赦。到臺灣更是如此，以監匿軍糧之罪殺吳豪，因小斗散糧誅楊朝
　　棟。這曾引起提督親軍驍騎鎮馬信的切諫。信說：『立國之旁，宜用寬
　　典。』成功不以為然，說：『〔……〕立國之初，法貴於嚴，庶不至流
　　弊。俾後之守者自易治耳。故子產治鄭、孔明治蜀，用嚴乎？用寬
　　乎？』可知鄭成功的復臺嚴法，有著堅強的學術根據。〔……〕其所以
　　嚴法馭世，正為著多數人的利益著想。〔……〕他死後，臺灣一個大治
　　的局面出現了，直到清初，續效尚宏。〔……〕」見黃典權：《鄭成功
　　史事研究》（臺北：臺灣商務印書館，1996），頁 54-55。

> 又當四達之海，即今內地民人，襁至而輻輳，皆願出於其
> 市。[38]

這一段敘述，是發達繁榮的臺灣經濟地理事實之敘述說明，以實
證的方式而論及臺灣本身的富足糧食穀物農業，又論及當時臺灣
已是國際貿易的重要地區，他指出臺灣是生產蔗糖、米、穀、
麻、豆以及臺灣鹿品的生產地，且是重要的出口貿易區。更重要
的是其時臺灣的富足農業以及農產及狩獵特產品，其主權是在中
國人自己的掌握中，而非西方殖民主義者的商業殖民的剝削利
益。

　　以上舉例而說明的是郁永河明白認知的實證的臺灣，屬於那
個時候漢族的生活世界之事實上的現象。

　　但臺灣仍有另外一個生活世界，那就是臺灣原住民族的自然
和人文地理區。在《裨海紀遊》一書中，有極生動真切的描寫。
由於限於篇幅，本文以兩例說明。

> 余與顧君率平頭數輩，乘笨車就道，〔……〕車以黃犢
> 駕，而令土番為御。是日過大洲溪，歷新港社、嘉溜（音
> 噶辣）灣社、麻豆社，雖皆番居，然嘉木陰森，屋宇完
> 潔，不減內地村落。余曰：「孰謂番人陋？人言寧足信
> 乎？」顧君曰：「新港、嘉溜灣、毆王、麻豆，於偽鄭時
> 為四大社，令其子弟能就鄉塾讀書者，蠲其徭役，以漸化
> 之。四社亦知勤稼穡，務蓄積，比戶殷富；又近郡治，習

38　郁永河，頁 31。

見城市居處禮讓，故其俗於諸社為優。」[39]

此段敘述所言的四社，是指今臺南市境內的平埔族西拉雅族的部落（村社），他們不是漢族，但非常早就接觸了荷蘭人、顏鄭海盜集團的中國人，再又接觸了明鄭之中國人以及清代的中國人。他們一方面有荷人之短期基督教化和影響，更有中國人的文化思想以及政教之影響。他們是較早漢化而納入中國文明體系的臺灣原住民族社會。郁氏寫實地描繪了這漢化的四社之景觀和空間，替他駕車的所謂「土番」（又稱「熟番」），在清代志書史料文獻中，是指已經歸化清朝的臺灣原住民族，主要是居住平地的平埔族，相對於此，還有所謂「野番」（又稱「生番」），就是指仍生活在臺灣中央的大山之內的「高山原住民」，他們仍然不服從清政府，依然是過著他們原來的傳統生活，以漁獵、採集、原始旱作為主。此段描述的四社以及提及的「土番」，是非漢族的臺灣部落民族而卻漢化之實際的文化地理之現象。

　　然而，康熙臺灣，絕大多數卻仍然是保持著臺灣原住民族的本來生活世界。郁永河也十分實證地將其景觀、空間、生態記錄敘述下來。茲舉一例說明。

　　　過大肚社，至牛罵社，社屋隘甚，值雨過，殊濕。
　　　〔……〕陰霾，大雨，不得行。〔……〕小霽，〔……〕
　　　忽見開朗，殊快，念野番跳梁，茲山實為藩籬，不知山後
　　　深山，當作何狀，將登麓望之。社人謂：「野番常伏林中

射鹿，見人則矢鏃立至，慎毋往！」余頷之，乃策杖披荊
拂草而登，既陟巔，荊莽樛結，不可置足。林木如蝟毛，
聯枝累葉，陰翳晝暝，仰視太虛，如井底窺天，時見一規
而已。雖前山近在目前，而密樹障之，都不得見。惟有野
猿跳躑上下，向人作聲，若老人欬，又有老猿，如五尺童
子，箕踞怒視。風度林杪，作簌簌聲，肌骨欲寒。瀑流潺
潺，尋之不得；而修蛇乃出踝下，覺心怖，遂返。[40]

郁氏遇雨而樓居的平埔族部落，是牛罵社，即今臺中市清水區，
它西臨臺灣海峽，東邊則是大肚臺地，臺地以東進入臺中盆地，
再東就是雪山山脈。牛罵社是巴布拉（拍瀑拉）族，此族已歸化
清朝，所以漢族的官吏、人員以及軍隊才可以在社中居停。郁氏
登上的東面的山，其實是臺中的大肚臺地之西緣，而此山之東的
原住民族則是平埔族的巴宰海族，此族其實也甚早歸化清廷，其
土目被賜姓潘，但卻是在較後面的乾隆時代，而更東邊的雪山山
脈裏面，則是高山原住民族的泰雅族（賽德克族），此族普稱
「王字番」，因為他們黥面，且屬於強悍的不服漢族的原住民
族，他們有馘首獵首的習俗，漢族和其他原住民族，對其甚為畏
懼。然而，彼時的牛罵社的「土番」，對於其聚落東邊的叢山峻
嶺之內的什麼種族，十分陌生，且必有遭到獵頭而去的情形，故
甚懼怕。郁氏撰述了當時臺灣原是住民族的人文狀況。

　　再者，他在此段提到的霪雨和山林、野猿、長蛇等自然生
態，顯示了當時此地仍然屬於副熱帶原始森林地理區，仍然是原

40　同上注，頁 19-20。

始粗獷的自然人文生態區域，相對於臺南地區的自然人文景觀空間，其差異十分明顯巨大。

　　因此，我們從郁永河的遊記中可以認識，在寫實的文學文本中，承載或表達了康熙時代臺灣的兩種自然人文地理，一是中國人、文化、政教進入影響改變的生活世界和存在空間；此種影響及於漢族的生活世界，也及於臺灣原住民族的

　　生活世界，他們的文化景觀和存在空間，逐漸趨同。相反地，另一種則是中國人、文化、政教還沒有邁入的臺灣原始的自然環境以及原住民族的本來的生活世界。

（四）郁永河的「想像的地理」

　　除此之外，郁氏的遊記也表現了非實證的主觀上想像之地理意象。僅引一例以詮釋之：

　　　「斗尾龍岸番」皆偉岸多力，既盡紋身，復盡紋面，窮寄極怪，狀同魔鬼。常出外焚掠殺人，土番聞其出，皆號哭遠避。鄭經親統三千眾往剿，既深入，不見一人；時亭午酷暑，將士皆渴，競取所植甘蔗啖之。劉國軒守半線，率數百人後至，見鄭經馬上啖蔗，大呼曰：「誰使主君至此，令後軍速退。」既而曰：「事急矣，退亦莫及，令三軍速刈草為營，亂動者斬。」言未畢，四面火發，文面五六百人奮勇跳戰，互有殺傷，餘皆竄匿深山，竟不能滅，僅燬其巢而歸。而今崩山、大甲、半線諸社，慮其出擾，

　　猶甚患之。[41]

此文所言「斗尾龍岸番」，應是泰雅族（賽德克族），他們紋身黥面，性強悍，常出草，馘首割頭，不限漢族或平埔族。此中所云崩山社，位於臺中火炎山下，大甲社就是今之臺中大甲，半線社即今之彰化，這些平埔族部落的東邊是臺地，但往東緣，則是逐漸由臺地、河谷而進入雪山地帶，即屬泰雅族的生活區。平埔族是平地原住民族，泰雅是高山原住民族，本來就是不同的民族，而前者在明鄭時已屬「熟番」，後者甚至歷整個清代，皆是「生番」。而泰雅是會「出草馘首」的，原漢兩族對他均甚畏懼。

　　再者，此段敘述關於鄭經和劉國軒之出征之事，連橫在〈劉國軒列傳〉有曰：「成功薨，子經嗣，分汎東寧，以國軒守雞籠山，剿撫諸番，拓地日廣。（永曆）二十年，晉右武衛，駐半線。二十四年秋八月，斗尾龍岸番反，經自將討之，國軒從，遂破其社。」[42]其實，明鄭在中北部臺灣，只在一些重要沿岸平原進行軍隊屯墾，是點狀的據點，而非面狀的人民前來的開發和定居。在明鄭史上，亦提及平埔社起而反抗明鄭軍人之屯墾活動。但說劉國軒曾守今之基隆的雞籠山，恐非事實，或他曾駐守今之彰化的半線，可能亦屬短暫。而且連橫對於鄭經和劉國軒對付斗尾龍岸番之事，述之甚簡單，可證史料多源於傳聞和想像成分居多。

41　〔清〕郁永河：《番境補遺》，收入《裨海紀遊》，頁 56。

42　連橫：〈劉國軒列傳〉，《臺灣通史》，頁 589-590。

　　我們返回康熙之年撰寫敘說斗尾龍岸番的郁氏之說詞，這乃是第一手的史料，然而，我們亦可發現他撰述這一段鄭經與士兵大啃甘蔗，而劉國軒從半線趕來護駕，明鄭全軍差一點中伏而覆沒，其語氣和文筆，幾乎如同章回體小說一般，可證郁氏此處一大段的明鄭與臺灣中部強悍原住民族的戰鬥，多半是取之先人的野史傳說，是其中有一非真實性的基礎，就是明鄭在中部臺灣沿海有屯兵農墾據點，難免會有攻殺平埔社的行為，此種情形是地理歷史的真實性基礎，但若有如郁氏如此論說，其中則存在很明顯的想像之歷史地理和地理歷史。基礎是知性之知識，想像則是由感性所發而擴大的帶有浪漫文學之創作。

五、結論

　　文學形式和內容是廣闊的，它面對著世界、生命和心靈而呈現其說理、論事和敘情，換言之，它既有作者的道德境界，亦是他的情感流露，也是他的知性表達。它須落實在土地之上，或被天地含容。因此文學之中，有地理；地理之中有文學。在文學想像之中，有本心的情感發用的產物，但方志以及遊記，卻亦屬本心「知性理性」通過文獻和實地的閱讀、觀察而來的認知，故有其客觀性、架構性的知識系統的論述，同時，在此等文本中，也顯現了作者對於土地、人民、萬物之德性的關懷。臺灣傳統的方志和遊記，是以史地為框架，而以人文為意義，且都由傳統文人創作編纂或創作，故其中具有文學（文章、詩、詞）之特質，而在其中承載或誦詠該區域和時間的人們與土地互動之人文之光。在中國文學史中，不乏具有深厚雋永的地理內涵和意義的作品，

如《徐霞客遊記》、《西遊記》、《大唐西域記》等，而在詩經、漢賦、唐詩、宋詞以及元曲中，多數都是詠景物、頌天地、贊風情之作品，其中有知識的真實性，亦有文學的想像性。

　　就臺灣言，康熙時代的主要志書和遊記，亦是如此，在兩部《臺灣府志》和最早一本傑出的臺灣之遊記《裨海紀遊》中，都能蘊含、承載、呈現臺灣的真實或想像的地理景觀、空間，也印證其時的臺灣土地上的人群的主體性空間感和生態性——他們的「異域」和「我家場所」。

國家圖書館出版品預行編目資料

知性儒家：儒學儒教的知識之路

潘朝陽著. － 初版. － 臺北市：臺灣學生，2021.03
面；公分

ISBN 978-957-15-1848-0 (平裝)

1. 儒家　2. 儒學　3. 文集

121.207　　　　　　　　　　　　　110003533

知性儒家：儒學儒教的知識之路

著　作　者　潘朝陽
出　版　者　臺灣學生書局有限公司
發　行　人　楊雲龍
發　行　所　臺灣學生書局有限公司
地　　　址　臺北市和平東路一段 75 巷 11 號
劃　撥　帳　號　00024668
電　　　話　(02)23928185
傳　　　眞　(02)23928105
E - m a i l　student.book@msa.hinet.net
網　　　址　www.studentbook.com.tw
登 記 證 字 號　行政院新聞局局版北市業字第玖捌壹號
定　　　價　新臺幣四五○元
出 版 日 期　二○二一年三月初版
I　S　B　N　978-957-15-1848-0